Rettet die Böden

GERNOT STÖGLEHNER

RETTET DIE BÖDEN

Ein Plädoyer für eine
nachhaltige Raumentwicklung

FALTER VERLAG

ISBN 978-3-99166-011-8

© 2024 Falter Verlagsgesellschaft m.b.H.
1011 Wien, Marc-Aurel-Straße 9
T: +43/1/536 60-0
E: bv@falter.at, service@falter.at
W: faltershop.at
Alle Rechte vorbehalten.

Autor: Gernot Stöglehner
Lektorat: Cornelia Czaker
Umschlagdesign: Nadine Weiner
Grafik und Layout: Marion Großschädl, Raphael Moser
Produktion: Sothany Kim
Druck: Finidr, s.r.o., 73701 Český Těšín

Wir haben bei diesem Buch im Sinne der Umwelt
auf die Verpackung mit Plastikfolie verzichtet.

Inhalt

Vorwort 7

1 Einführung 11

2 Ursachen des Bodenverbrauchs 15
2.1 Bodenverbrauch als persistentes Umweltproblem 17
2.2 Rege Bautätigkeit und Leerstand 18
2.3 Funktionstrennung, mangelnde Dichte
    und Zersiedelung 24
2.4 Autoorientierte Mobilität 30
2.5 Komplexität des Planungssystems 34
2.6 Mangelnde Baulandverfügbarkeit 44
2.7 Der Weg der Wertschöpfung
    aus Umwidmungen 52
2.8 Resümee: Funktionslogik ändern 59

3 Konsequenzen des Bodenverbrauchs 63
3.1 Ernährungssicherheit 63
3.2 Bodenbildung, Wasserhaushalt und Erosion 67
3.3 Biodiversität 71
3.4 Klimakrise 74
3.5 Energie- und Ressourcenwende 77

4 Grundpfeiler einer nachhaltigen Raumentwicklung 81
4.1 Belebte Ortskerne 83
4.2 Maßvolle Dichte 89
4.3 Innenentwicklung 107

4.4 Bestandstransformation 115

4.5 Entsiegelung und Begrünung 116

5 Die Bedarfsfrage im Bodenschutz 121

5.1 Bodenbedarf für Ernährungssicherheit 124

5.2 Bodenbedarf durch die Klimakrise 128

5.3 Bodenbedarf für Biodiversität 131

5.4 Bodenbedarf für die Bioökonomie 134

5.5 Bodenbedarf und Bodenschutzziele 137

6 Grundelemente einer wirksamen Bodenstrategie 147

6.1 Zielklarheit: Netto-Null-Bodenverbrauch 149

6.2 Sozialpflichtigkeit des Grundeigentums 151

6.3 Raumplanerische Maßnahmen umsetzen 154

6.4 Baulandverfügbarkeit stärken 175

7 Bodenstrategie im gesellschaftlichen und individuellen Kontext 199

8 Schlussbetrachtungen 211

Vorwort

Das Thema Bodenverbrauch hat in den letzten Jahren medial stark an Präsenz gewonnen. Die Flächeninanspruchnahme für Bauland und Infrastruktur wird in Fachkreisen schon seit Jahrzehnten thematisiert. Bereits in die Österreichische Nachhaltigkeitsstrategie 2002 hat ein Reduktionsziel für Flächeninanspruchnahme auf 2,5 ha pro Tag oder auf ein Achtel der Flächeninanspruchnahme des Jahres 2002 Eingang gefunden und wurde in den Regierungsprogrammen der letzten beiden Regierungen bekräftigt. Werden demgegenüber die realen Entwicklungen betrachtet, sind kaum zählbare Erfolge auszumachen. Die Zuwachsrate der Flächeninanspruchnahme ist zwar in den letzten 20 Jahren gesunken, von einem effektiven Schutz der Böden vor Bebauung und Infrastrukturentwicklung kann aber bei weitem nicht gesprochen werden. Die Arbeiten an einer Bodenstrategie für Österreich wurden zur Erreichung des 2,5-Hektar-Ziels unter der Koalitionsregierung von ÖVP und Die Grünen im Jahr 2020 begonnen, konnten aber bis zur Vorlage dieses Buches nicht abgeschlossen werden. Zankapfel zwischen Bund, Ländern und Gemeinden ist das 2,5-Hektar-Ziel, zu dem bis dato keine Einigung erwirkt werden konnte.

Ende Februar 2024 haben die für Raumordnung zuständigen Landesrät:innen gemeinsam mit Vertreter:innen des Gemeinde- und Städtebundes eine Bodenstratcgie ohne Bund und ohne die Erwähnung des 2,5-Hektar-Ziels beschlossen. Damit wird deutlich, dass die politisch Verantwortlichen Berührungsängste mit einem quantitativen, daher messbaren und prüfbaren Bodenschutzziel haben und substanziell wirksame Strategien bis dato nicht verfolgt werden. Gleichzeitig legte die Bundesregierung ein Konjunkturpaket „Wohnbau und Bauoffensive" auf, das zumindest teilweise geeignet ist, den Bodenverbrauch neuerlich – und auf ohnehin hohem Niveau – weiter zu befeuern. Denn den Bodenverbrauch wirksam zu reduzieren, greift in die Funktionsweise von Wirtschaft und Gesellschaft ein und erfordert neue Regeln, eine andere Art der Besteuerung von Grund und Boden sowie andere Prinzipien, wie wir uns als Gesellschaft und Wirtschaft den Raum aneignen, als die bisher verfolgten. Viele dieser Themen werden in diesem Buch aufgegriffen, die Faktenbasis aufbereitet und Positionen zum Bodenschutz formuliert.

Die Kampagnen der Österreichischen Hagelversicherung und Nichtregierungsorganisationen wie dem WWF, Greenpeace oder dem Klimabündnis haben zum Medieninteresse am Thema beigetragen. Auch ich konnte als Professor für Raumplanung wissenschaftliche Veranstaltungen an der Universität für Bodenkultur Wien (mit-)gestalten und seit 2019 dieses Thema aus verschiedenen Blickwinkeln beleuchten. Diese wissenschaftlichen Veranstaltungen wurden in der Öffentlichkeit breit rezipiert. Auch die vom ORF im September 2021 aufgenommene und mehrmals ausgestrahlte DOK1-Sendung „Viel verbautes Österreich" mit Hanno Settele, an der ich mitwirken durfte, und viele weitere Beiträge in Radio, Fernsehen und Printmedien haben zur öffentlichen Aufmerksamkeit für dieses Thema beigetragen.

Die zahlreichen Gespräche zum Thema Bodenverbrauch, die ich mit Journalist:innen, Fachleuten, politischen Entscheidungsträger:innen, Studierenden, Freund:innen und Bekannten geführt habe, aber auch die aktuellen politischen Entwicklungen rund um das Thema Bodenschutz gaben den Anstoß, dieses Buch zu schreiben und einen umfassenden Blick auf den Bodenverbrauch in Österreich in seiner Komplexität zu bieten. Dieses Buch soll nicht nur für das Thema sensibilisieren, es soll allen Interessierten ein Argumentarium liefern, warum es wichtig ist, sich mit Bodenverbrauch und quantitativem Bodenschutz auseinanderzusetzen, und aufzeigen, wie die Reduktion des Bodenverbrauchs im jeweils eigenen Wirkungsbereich – ob als Privatperson, Unternehmer:in, politische:r Entscheidungsträger:in oder als Engagierte:r in einer Bürger:inneninitiative oder einer Umweltorganisation – umgesetzt werden kann und welche Vorteile dies für den Einzelnen und die Gesellschaft bringt. In diesem Sinne wünsche ich allen Leser:innen interessante Einblicke in das Thema und hoffe, dass wir gemeinsam in einer Kooperation aus Zivilgesellschaft, Politik und Wissenschaft eine echte Wende schaffen! Wenn wir dieses Problem in den Griff bekommen, tragen wir gleichzeitig zur Lösung weiterer drängender Umweltkrisen wie Klimakrise oder Artenverlust bei und können positiv in die Zukunft blicken!

Abschließend bedanke ich mich bei meinen Kolleg:innen für die vielen Debatten im Laufe der Jahre, um das Thema von verschiedensten Seiten im Rahmen von Tagungen, Veranstaltungen, Projekten, Publikationsvorhaben oder in Einzelgesprächen zu beleuchten. Besonders danke ich Michael Narodoslawsky, Tatjana Fischer und Walter Seher für die Anmerkungen und Anregungen zum Text, sowie den Mitarbeiter:innen des Falter Verlags Siegmar Schlager, Sothany Kim und Cornelia Czaker.

Gernot Stöglehner
Langau, im Jänner 2024

1 Einführung

Mittlerweile finden wir vielerorts die immer gleichen, an Schuhschachteln erinnernden Einkaufszentren am Ortseingang. In der globalen Shopping-Welt sehen Einkaufsviertel überall gleich aus. Während einer Gastprofessur im australischen Brisbane habe ich im Jahre 2008 Fotos von Einkaufszentren aufgenommen, die von der Grundstruktur – einem L oder U – über die Form der Baukörper, der unvermeidlichen Säule mit den Geschäftsnamen bis hin zur Gestaltung der Geschäftsportale und den Tafeln für die Bezeichnung der Shops exakt gleich gestaltet waren wie österreichische Einkaufszentren. Sie brauchen viel Fläche, dort wie da: ebenerdige Bauweise, ebenerdige Parkplätze, alles auf das Auto ausgerichtet. Und: In unmittelbarer Nähe hat sich vielleicht auch noch der eine oder andere produzierende Gewerbebetrieb angesiedelt.

Zurück nach Österreich: Um in die Ortszentren zu gelangen, müssen die Umfahrungsstraßen bewusst verlassen werden. Vielerorts wären ohnehin nur verschlafene historische Ortskerne anzutreffen. Der Einzelhandel hat sich überwiegend in die Einkaufszentren an den Ortsrand, den Kreisverkehr bzw. an die Umfahrung zurückgezogen. Teilweise folgen ihm mittlerweile Arztpraxen, Apotheken, Cafés und Restaurants. In Eisenstadt hat die Landesumweltanwaltschaft in einer Einkaufsmeile Quartier gefunden, gleich hinter dem Areal bestehend aus Fast-Food-Restaurant, Supermarkt, Möbelkette und Baumarkt. Auch die Fachhochschule Burgenland, die Pädagogische Hochschule und das Studierenden- und Jugendheim sind dort angesiedelt. In der Raumplanung wird dieses Phänomen als Randwanderung zentrumsrelevanter Einrichtungen bezeichnet. Gleichzeitig stirbt der Ortskern. Leerstand breitet sich aus. Die Wege werden länger, Autofahren zur Norm. Diese Entwicklungen erfordern mehr Infrastruktur, treiben den Bodenverbrauch in die Höhe und schaffen damit weitere Umweltprobleme. Wer kein Auto zur Verfügung hat oder nicht lenken kann, kann den Alltag wesentlich schwieriger organisieren.

Aber nicht nur leerstehende Geschäftslokale prägen den Ortskern, auch viele Wohnungen warten auf neue Bewohner:innen. Am Ortsrand wird emsig weitergebaut, ein freistehendes Einfamilienhaus reiht sich an das nächste, dazwischen ein paar Reihenhäuser, ein Mehrfamilienhaus oder mehrgeschoßiger Wohnbau. Die Wohnbevölkerung übersiedelt damit ebenso an den Ortsrand wie die Geschäfte. Die Städte und Dörfer breiten sich immer mehr in die umliegende Agrarflur aus, während dazwischen immer leistungsfähigere, breitere, schnellere Verkehrsachsen gebaut werden. Autobahnknoten können eine größere Flächenausdehnung als ganze historische Stadtkerne einnehmen, wovon man sich allein durch Größenvergleiche überzeugen kann: Die Altstadt von Freistadt, meinem Geburtsort, weist eine maximale Ausdehnung von etwa 320 mal 320 Metern auf. Ihr Flächenausmaß beträgt neun Hektar. Im Vergleich dazu umfasst der Knoten Linz zwischen der Westautobahn A1 und der Mühlkreisautobahn A7 einschließlich der Grünflächen zwischen den Fahrbahnen eine Fläche von ca. 26 Hektar. Die Altstadt von Freistadt würde also im Knoten Linz knapp drei Mal Platz finden.

Landauf, landab sind in Österreich dieselben Entwicklungen anzutreffen. Das, was im allgemeinen Sprachgebrauch als Flächenverbrauch, Flächenfraß oder Bodenverbrauch bezeichnet wird – in der Fachwelt nennen wir es Flächeninanspruchnahme für Bauland und Infrastruktur (kurz: Flächeninanspruchnahme) – nimmt rapide zu. Fachleute wenden ein, dass die Fläche streng genommen nicht verbraucht, sondern nur in Anspruch genommen werden kann, da sie auch nach der Bebauung noch vorhanden ist, aber eben einer anderen Nutzung zugeführt wurde.

Tatsächlich halte ich dies für einen Euphemismus. Für dieses Buch habe ich mich für den Begriff Bodenverbrauch entschieden. Die Dinge sind beim Namen zu nennen: Denn als biologisch produktive Fläche, die wildlebenden Tieren und Pflanzen Lebensraum bietet, Wasser speichert, das Klima reguliert und dem Anbau von Lebensmitteln zur Verfügung steht, geht der Boden tatsächlich verloren. Er wird in seinen biologischen Funktionen beeinträchtigt oder zerstört und für Bauland „verbraucht". Die Fläche selbst ist zwar noch vorhanden, der Boden erfüllt aber diese wesentlichen Funktionen nicht mehr. Und dies stellt eines der großen Umweltprobleme unserer Zeit dar, eng verwoben mit der Klimakrise und der Biodiversitätskrise. Die Ursachen dieser drei großen Umweltprobleme liegen primär darin, wie wir uns den Raum aneignen, wie wir unsere Regionen organisieren, wie wir unsere Städte, Kleinstädte und Ortschaften gestalten.

Dass die öffentliche Aufmerksamkeit in Hinblick auf die Zunahme des Bodenverbrauchs gerade in letzter Zeit rasant gestiegen ist, liegt offensichtlich daran, dass dessen Ausmaß mittlerweile nicht mehr ignoriert werden kann. Nicht zuletzt werden die Ausprägungen und Folgen des Bodenverbrauchs, wie die Veränderung der Kulturlandschaft sowie mehr Naturgefahren und Artenverluste, immer spürbarer. Im ersten Teil des Buches befasse ich mich mit den wesentlichen Faktoren, die der Thematik zugrunde liegen, und den Ursachen des Bodenverbrauchs.

Für diesen gibt es keine einfachen Erklärungsmuster wie etwa, dass die Gemeinden mit der Aufgabe der Raumordnung überfordert wären oder mit einer Bundesraumordnung die Probleme schon gelöst würden. Der Bodenverbrauch liegt in der Funktionslogik von Gesellschaft und Wirtschaft begründet. Hier werden die wesentlichen Zusammenhänge aufgezeigt, um in weiterer Folge Lösungsansätze zu präsentieren.

Bevor ich mich den Lösungen und einer wirksamen Bodenstrategie sowie deren Umsetzung zuwende, gehe ich im zweiten Teil des Buches der Frage nach, warum der Bodenverbrauch eigentlich ein gesellschaftliches Problem geworden ist und analysiere, welche Konsequenzen der Bodenverbrauch für den Einzelnen und gesamtgesellschaftlich hat. Seit der Sesshaftwerdung der Menschheit wurden Siedlungen gebaut und dafür Flächen in Anspruch genommen. In jüngerer Zeit aber hat unsere Gesellschaft die Grenzen des Wachstums, die Donella und Dennis Meadows mit Kolleg:innen bereits 1972 postulierten[1], endgültig überschritten. Hätte die gesamte Weltbevölkerung einen ähnlichen Lebensstil und vergleichbare Wirtschaftsweisen wie Bürger:innen in Österreich, würde es gemäß den Berechnungen zum ökologischen Fußabdruck mittlerweile mehrere Erden brauchen, um uns mit Nahrung, Energie und Rohstoffen zu versorgen. Ein Großteil des Ressourcenverbrauches hängt mit der Nutzung des Raumes und damit mit dem Bodenverbrauch zusammen.

Inhaltlich und methodisch beruht dieses Buch zum einen auf den Erkenntnissen meiner mehr als fünfundzwanzigjährigen wissenschaftlichen Tätigkeit sowie meiner Praxisjahre in der örtlichen Raumplanung in Oberösterreich in der zweiten Hälfte der 1990er Jahre. Ich habe zahlreiche Publikationen verfasst und an Planungen mitgewirkt, sowohl im Ziviltechnikerbüro als auch im universitären Umfeld im Rahmen von zahlreichen Forschungsprojekten, die ich in Kooperation mit Ländern, Gemeinden und Regionen umgesetzt habe, sowie im Zuge von Projektlehrveranstaltungen in mittlerweile weit über 100 österreichischen Gemeinden – und bei internationalen Projekten in einigen Gemeinden in Europa, Australien und Japan. Im Zuge dessen habe ich zahllose Gespräche mit Planer:innen, politischen Entscheidungsträger:innen, Unternehmer:innen, Vertreter:innen der Zivilgesellschaft und der Öffentlichkeit zu Themen räumlicher Entwicklung geführt. Im Laufe meines Berufslebens habe ich permanent die räumliche Entwicklung national und international beobachtet und bin für dieses Buchprojekt im Rahmen eines Forschungsfreisemesters von Juli bis Dezember 2023 auch gezielt durch die österreichischen Lande gefahren, um gute und schlechte Beispiele räumlicher Entwicklung zu identifizieren und zu analysieren. Aus diesem Wissensbestand sowie aus dokumentierten planungsfachlichen Diskussionen und wissenschaftlichen Beiträgen entwickle ich die hier vorgestellten Positionen zum Bodenverbrauch.

---

[1] Meadows D., Meadows D., Randers J., Behrens, W.W.III (1972): The Limits to Growth. A Report for the Club of Rome's Project on the Predicament of Mankind. Universe Books, New York.

2 Ursachen des Bodenverbrauchs

Österreich ist in Bezug auf den Bodenverbrauch, d.h. die für Bauland und Infrastruktur in Anspruch genommenen Flächen, weitestgehend fertig gebaut – dieser Schluss liegt nahe, wenn verschiedene Zahlen und Fakten zur Flächeninanspruchnahme betrachtet werden: Laut Umweltbundesamt betrug der Bodenverbrauch in Österreich im Jahr 2020 5.768 Quadratkilometer. Davon werden ca. 2.000 Quadratkilometer, also ca. 35 % nur für Verkehrsflächen aufgewendet, für Wohnen und Arbeiten sind dies ca. 3.300 Quadratkilometer oder 57 % des Bodenverbrauchs.[2,3] Innerhalb der Europäischen Union wurde laut Europäischer Umweltagentur in den Jahren von 2012 bis 2018 der Zuwachs der Flächeninanspruchnahme im Vergleich zu den sechs Jahren davor um ca. 40 % eingebremst. In Österreich ist dieser Wert um 17 % gestiegen, in Deutschland z. B. um 20 % gesunken. Damit ist Österreich in einem kleinen Club von lediglich fünf weiteren EU-Ländern (Irland, Malta, Luxemburg, Rumänien, Slowenien) vertreten, die – allerdings bei unterschiedlichen Ausgangsniveaus – keine Reduktion der Zuwachsraten der Flächeninanspruchnahme erreicht haben.[4]

Diese Zahlen sind zweifelsohne beeindruckend, aber ist dies nun tatsächlich viel? Werden diese Zahlen zur Bundesfläche in Bezug gesetzt, handelt es sich dabei um knapp 7 % der Gesamtfläche. Das erscheint auf den ersten Blick vielleicht akzeptabel, allerdings ist zu bedenken, dass sehr viele Teile Österreichs nicht für eine permanente Nutzung als Siedlungsraum geeignet

---

[2] Umweltbundesamt (o.J.): Flächeninanspruchnahme in Österreich 2020. https://www.umweltbundesamt.at/fileadmin/site/themen/boden/flaechenin anspruchnahme_2020.pdf (letzte Abfrage: 18.2.2024).

[3] Diese hier genannten Zahlen wurden im Jahr 2023 präzisiert. In diesem Kapitel werden noch die alten Zahlen verwendet, da durch eine geänderte Erhebungsmethode sonst keine zeitlichen Entwicklungen dargestellt werden können. Später im Buch, wenn der Zeitverlauf für die Argumentation nicht benötigt wird, werden die neuen Zahlen herangezogen.

[4] Europäische Umweltagentur (o.J.): Land take and net land take. https://www.eea.europa.eu/data-and-maps/dashboards/land-take-statistics (letzte Abfrage: 2.6.2024).

sind. Im Österreichschnitt stehen nicht ganz 39 %, wenn man alpine Lagen, Wälder und einige andere Landnutzungskategorien von der Bundesfläche abzieht, für eine permanente Nutzung für Wohnen, Betriebe, die dazugehörigen Verkehrsflächen usw. zur Verfügung. Dieser Dauersiedlungsraum ist auch noch sehr unterschiedlich über die Bundesländer verteilt. In Tirol sind gerade einmal 12,4 % der Landesfläche Dauersiedlungsraum, in Niederösterreich, dem größten Bundesland, beträgt er über 60 %.[5] Mehr als ein Drittel des gesamten österreichischen Dauersiedlungsraums liegt in Niederösterreich.

Nicht nur die Siedlungen und Betriebsbaugebiete sowie die Verkehrsanlagen müssen in diesem Dauersiedlungsraum untergebracht werden, auch die landwirtschaftliche Nutzung ist auf diese Bereiche fokussiert. Da die Bebauung üblicherweise auf vormaligen Acker- oder Grünlandflächen stattfindet, steht sie in unmittelbarer Konkurrenz zur landwirtschaftlichen Produktion und gefährdet dadurch langfristig die Ernährungssicherheit. 17,3 % des zur Verfügung stehenden Dauersiedlungsraumes sind bis dato für Bauland und Infrastruktur, aber auch für Abbauflächen und Freizeitflächen aufgewendet worden.[6] Und jeden Tag werden diese Flächen mehr.

Von Zeit zu Zeit werden in den Medien Erfolgsmeldungen veröffentlicht, die behaupten, dass der Bodenverbrauch sinken würde. Aber das stimmt mitnichten. Bei genauerer Betrachtung dieser Meldungen zeigt sich, dass nur der Zuwachs an Flächeninanspruchnahme sinkt. Der Bodenverbrauch selbst steigt stetig weiter an. In den letzten Jahren beliefen sich die Zuwachsraten auf ca. 38 bis 44 Quadratkilometer pro Jahr, die sowohl der landwirtschaftlichen Produktion als auch der biologischen

---

[5] Statistik Austria (o.J.): Dauersiedlungsraum der Bundesländer, Gebietsstand 2023. https://www.statistik.at/services/tools/services/regionales/regionale-gliederungen (letzte Abfrage: 18.02.2024).
[6] Österreichische Raumordnungskonferenz (o.J.): Flächeninanspruchnahme und Versiegelung in Österreich 2022. https://www.oerok.gv.at/raum/daten-und-grundlagen/ergebnisse-oesterreich-2022 (letzte Abfrage 18.2.2024)

Vielfalt verloren gehen. Dieser Trend setzt sich regional unterschiedlich, aber weitgehend ungemindert fort.[7]

2.1 Bodenverbrauch als persistentes Umweltproblem

Wie rasant die Entwicklung voranschreitet, zeigt die Beobachtung über längere Zeiträume. Der Bodenverbrauch gehört zu den persistenten Umweltproblemen, wie derartige Phänomene in der umweltplanerischen und umweltpolitischen Literatur genannt werden. Solche persistenten Umweltprobleme[8] zeichnen sich zunächst durch ihren kumulativen Charakter aus. Das bedeutet, dass sehr viele Verursacher:innen jeweils nur kleine Beiträge zum Gesamtproblem leisten, aber in Summe entsteht so über längere Zeiträume hinweg ein sehr großer Effekt. Um diese Kumulationseffekte sichtbar zu machen, braucht man in Bezug auf den Bodenverbrauch nicht einmal 20 Jahre zurückzublicken, konkret ins Jahr 2006. Seither haben die Bauland- und Verkehrsentwicklung in Österreich 1.091 Quadratkilometer Fläche in Anspruch genommen. Mehr als ein Fünftel von dem, was jetzt unter anderem als Ortschaften, Betriebsbaugebiete, Städte, Verkehrsflächen, Autobahnen, Eisenbahnlinien im Raum vorhanden ist, ist erst in den letzten 18 Jahren entstanden. Wird dies mit der Bau- und Verkehrsfläche der Stadt Wien, das waren ca. 197,3 Quadratkilometer, aus dem Jahr 2006 verglichen, wurde von 2006 bis 2020 ziemlich genau fünfeinhalb Mal Wien auf Österreich verteilt neu errichtet.[9]

---

[7] Umweltbundesamt (2022): 13. Umweltkontrollbericht. Umweltsituation in Österreich. https://www.umweltbundesamt.at/fileadmin/site/publikationen/rep0821.pdf (letzte Abfrage: 18.2.2024).
[8] Zu persistenten Umweltproblemen siehe z.B. Jänicke, M., Jörgens, H. (2004): Neue Steuerungskonzepte in der Umweltpolitik. In: ZfU 3/2004: 297-348.
[9] Berechnung auf Basis der Zahlen von: Umweltbundesamt (o.J.): Flächeninanspruchnahme in Österreich 2006 und 2020. https://www.umweltbundesamt.at/fileadmin/site/themen/boden/flaechenverbrauch_2006.pdf; https://www.umweltbundesamt.at/fileadmin/site/themen/boden/flaechenverbrauch_2020.pdf (letzte Abfrage: 18.2.2024).

2.2 Rege Bautätigkeit und Leerstand

Immer sorgloser, immer großzügiger wird mit den Böden, die eine wesentliche Lebensgrundlage darstellen, umgegangen. Die rege Bautätigkeit lässt sich aus vielen Zahlen ablesen. Bis dato wurden in Österreich in Summe ca. 2,375 Mio. Gebäude errichtet, davon 2,1 Mio. Wohngebäude mit etwa 4,9 Mio. Wohnungen. Seit 2001 sind 328.000 neue Gebäude dazugekommen. In Summe wurden fast eine Million zusätzlicher Wohnungen gebaut, obwohl Österreich im selben Zeitraum um lediglich eine Million Menschen gewachsen ist.[10] Im Jahr 2001 hatte Österreich 8,042 Mio. Einwohner:innen. Am 1. April 2024 sind es rund 9,17 Mio.[11] Das heißt, dass pro zugezogener Person, denn das Bevölkerungswachstum basiert auf internationaler Migration, im statistischen Schnitt in etwa eine neue Wohnung errichtet wurde.

Weder mit den Bedürfnissen der Zuzüglerinnen, den Wanderungsbewegungen innerhalb Österreichs u. a. von peripheren, ländlichen Regionen in die Zentralräume, noch mit dem in den letzten Jahrzehnten zu beobachtendem Sinken der Haushaltsgrößen ist dieser Wohnungszuwachs zu erklären. Wird bedacht, dass von den derzeit 4,91 Mio. Wohnungen nur in 4,016 Mio. Wohnungen mindestens ein Hauptwohnsitz[12] gemeldet ist, wurde wohl über den Bedarf hinaus gebaut. Dies widerspricht der derzeit in den Medien kolportierten und von der Bundesregierung vertretenen Meinung, dass zur Herstellung von leistbarem Wohnen der Wohnbau angekurbelt werden müsse. Letztere stellt in einem Wohn- und Baupaket einen Zweckzuschuss in der Höhe von einer Milliarde Euro zur Ver-

---

10 Zahlen zusammengesetzt aus verschiedenen Abfragen von: Statistik Austria (o.J.): Statistiken zu Wohnen, Gebäudebestand und Wohnungsbestand. https://www.statistik.at/statistiken/bevoelkerung-und-soziales/wohnen (letzte Abfragen: 18.2.2024)

11 Statistik Austria (o.J.): Bevölkerung zu Jahres-/Quartalsanfang. https://www.statistik.at/statistiken/bevoelkerung-und-soziales/bevoelkerung/bevoelkerungsstand/bevoelkerung-zu-jahres-/-quartalsanfang (letzte Abfrage: 2.6.2024).

12 Statistik Austria (o.J.): Statistiken zu Wohnen, Gebäudebestand und Wohnungsbestand.

fügung[13]. Es ist daher zu befürchten, dass damit auch Bodenverbrauch und Leerstand befeuert werden.

Zu den Hauptwohnsitzgemeldeten kommen noch ca. 1,4 Mio. Nebenwohnsitze[14], wobei viele Wohneinheiten sowohl Haupt- als auch Nebenwohnsitzmeldungen aufweisen, z. B. wenn ein studierendes Kind oder ein:e pflegende:r Angehörige:r am Hauptwohnsitz der Eltern noch einen Nebenwohnsitz unterhält. Somit ist davon auszugehen, dass wahrscheinlich mehrere Hunderttausend Wohnungen in Österreich permanent leer stehen. Die Statistiken sind zwar aufgrund von Erhebungsproblemen, u. a. weil nicht alle Wohnsitze tatsächlich angemeldet sind, nicht sehr zuverlässig, sodass die Statistik Austria als Richtwert die Zahl von 653.000 Wohnungen ohne Wohnsitzmeldung angibt.[15] Greenpeace schätzt den Leerstand in einem im April 2024 veröffentlichten Factsheet auf ca. 230.000 Wohnungen, was eher den unteren Rand des Leerstandes repräsentieren dürfte.[16] Daher kann der in gängigen Debatten häufig geäußerte Schluss, dass für leistbares Wohnen neuer Wohnraum geschaffen werden müsse, in absoluten Zahlen für das Bundesgebiet nicht vorbehaltlos geteilt werden.

Was diese Zahlen allerdings nicht ausdrücken, sind die regionalen Unterschiede von Bevölkerungs- und Wirtschaftswachstum bzw. die Schrumpfung von Gemeinden. Wohnungsbedarf entsteht nicht nur durch internationale Migration, sondern auch aufgrund von Binnenmigration innerhalb des Staatsgebietes. Meist geht diese Wanderung von ländlichen,

---

13 Österreichisches Parlament (2024): Wohn- und Baupaket der Bundesregierung findet breite Zustimmung in der Länderkammer. Parlamentskorrespondenz Nr. 328 vom 5.4.2024 https://www.parlament.gv.at/aktuelles/pk/jahr_2024/pk0328 (letzte Abfrage: 20.4.2024).
14 Statistik Austria (o.J.): Nebenwohnsitze mit Stichtag 1.1.2024 https://www.statistik.at/statistiken/bevoelkerung-und-soziales/bevoelkerung/bevoelkerungsstand/nebenwohnsitze (letzte Abfrage: 2.6.2024)
15 Statistik Austria (2023): Fast jede siebte Wohnung ohne Wohnsitzmeldung. https://www.statistik.at/fileadmin/announcement/2023/09/20230919GWZ 2021.pdf (letzte Abfrage: 18.2.2024)
16 Greenpeace (2024): Greenpeace-Analyse: 230.000 Wohnungen in Österreich stehen leer. https://greenpeace.at/presse/greenpeace-analyse-230.000-wohnungen-in-oesterreich-stehen-leer-grafik/ (letzte Abfrage: 13.4.2024).

insbesondere von peripheren, strukturschwachen Räumen in die urbanen Zentren. Damit stehen Häuser im ländlichen Raum zunehmend leer oder sind z. B. als Nebenwohnsitze unternutzt, d. h. nur in Teilen oder im Jahresverlauf nur gering genutzt sind. Gleichzeitig entsteht in den urbanen Zentren ein zusätzlicher Wohnungsbedarf. Hinter dieser Beobachtung schwingt die Frage mit, wie legitim es nun ist, mehrere Wohnsitze zu nutzen?

Manche Kolleg:innen vertreten die Meinung, dass ein Nebenwohnsitz ein Vergehen an der Raumentwicklung wäre und erheblichen Schaden in Bezug auf den Bodenverbrauch anrichten würde. Dieses Argument ist zwar nicht grundsätzlich von der Hand zu weisen; um den gegenwärtigen Lebensentwürfen jedoch Rechnung zu tragen, ist aber eine weitere Differenzierung notwendig. Die Lebensansprüche und die Organisation des Lebens finden für große Teile der Bevölkerung mittlerweile an mehreren Wohnstandorten statt. In der Wissenschaft wird dieses Phänomen als Multilokalität bezeichnet.[17] Woher kommt diese Multilokalität nun? Gemäß dem Meldegesetz drückt der Hauptwohnsitz jenen Ort aus, der den Lebensmittelpunkt darstellt. Dieser Lebensmittelpunkt setzt sich aus vielen Aspekten des täglichen Lebens zusammen, u. a. dass Familie und Freund:innen dort wohnen, dass Personen sich gesellschaftlich engagieren oder dort ihrer Arbeit nachgehen.

Vielfach ist zu beobachten, dass Wohnen, Arbeiten, Ausbildung, aber auch die Pflege von Angehörigen nicht mehr am selben Ort stattfinden. Diese verschiedenen Lebensansprüche gilt es in den Alltag und damit auch in den Raum zu integrieren. Wie wirksam nun diese Lebensumstände auf den Bodenverbrauch werden, hängt nicht ausschließlich davon ab, wie viele Wohnsitze unterhalten werden, sondern wesentlich davon, wie diese Wohnsitze ausgestaltet sind und wie viele

---

[17] weiterführend zu Multilokalität siehe z. B.: Rainer Danielzyk, Andrea Dittrich-Wesbuer, Nicola Hilti, Cornelia Tippel (Hrsg., 2020): Multilokale Lebensführungen und räumliche Entwicklung - ein Kompendium. Forschungsberichte der ARL, Band 13.

Gebäude bzw. wie viel Wohnfläche hier grundsätzlich beansprucht wird.

Es ist vorherzusehen, dass neue Formen der Multilokalität durch die Klimakrise als „Rückkehr zur Sommerfrische" angestoßen werden. So hat sich in den letzten Jahrzehnten durch das Phänomen der urbanen Hitzeinseln im Zuge der Klimakrise die Anzahl der Hitzetage – also die Tage mit mehr als 30 Grad Celsius Höchsttemperatur – und die Zahl der Tropennächte – also jene Nächte, in denen die Temperatur nicht unter 20 Grad Celsius sinkt – insbesondere in den Städten in etwa verdoppelt, in einigen Regionen sogar verdreifacht. In der Wiener Innenstadt wurden im Sommer 2019 44 und im Sommer 2023 37 Hitzetage gemessen, an der Wiener Hohen Warte 40 Hitzetage 2019 bzw. 28 Hitzetage 2023. Im Vergleich dazu entspricht dies in etwa dem drei- bis viereinhalbfachen Wert des Durchschnitts von 9 Hitzetagen der Jahre 1961 bis 1990, gemessen an der Hohen Warte.[18] Auch wenn diese Entwicklungen noch jung sind und daher keine langfristigen Daten dazu vorliegen, werden sie mit einiger Wahrscheinlichkeit dazu führen, dass insbesondere im Sommer immer mehr Menschen den Wunsch haben werden, die Städte zu verlassen, um der Hitze, die zunehmend gesundheitsgefährdend wird, zu entfliehen. Auch ein Ansteigen der Todesfälle aufgrund der hohen Außentemperaturen ist zu erwarten. Die Agentur für Gesundheits- und Ernährungssicherheit rechnet in den letzten Jahren österreichweit mit bis zu 550 Hitzetoten pro Jahr, wobei die Höchstzahl von 550 Hitzetoten im Jahr 2018 erreicht wurde.[19] Seit den 2010er-Jahren sind in Österreich des Öfteren mehr Hitzetote als Verkehrstote pro Jahr zu verzeichnen, wobei für Wien allein Szenarien für bis zu

---

18 GeoSphere Austria (2023): Siebentwärmster Sommer der Messgeschichte. https://www.zamg.ac.at/cms/de/klima/news/siebentwaermster-sommer-der-messgeschichte (letzte Abfrage: 18.2.2024).
19 Agentur für Gesundheit und Ernährungssicherheit (o.J.): Hitze-Mortalitätsmonitoring. https://www.ages.at/umwelt/klima/klimawandelanpassung/hitze (letzte Abfrage: 18.2.2024).

3.000 Hitzetote pro Jahr für das Jahr 2050 errechnet wurden.[20] Damit ist auch zu erwarten, dass während Hitzewellen Fluchtbewegungen aus der Stadt hinaus hinkünftig zunehmen und viele einen Sommerfrische-Wohnsitz begründen werden.

Ob sich Multilokalität tatsächlich erheblich auf den Bodenverbrauch auswirkt, ist sehr stark von der Nutzung der jeweiligen Wohnsitze abhängig. Hier gibt es sehr verschiedene Formen, vom Behalten des Kinderzimmers im elterlichen Haus über eigene Liegenschaften, die im Wochenverlauf insbesondere bei arbeits- oder ausbildungsbedingter Multilokalität regelmäßig genutzt werden, bis hin zu Freizeitwohnsitzen, die den größten Teil des Jahres leer stehen und nur zu Wochenend- und/oder Urlaubszeiten bewohnt werden. Wenn die Wohnsitze zumindest in Teilen in mehrgeschoßigen Gebäuden liegen, hält sich der Flächeneffekt in Grenzen. Darüber hinaus ist der Bodenverbrauch auch davon abhängig, ob ein Bestandsgebäude genutzt wird und ob dieses in einer Wachstums- oder Schrumpfungsregion liegt, d. h. ob Zweitwohnsitze mit Hauptwohnsitzsuchenden um das Bauland konkurrieren oder nicht, wie im Folgenden erörtert wird.

Hochproblematisch sind in vielen Gemeinden die freizeitbedingten Zweitwohnsitze, für die eigene Baulandgebiete erschlossen werden, die nur wenige Wochen im Jahr genutzt werden und dann für kurze Zeit während der Urlaubswochen saisonale Spitzen in der Infrastrukturauslastung bedingen. In landschaftlich attraktiven Regionen sind Orte zu finden, wo mehr Zweitwohnsitze, die nur selten bewohnt werden, als ganzjährig bewohnte Hauptwohnsitze anzutreffen sind. Vielfach beanspruchen diese Zweitwohnsitze besonders attraktive Lagen, z. B. mit Ausblick oder nahe an alpinen Seen. Dies führt etwa in alpinen Lagen zu besonders großen Problemen, wo der Flächenanteil des Dauersiedlungsraumes klein ist, sodass jede für Freizeitwohnsitze gewidmete Fläche dem dauerhaften

---

20 Stadt Wien (o.J.) Wiener Klimafahrplan. https://www.wien.gv.at/spezial/klimafahrplan/klimaanpassung-wien-wird-klimaresilient/gesundheit-und-wohlbefinden/ (letzte Abfrage: 18.2.2024).

Wohnbedarf der lokalen Bevölkerung auf Dauer entzogen wird. Darüber hinaus treibt die Nachfrage nach Freizeitwohnsitzen die Immobilienpreise nach oben. Die Wohnbevölkerung wird dadurch in die zweit- und drittbesten Lagen abgedrängt, sollte sie überhaupt noch leistbare Liegenschaften finden. So treten freizeitbezogene Zweitwohnsitze in Konkurrenz um Flächen für leistbares Wohnen.[21]

Demgegenüber wird gerade in strukturschwachen ländlichen Regionen mit Bevölkerungsrückgang durch Multilokalität alte Bausubstanz erhalten, die sonst mangels Nachfrage der lokalen Bevölkerung leer stehen und langfristig verfallen würde. In solchen Gemeinden kann aus multilokal lebenden Personen auch permanente Wohnbevölkerung werden. Darüber hinaus werden Aufwand und Nutzen von Multilokalität danach bewertet, wie sehr sich diese Personen am gesellschaftlichen Leben vor Ort beteiligen, z. B. indem sie sich in Vereinen engagieren oder sonst im Ort Präsenz zeigen.[22]

Durch die rege Bautätigkeit bei gleichzeitig beträchtlichem Leerstand sinkt die Flächeneffizienz der Baulandnutzung massiv, denn der Bodenverbrauch hat sich von 2006 bis 2020 um 26 %, d. h. um den Faktor 1,26 erhöht, während dies bei der Bevölkerungszahl lediglich ein Faktor 1,08 war. Die Flächeninanspruchnahme pro Kopf hat sich von 551 auf 645 Quadratmeter pro Kopf erhöht, die Flächeneffizienz ist um knapp 20 % gesunken.[23] Damit wird für die neu hinzukommende Bauland- und Infrastrukturentwicklung nicht nur absolut, sondern auch

---

21 Schwarz, K.M. (2022): Die Bedeutung der Multilokalen Lebensführung für die Flächeninanspruchnahme – dargestellt an drei österreichischen Gemeinden. Masterarbeit - Institut für Raumplanung, Umweltplanung und Bodenordnung (IRUB), BOKU-Universität für Bodenkultur.
22 ebenda
23 Berechnung auf Basis der Zahlen von: (1) Umweltbundesamt: Flächeninanspruchnahme in Österreich der Jahre 2006 und 2020. https://www.umweltbundesamt.at/umweltthemen/boden/flaecheninanspruchnahme-bis-2021#:~:text=Der%203%2DJahresmittelwert%20der%20Flächeninanspruchnahme,Flächen%20neu%20in%20Anspruch%20genommen. (2) Statistik Austria. Bevölkerungsveränderung nach Komponenten. https://www.statistik.at/statistiken/bevoelkerung-und-soziales/bevoelkerung/bevoelkerungsstand/bevoelkerungsveraenderung-nach-komponenten (letzte Abfrage: 18. 2. 2024).

anteilsmäßig pro Kopf mehr biologisch produktiver Boden konsumiert als in der Vergangenheit. Der erhebliche Leerstandsanteil an Wohnungen, die nicht genutzt werden, zeigt, dass dieses Problem alleine nicht mit Wachstum, Zweitwohnsitzen oder Multilokalität erklärt werden kann, sondern dass andere Mechanismen wirksam werden, die den Bodenverbrauch in schwindelerregende Höhen treiben.

2.3 Funktionstrennung, mangelnde Dichte und Zersiedelung

Auch die wirtschaftliche Entwicklung hat einen massiven Einfluss auf den Bodenverbrauch. Die Wohlstandsgewinne der letzten Jahrzehnte sind gesellschaftlich erwünscht und sorgen für eine hohe Lebensqualität für viele. Es darf aber auch nicht verwundern, dass das Wirtschaftswachstum zu einem bedeutenden Teil am gestiegenen Bodenverbrauch in mehrfacher Hinsicht mitverantwortlich ist. Zum einen hat es ermöglicht, dass sich viele Menschen den Traum vom Eigenheim, insbesondere in Form des freistehenden Einfamilienhauses, erfüllen konnten. Zum anderen wurden und werden aber auch sehr viele Flächen für die betriebliche Nutzung verbaut. Hier sind im Wesentlichen zwei Entwicklungen zu beobachten.

Seit Mitte der 1990er-Jahre werden in großem Ausmaß Flächen für Einkaufszentren und Supermärkte bereitgestellt und Boden dafür in Anspruch genommen. Diese Supermärkte zeichnen sich üblicherweise durch eine ebenerdige Bauweise aus, in der Mitte und am Rand liegen viele, oft weit überdimensionierte Parkplätze. Einige Supermarktketten haben sogar die Strategie verfolgt, besonders große Parkplätze zu errichten, die jedoch fast nie komplett ausgelastet sind, aber den Kund:innen suggerieren sollen, dass im Geschäft nicht viel los wäre und man daher jederzeit beim Vorbeifahren schnell einkaufen könne. Das ist nur möglich, wenn Grund und Boden billig sind und dies regulatorisch seitens der Behörden nicht verhindert wird.

Zwar wurden, was das Errichten von Einkaufszentren, Fachmarktzentren und Supermärkten anbelangt, zunehmend strengere Regeln implementiert, jedoch stellt der bereits enorme Bestand eine erhebliche Last vergangener Entwicklungen dar. Österreich weist innerhalb der Europäischen Union eine der höchsten Verkaufsflächenwerte pro Kopf auf. Die genutzte Fläche wird allerdings bereits geringer, der Leerstand steigt. Mit circa 1,6 Quadratmetern Verkaufsfläche pro Kopf liegt Österreich in etwa gleichauf mit den Niederlanden und vor der Schweiz mit 1,5 und vor Deutschland mit 1,45 Quadratmetern pro Kopf. Italien weist im Vergleich dazu 1,04 Quadratmeter Verkaufsfläche pro Kopf auf, die auch noch vermehrt in den Ortszentren anzutreffen sind.[24] Während die Zahl der Einkaufs- und Fachmarktzentren in Österreich in den letzten drei Jahrzehnten rapide angestiegen ist, nimmt die Zahl der innerstädtischen Einzelhandelsgeschäfte sowie deren Verkaufsfläche moderat ab.[25] Dass diese Zu- und Abnahme nicht Hand in Hand geht, ist u. a. mit der Bevölkerungs- und Kaufkraftzunahme zu erklären.

Die Entwicklung der Einkaufszentren ist durch radikale Veränderungen und Zentralisierungen im Einzelhandel bedingt, die immer größere Verkaufsflächen verlangen. Diese Verkaufsflächen sind in historischen Innenstädten in Zentrumslagen nicht einfach oder gar nicht unterzubringen, da oft die denkmalgeschützte, historische Bausubstanz diese Flächenansprüche nicht bedienen kann. Hier wären innovative Lösungen auch schon in der Vergangenheit gefordert und breit anzuwenden gewesen, um z. B. Verkaufsflächen mehrerer Häuser im Erdgeschoß miteinander zu verbinden. Darüber hinaus hätte es auch viele Möglichkeiten gegeben, auf leerstehenden Flächen Einkaufsmöglichkeiten zu schaffen, ohne damit gleich auf die grüne Wiese, an den Kreisverkehr, an den Ortsrand zu gehen. Die „Mall", wie sie vom aus Österreich vor den Nazis in die USA geflüchteten Architekten und Stadt-

---

24 Pillei M, Stöglehner G. (2023): Räumliche Entwicklungstrends. In: Stöglehner G. (Hg.): Grundlagen der Raumplanung 1 – Theorien, Methoden, Instrumente. 2. akt. Auflage, Facultas, S. 46
25 Neugebauer G. (2021): Grundlagen der Raumplanung 2 – Strategien, Schwerpunkte, Konzepte. Facultas, S. 107 f.

planer Victor Gruen, der als „Vater" der Shopping-Center gilt, in den USA entwickelt wurde, diente nicht nur dem Einkauf, sondern auch als Treffpunkt, Freizeiteinrichtung, Ort des kulturellen Austausches und sollte so die Idee des europäischen Marktplatzes in monofunktionale, amerikanische Vorstädte integrieren.

Diese Idee von den USA nach Europa ohne Adaptionen zurückgebracht, bedeutet jedoch die Konkurrenz zu den bestehenden Ortskernen, die an räumlichen Funktionen und Leben im Ort verlieren. Gegen die Nachteile der Autoabhängigkeit und den Niedergang alter Stadt- und Ortskerne ist Victor Gruen, der in den 1960er-Jahren nach Österreich zurückgekehrt ist, selbst vehement aufgetreten. Zur Innenstadtbelebung schlug er verkehrsberuhigte Innenstadtzonen vor, u. a. im ersten Bezirk in Wien, und beschäftigte sich mit der Integration von Umweltbelangen in die Stadtplanung. 1973 gründete er mitunter das Zentrum für Umweltplanung in Wien.[26]

In Hinblick auf die Einkaufszentren ist zu befürchten bzw. teilweise schon zu beobachten, dass hier neue, zusätzliche und zentrumsrelevante Nutzungen untergebracht werden. Dazu zählen Apotheken, Arztpraxen, aber auch Restaurants, Cafés und Kinderbetreuungseinrichtungen, die allesamt den Ortskern beleben könnten. Dies ist neben den bereits skizzierten Nachteilen auch deswegen problematisch, da die Abhängigkeit vom Auto – als die durch Straßen und Parkplätze am meisten Flächen in Anspruch nehmende Mobilitätsform – forciert wird. Durch die Randwanderung zentrumsrelevanter räumlicher Funktionen findet eine sogenannte Funktionstrennung statt. Wohnen, Arbeiten, Einkaufen, verschiedene Versorgungsfunktionen sind weiter voneinander entfernt und die Distanzen dazwischen werden oft mit dem Auto zurückgelegt.

---

[26] Annette Baldauf 2014: Victor Gruen. Shopping Town. Memoiren eines Stadtplaners. Böhlau Verlag.

Auch in Bezug auf die Betriebsansiedlungen hat über viele Jahrzehnte das Paradigma der Funktionstrennung gegolten. Das war über die letzten Jahrzehnte durchaus sinnvoll, weil produzierendes Gewerbe und Industrie vielfach Emissionen wie Luftschadstoffe, Staub, Geräusche oder Lärm verursacht haben. Auch der Lieferverkehr mit Lastkraftwagen ist abseits von Wohngebieten zu führen, um Beeinträchtigungen zu verhindern. In den letzten Jahrzehnten wurde daher häufig versucht, Industriegebiete und Gewerbegebiete abseits der Siedlungsgebiete und Ortskerne anzusiedeln, und eventuell einen Grünstreifen oder einen Streifen Gewerbegebiet, das keine Emissionen verursacht, dazwischen zu legen. So wurde der Funktionstrennung und damit der Verkehrserzeugung Vorschub geleistet, und die Flächeninanspruchnahme im gewerblich-industriellen Bereich hat zugenommen.

Mittlerweile werden mehr und mehr Betriebe emissionsarm geführt. Zero-Emission, also die Etablierung von Null-Emissionsbetrieben, ist ein wesentlicher Trend. Das führt mittlerweile dazu, dass produzierende Betriebe in funktionsgemischten Strukturen untergebracht werden können, ohne die Umgebung wesentlich zu stören. Nicht für alle, aber für viele gewerbliche Nutzungen ist es aufgrund der neuen technologischen Entwicklungen wieder möglich, näher an das Wohnumfeld und an die Ortskerne heranzurücken. Diese Möglichkeiten sollen in Zukunft vermehrt genutzt werden, damit Orte und Städte kompakter geplant, gestaltet und bebaut werden können und der Bodenverbrauch folglich in Zukunft eingedämmt werden kann.

Zusammenfassend haben mehrere Entwicklungen dazu geführt, dass im Laufe der Zeit in vielen Regionen ein amorpher Siedlungsbrei entstanden ist, der nicht mehr klar erkennen lässt, wo die eine Ortschaft endet und die andere beginnt. Diese Entwicklungen umfassen die Randwanderung der Wohnfunktion aus den Ortskernen hinaus, vielfach in die Einfamilienhausgebiete, aber auch in Mehrfamilienhausgebiete, die Randwanderung der Einkaufsfunktion und von Betriebsansiedlungen, sodass um die bestehenden Ortskerne ein großer Gürtel an Wohn-, Betriebs-, Einkaufsvierteln entsteht. Einkaufs- und Betriebsflächen sind oft eingeschoßig, die Wohnfunktion wird in freistehenden Einfamilienhäusern untergebracht, sodass die Flächeneffizienz von Wohn-, Arbeits- und Einkaufsfunktionen vielerorts sinkt. In den letzten Jahrzehnten ist auch noch zu beobachten, dass zentralörtliche Funktionen wie z. B. Gesundheitseinrichtungen, aber mittlerweile auch Schulen an die Siedlungsränder oder aus dem Ortskern hinaus abwandern.

So sehe ich z. B. den Trend zum Schulcampus in Randlagen aus einer umfassenden räumlichen Entwicklungsperspektive als unvorteilhaft an. In einem Schulcampus, in dem über verschiedene Altersgruppen Bildungs- und Erziehungsfunktionen gebündelt sind, mag zwar ein effizienter Betrieb und eine kostengünstigere Erhaltung der Schulgebäude sowie eine Mehrfachnutzung von Gemeinschaftsanlagen und Sportflächen möglich sein; problematisch ist aber insbesondere in Kleinstädten, dass durch die Verlagerung der Schulen und Kindergärten in ein Campussystem außerhalb der Ortskerne wesentliche Nutzer:innengruppen in den Innenstädten und Ortskernen verloren gehen. Gemeint sind die Kinder sowie deren Eltern, die nach dem Bringen in die Schule oder in den Kindergarten möglicherweise im Ortskern noch einen Weg zu erledigen haben oder ein Kaffeehaus oder Geschäft aufsuchen möchten. Sinngemäß kann dies aber auch in Großstädten in Bezug auf die Lebendigkeit von Stadtteilzentren gelten.

Jede Infrastruktureinrichtung ist zum wirtschaftlichen Betrieb auf eine entsprechende Auslastung angewiesen, sodass für deren Absicherung eine Mindestzahl an Wohn- und Arbeitsbevölkerung vor Ort und über den Tag verteilt in einem bestimmten Gebiet anwesend sein muss. So kann z. B. eine Nahversorgung, medizinische Versorgung, öffentlicher Verkehr, aber auch leitungsgebundene Versorgung wie Energienetze für Wärme und Strom, Wasser, Kanal, aber auch Glasfaserinternet kosteneffizient, ressourceneffizient und umweltfreundlich betrieben werden. Damit können in dispersen Siedlungsstrukturen wesentliche gesellschaftliche Ziele wie Energiewende, Mobilitätswende, Grundversorgung oder Digitalisierung nicht oder nur mit wesentlich höherem Aufwand erreicht werden als in kompakten Siedlungsstrukturen.

Die Kombination der Randwanderung von Wohnbevölkerung, Betrieben und Infrastrukturen führt dazu, dass sowohl in den Ortskernen die Nutzungsintensität unter die Mindestgröße für eine gute Infrastrukturausstattung sinkt, als auch in den neuen Zuzugsgebieten am Ortsrand durch eine relativ geringe bauliche Dichte gleichzeitig Mindestgrößen der Nutzungsintensität nicht erreicht werden. Damit gehen wesentliche Potenziale für die Entwicklung der Raumstruktur verloren. Die Attraktivierung der jeweiligen Siedlungsgebiete durch ein besseres Infrastrukturangebot ist damit wesentlich schwieriger oder aufgrund der mangelnden Nutzungsintensität in Bezug auf Wohn- oder Arbeitsbevölkerung nicht im ausreichenden Umfang möglich, um eine hohe Lebensqualität und kurze Wege zu erreichen. Das befördert den Verkehr, insbesondere den Autoverkehr, bedeutet aber auch, dass die Bewohner:innen den Alltag zwischen Wohnen, Arbeiten, Erholen, Kinder-in-die-Schule-Bringen etc. schwieriger bewerkstelligen können. Die Wegstrecken und Reisezeiten werden länger. Damit nimmt die Alltagsorganisation wesentlich mehr Zeit in Anspruch, als dies in kompakten Siedlungsstrukturen mit höherer Dichte, Nutzungsintensität und Funktionsmischung der Fall wäre.

Ein weiterer Begriff der räumlichen Entwicklung, der mit Funktionstrennung und mangelnder Dichte verbunden ist und auch vielfach in der Öffentlichkeit, aber auch in der Fachwelt verwendet wird, ist der Begriff der Zersiedelung.[27] Zersiedelung bedeutet im Wesentlichen, dass am falschen Platz und in der falschen, d. h. zu geringen Dichte gebaut wird. Insbesondere das freistehende Einfamilienhaus wird mit Zersiedelung assoziiert,

---

27 Pillei M, Stöglehner G. (2023): Räumliche Entwicklungstrends. In: Stöglehner G. (Hg.): Grundlagen der Raumplanung 1 – Theorien, Methoden, Instrumente. 2. akt. Auflage, Facultas, S. 48 f.

vor allem wenn die Parzellen der Einfamilienhäuser relativ groß sind, d. h. 800 Quadratmeter und mehr umfassen, und wenn diese an Ortsausfahrten als Siedlungsband entstehen oder sonst disloziert sind und so keinen unmittelbaren Zusammenhang mit einem Ortskern aufweisen. Vielfach werden mit Zersiedelung auch Siedlungssplitter verbunden, die auf Agrarflächen wie beispielsweise entlang von Güterwegen entstehen oder in Dörfern rund um landwirtschaftliche Betriebe z. B. von sogenannten „weichenden" Erb:innen errichtet werden. Wie oben erörtert, sinken durch Zersiedlung die Möglichkeiten, Infrastrukturen kosten- und ressourceneffizient bereitzustellen und damit die Versorgung der Bevölkerung aufrechtzuerhalten.

Darüber hinaus erhöht sich der Bodenverbrauch durch den Erschließungsaufwand und die im Siedlungssplitter im Allgemeinen höhere Pro-Kopf-Flächeninanspruchnahme. Wie groß dieses Problem ist, zeigt eine aktuelle Studie: Wird der Dauersiedlungsraum Österreichs in 1 Hektar große Rasterzellen (100 x 100 Meter) geteilt, ergibt dies ca. 3,25 Millionen solcher Rasterzellen. 1975 standen in 900.000 oder 28 % dieser Rasterzellen Gebäude, 2020 waren 1,27 Millionen (oder 39 %) dieser Rasterzellen von Bebauung betroffen. Die Ausbreitung der Bebauung über den Dauersiedlungsraum hat um 41 % zugenommen.[28] Damit sinkt auch die Größe zusammenhängender, von Bebauung freigehaltener Räume, was unter anderem negative Effekte auf die Biodiversität hat.

2.4 Autoorientierte Mobilität

Eine weitere Ursache für den hohen Bodenverbrauch ist die Zunahme der autoorientierten Mobilität. Seit 2000 hat sich der Kraftfahrzeugbestand von 5,58 Mio. auf 7,34 Mio. Kraftfahr-

---

[28] Brenner A.-K., Krüger T., Haberl H., Stöglehner G., Behnisch M. (2024): Rapider Anstieg der Zersiedelung in Österreich: Eine räumlich explizite Analyse der Zersiedelungsentwicklung unter besonderer Berücksichtigung der Wohnbevölkerung zwischen 1975 und 2020. https://boku.ac.at/fileadmin/data/H03000/H73000/H73700/Publikationen/Working_Papers/WP_198_Brenner_Web_A.pdf (letzte Abfrage: 15.06.2024)

zeuge im Jahr 2023 erhöht. Davon sind 5,185 Mio. Personenkraftwägen auf Österreichs Straßen unterwegs, was derzeit in etwa 570 Personenkraftwägen pro 1.000 Einwohner:innen bedeutet.[29] Diese Kraftfahrzeuge benötigen zum einen Stellplätze zum Parken sowohl an den Quellorten als auch an den Zielorten des Verkehrs und damit viel Platz. Zum anderen bedarf es immer leistungsfähigerer, breiterer und größerer Straßen, um den Verkehr aufnehmen zu können. So verwundert es nicht, dass 30 % der gesamten für Bauland und Infrastruktur beanspruchten Flächen für den Verkehr aufgewendet werden.[30] Die Siedlungsentwicklung und die Steigerung der Verkehrsflächen gehen Hand in Hand.

Insbesondere der Umfang und die Länge des Verkehrsnetzes verdeutlichen dies eindrücklich: Die ASFINAG verwaltet 2.250 Kilometer Streckenlänge an Autobahnen und Schnellstraßen, die einschließlich der ökologischen Ausgleichsflächen ca. 170 Quadratkilometer des Bodenverbrauchs beanspruchen. Davon sind wiederum 57 Quadratkilometer versiegelt.[31] Laut ÖROK-Flächenmonitoring werden dem Autobahnen- und Schnellstraßennetz ca. 2 % der Flächeninanspruchnahme zugewiesen, was ca. 115 Quadratkilometern entspricht, sodass nicht alle von der ASFINAG bewirtschafteten Ausgleichsflächen mitberechnet wurden. Demgegenüber ist das Bahnnetz mit ca. 5.600 km ungefähr doppelt so lang und benötigt laut ÖROK-Flächenmonitoring in etwa 2,3 % der in Anspruch genommenen Flächen. Bezüglich Bodenverbrauch schlagen die Gemeindestraßen mit 18,6 % und die Landesstraßen mit 7,6 % der gesamten Flächeninanspruchnahme von 5.684 Quadratkilo-

---

[29] Zahlen gemäß: Statistik Austria (o.J.): Fahrzeuge. https://www.statistik.at/statistiken/tourismus-und-verkehr/fahrzeuge (letzte Abfrage 2.6.2024)
[30] Zahlen gemäß: Österreichische Raumordnungskonferenz (o.J.): Flächeninanspruchnahme und Versiegelung in Österreich 2022. https://www.oerok.gv.at/raum/daten-und-grundlagen/ergebnisse-oesterreich-2022 (letzte Abfrage 18.2.2024)
[31] Zahlen gemäß: Medl A, Walcher A (2022): Autobahnen und Nachhaltigkeit – Ein Widerspruch in sich? In: Österreichische Ingenieur- und Architektenzeitschrift. 167/2022, S. 28–29.

metern zu Buche.[32] Den größten Anteil an den Verkehrsflächen weisen die Gemeindestraßen (92.200 km) und Landesstraßen (33.800 km) mit einer Gesamtlänge von 126.000 km auf.[33] Pro Einwohner:in gerechnet (Bevölkerungsstand 2023: 9,1 Millionen) sind dies in etwa 14 Laufmeter (lfm) Straße. In Deutschland wird im Vergleich dazu mit ca. 10 lfm Straße das Auslangen gefunden, in der Schweiz mit ca. 9 lfm pro Einwohner:in.[34] Dazu kommen noch die privaten Verkehrsflächen, z. B. die Parkplätze rund um Einkaufszentren oder Betriebe sowie die Parkplätze bei Wohnhäusern.

Allein daraus ist ersichtlich, dass dem Auto enorme Flächen gewidmet werden und die öffentliche Hand hohe Geldsummen investiert, um Straßen zu errichten. Im Jahr 2019 kostete im statistischen Schnitt ein Kilometer Autobahn 18,6 Millionen Euro, ein Kilometer Hauptverkehrsstraße 4 Millionen Euro und ein Kilometer Gemeindestraße ca. 1,8 Millionen Euro.[35] Zur Preisbasis 2019 wäre damit das Autobahnnetz ca. 42 Milliarden Euro wert, das Landesstraßennetz beliefe sich bei Neuerrichtung zur Preisbasis 2019 auf in etwa 135 Milliarden Euro und das Gemeindestraßennetz in etwa auf 166 Milliarden Euro, zusammen auf grob geschätzte 343 Milliarden Euro. Mir ist bewusst, dass diese Abschätzung nur eine sehr grobe Annäherung darstellt. Diese soll aber ermöglichen, die finanzielle Dimension des Straßenbaus der Größe nach einzuordnen. Dafür kann der Vergleich

---

[32] Zahlen gemäß: Statistik Austria (o.J.): Verkehrsunternehmen, Infrastruktur. https://www.statistik.at/statistiken/tourismus-und-verkehr/verkehrsunternehmen-infrastruktur; Österreichische Raumordnungskonferenz (o.J.): Flächeninanspruchnahme und Versiegelung in Österreich 2022. https://www.oerok.gv.at/raum/daten-und-grundlagen/ergebnisse-oesterreich-2022; Umweltbundesamt (2022): 13. Umweltkontrollbericht. Umweltsituation in Österreich. https://www.umweltbundesamt.at/fileadmin/site/publikationen/rep0821.pdf (letzte Abfrage 18.2.2024)

[33] BMK (2023). Statistik Straße und Verkehr, S. 10. https://www.bmk.gv.at/themen/verkehr/strasse/publikationen/statistik_strasseverkehr.html (letzte Abfrage 1.5.2024)

[34] Ländervergleich siehe: Pillei M, Stöglehner G. (2023): Räumliche Entwicklungstrends. In: Stöglehner G. (Hg.): Grundlagen der Raumplanung 1 – Theorien, Methoden, Instrumente. Facultas, S. 48

[35] Statista (2023): Kosten von einem Kilometer Infrastruktur nach Verkehrsweg in Österreich im Jahr 2019. https://de.statista.com (letzte Abfrage 1.10.2023)

mit den österreichischen Staatsschulden gezogen werden: 2019 betrugen diese 280 Milliarden Euro, also knapp 20 % weniger als die geschätzten Straßenbaukosten.[36] Dazu kommen dann noch die jährlichen Erhaltungskosten. Würde das Straßennetz nicht über lange Zeiträume kontinuierlich wachsen und hätte es als Schlüsselverkehrsinfrastruktur nicht auch hohe positive volkswirtschaftliche Effekte, wäre es schlichtweg unleistbar. Sich diese Größenordnungen vor Augen zu führen, legt den Schluss nahe, künftig ein flächeneffizienteres, nachhaltigeres und kostengünstigeres Verkehrssystem zu entwickeln.

Wäre die Pro-Kopf-Straßenlänge nur ungefähr so lange wie jene in Deutschland oder in der Schweiz, hätten damit bereits ca. 30 % der Kosten eingespart werden können, die dann für Steuererleichterungen oder andere staatliche Aufgaben zur Verfügung gestanden wären. Denn in Bereichen wie z. B. Kinderbetreuung, Bildung, Forschung, Digitalisierung, Gesundheitssystem u. v. m. fehlen die Beträge durchaus. Dieses Rechenbespiel zeigt, dass durch eine andere Raumentwicklung finanzielle Handlungsspielräume für die öffentliche Hand entstehen können. Jetzt sind die Straßen schon gebaut. Dennoch liegen in der Raumentwicklung künftig erhebliche Einsparpotenziale bei Errichtung und Erhaltung von technischer Infrastruktur bzw. schlummern Möglichkeiten, die bestehende Infrastruktur besser auszulasten. Diese werden aber nur realisiert werden können, wenn vor allem mit dem Bestand an Straßen das Auskommen gefunden wird und möglichst wenig zusätzliche Straßen benötigt werden. Das setzt voraus, dass sowohl Raumplanung als auch das Verkehrsverhalten von Unternehmen und Privatpersonen nach neuen Prämissen ausgerichtet werden.

Soll der Verkehr wirksam reduziert werden, braucht es nicht nur verkehrsorganisatorische Maßnahmen, sondern vor allem eine langfristige Veränderung der Raumstruktur hin zu

---

36 Statistik Austria (o.J.): Öffentlicher Schuldenstand: https://www.statistik.at/statistiken/volkswirtschaft-und-oeffentliche-finanzen/oeffentliche-finanzen/maastricht-indikatoren/oeffentlicher-schuldenstand (letzte Abfrage: 18. 2. 2024)

mehr Funktionsmischung und maßvoller Dichte. Das bedeutet, dass Einkaufen, Arbeiten, Schulwege, Freizeitgestaltung möglichst nahe rund um den Wohnsitz erfolgen, sodass aufgrund der Raumstruktur Zufußgehen und Radfahren für viele Wege die logische Verkehrsmittelwahl darstellen. Derart kompakte Siedlungsstrukturen haben eine geringere Ausdehnung, brauchen weniger Straßenkilometer für deren Erschließung und sparen damit nicht nur Fläche, sondern auch Kosten der öffentlichen Hand.

Wenn diese Gebiete auch noch mit einem leistungsfähigen öffentlichen Verkehrsnetz erschlossen sind, ist die Wahrscheinlichkeit groß, dass das Auto nicht täglich benötigt wird – gegebenenfalls kann das Auto oder zumindest ein Zweitauto eingespart und durch eine Carsharing-Mitgliedschaft ersetzt werden. Das hilft einerseits, die Flächeninanspruchnahme weiter zu reduzieren, weil weniger Parkplätze auch an den Zielorten, z. B. am Arbeits- oder Einkaufsort notwendig sind, und andererseits, Kosten für die Einzelnen zu sparen sowie den Energieverbrauch für den Verkehr massiv zu reduzieren. Das wiederum unterstützt den Klimaschutz.

2.5 Komplexität des Planungssystems

Eine weitere Ursache für den Bodenverbrauch ist die Komplexität des Planungssystems nach dem Motto „Zu viele Köche verderben den Brei". In der Planung sind nicht nur viele Köche vorhanden, sie sind auch noch auf die Kompetenzebenen Bund, Länder und Gemeinden aufgeteilt. Die Ordnung des Raumes entsteht also im Zusammenwirken oder – falls dieses Zusammenwirken nicht so gut funktioniert – als Summe von staatlichen Entscheidungen. Darüber hinaus beeinflussen aber auch wir alle die Ordnung des Raumes, als Privatpersonen oder Unternehmen durch eine Vielzahl von Einzelentscheidungen, wie wir uns den Raum aneignen und so Lebensstile und Wirtschaftsweisen umsetzen. Auf Basis der damit verbundenen Ansprüche werden permanent Wohngebiete, Betriebe und öffentliche Einrichtungen errichtet oder Freizeiteinrichtungen und vieles mehr im Raum untergebracht.

Zwischen diesen Nutzungen ist eine umfassende Infrastruktur notwendig, also die Einrichtungen des Raumes, die für Daseinsvorsorge und wirtschaftliche Entwicklung notwendig sind. Technische Infrastrukturen sind z. B. Straßen- oder Schieneninfrastruktur, Einrichtungen der Energieversorgung, der Informations- und Kommunikationstechnologie, der Siedlungswasserwirtschaft wie Trinkwasserversorgung oder Abwasserentsorgung.[37] Soziale Infrastrukturen dienen u.a. der Ausbildung, medizinischen Versorgung, Freizeitgestaltung oder der öffentlichen Sicherheit und Verwaltung.[38] In neuerer Zeit rückt grüne Infrastruktur als Netzwerk von Grünräumen und Grünelementen vermehrt in den Blick, um Erholung, Schutz der Artenvielfalt und Ökosystemleistungen wie Klimaregulierung, Luft- und Wasserreinhaltung u. v. m. bereitzustellen.[39] Das Ergebnis der Aneignung des Raumes und der planerischen Festlegungen der öffentlichen Hand ist eine bestimmte Raumordnung, wie sie als Zustand des Raumes zu einem bestimmten Zeitpunkt angetroffen werden kann.[40]

Lebensstile und Wirtschaftsweisen wirken auf die Inhalte, Ziele und Maßnahmen, die in einer Vielzahl von Plänen und Programmen auf Basis unterschiedlicher raumrelevanter Gesetze festgelegt werden. Für die räumliche Gesamtplanung sind Länder und Gemeinden zuständig, die auf Basis der Raumordnungsgesetze handeln, die von den Ländern erlassen wer-

---

[37] vertiefend siehe: Neugebauer G. (2020): Raumplanung und technische Infrastruktur. In: Stöglehner G. (Hg.): Grundlagen der Raumplanung 2 – Strategien, Schwerpunkte, Konzepte. Facultas. S 201-234.
[38] vertiefend siehe: Fischer T. (2020): Versorgung mit sozialer Infrastruktur. In: Stöglehner G. (Hg.): Grundlagen der Raumplanung 2 – Strategien, Schwerpunkte, Konzepte. Facultas. S 235-267.
[39] vertiefend siehe: Fischer T., Puhr G. (2020): Gesunde Stadt und grüne Infrastruktur. In: Stöglehner G. (Hg.): Grundlagen der Raumplanung 2 – Strategien, Schwerpunkte, Konzepte. Facultas. S 269-299.
[40] vertiefend siehe: Pillei M. (2023): Ursprünge der Raumplanung. In: Stöglehner G. (Hg.): Grundlagen der Raumplanung 1 – Theorien, Methoden, Instrumente. 2. akt. Auflage, Facultas. S 15-29.

den. Dazu kommen zahlreiche raumrelevante Fachplanungen des Bundes wie u. a. im Forstwesen, Wasserrecht, Verkehrsrecht (Autobahnen, Schnellstraßen und Eisenbahnen) sowie der Länder wie z. B. das Landesstraßenwesen oder der Naturschutz. In Summe müssen pro Bundesland in etwa 40 Gesetze und mehr angewendet werden, um die Raumentwicklung in allen Bereichen zu steuern. Dass dies ein großes Ausmaß an Planungskoordination erfordert, liegt auf der Hand. Dabei bleibt es häufig nicht bei dieser Vielzahl an Gesetzen. Auf deren Basis können auch mehrere Dutzend verordnete Plantypen in einem Bundesland vorliegen. Wie wird nun in der Planungspraxis mit dieser Regelungsvielfalt umgegangen?

Bei der Planungskoordination[41] ist die hierarchische Beziehung zwischen den Planungsebenen zu berücksichtigen. Die untergeordneten Planungen dürfen den übergeordneten Plänen und Programmen nicht widersprechen. In der örtlichen Raumplanung der Gemeinden wird dieses Prinzip durch die sogenannte aufsichtsbehördliche Genehmigung sichergestellt. Jede Planung der Gemeinden ist den Ländern zur Genehmigung vorzulegen. Die Länder dürfen dabei als Aufsichtsbehörde die Planungen der Gemeinden nicht verändern. Es sind aber Versagungsgründe zu prüfen, ob die Planungen den übergeordneten Plänen und Programmen und den Raumordnungszielen entsprechen und die Aufbereitung der Planungsgrundlagen nachvollziehbar ist. Die Planungen einzelner Gemeinden dürfen die Entwicklung anderer benachbarter Gemeinden und des Gesamtraumes nicht wesentlich beeinträchtigen. Liegen keine Versagungsgründe vor, wird der örtliche Plan der Gemeinde genehmigt und kann nach einer entsprechenden Kundmachung als Verordnung Rechtskraft erlangen.

Die Planungskoordination zwischen den Gebietskörperschaften unterschiedlicher Hierarchieebenen, aber auch zwischen den Gebietskörperschaften derselben Hierarchieebene,

---

[41] vertiefend dazu: Pillei M. (2023): Aufgaben und Funktionsweise der Raumplanung. In: Stöglehner G. (Hg.): Grundlagen der Raumplanung 1 – Theorien, Methoden, Instrumente. 2. akt. Auflage, Facultas. S 61–81.

also z. B. zwischen den Gemeinden, wird durch umfangreiche Stellungnahmerechte bewerkstelligt. So ist z. B. jede Gemeinde berechtigt, zu den Planungen des Landes sowie zu den Planungen der jeweiligen Nachbargemeinden Stellungnahmen abzugeben, eigene Planungsvorstellungen einzubringen und auch darzustellen, inwiefern die Gemeinde durch die Entscheidungen der anderen Gebietskörperschaften ihre eigene räumliche Entwicklung gefährdet sieht. Diese Stellungnahmen sind von der planenden Gemeinde in ihren Entscheidungen zu berücksichtigen.

In diesem komplexen System der Raumordnung sind auch schon etliche Fehlsteuerungen, die zu einem überbordenden Bodenverbrauch führen, über die Ebenen der Planungshierarchie hinweg angelegt. Dies betrifft in erster Linie die mangelnden quantitativen Vorgaben für die Flächeninanspruchnahme durch Bauland und Infrastruktur sowie Fehlsteuerungen durch mangelnde Koordination zwischen den Planungsmaterien. In weiterer Folge werden einige Aspekte der Funktionsweise der Raumplanung genauer erläutert, um sie in Beziehung zum Bodenverbrauch zu setzen. Dies zeigt auch auf, welche komplexen Vorgänge ablaufen, damit eine einzelne Parzelle entweder als Grünland geschützt oder als Bauland gewidmet und schlussendlich bebaut werden kann.

Raumordnungsziele und planerische Abwägung
Sowohl die überörtliche als auch die örtliche Raumplanung sind durch Raumordnungsziele und Raumordnungsgrundsätze determiniert.[42] In den jeweiligen Raumordnungsgesetzen der Länder ist ein breites Bündel an Zielen definiert, die in der räumlichen Entwicklung angestrebt und erreicht werden sollen. Diese Zielbündel richten sich an sehr vielfältige Themen, wie z. B. den Schutz der Umwelt und des Klimas, das Voranbringen der Energiewende, eine geordnete wirtschaftliche Entwicklung, eine geordnete Tourismusentwicklung, den Schutz

---

[42] vertiefend siehe: Pillei M. (2023): Aufgaben und Funktionsweise der Raumplanung.

der landwirtschaftlichen Flächen zur Ernährungssicherheit sowie den Schutz natürlicher Ressourcen als Lebensgrundlage der Menschen. Die Infrastrukturversorgung, die Daseinsvorsorge, die Nahversorgung, die Ausstattung mit kulturellen Einrichtungen, mit Bildungseinrichtungen, mit Freizeit- und Erholungsmöglichkeiten sind ebenso anzustreben. Die Bandbreite ist enorm. Die Raumordnungsziele sind mitunter widersprüchlich, denn es kann der Wunsch nach Wirtschaftswachstum mit bestimmten Anliegen des Umweltschutzes oder auch des Bodenschutzes konkurrieren.

Doch wie wird nun mit der Widersprüchlichkeit der Ziele umgegangen? Dies ist Gegenstand der planerischen Abwägung, wo entschieden wird, welchem Planungsziel auf welcher Fläche der Vorrang gegeben wird. In Summe ist dafür Sorge zu tragen, dass in einer gesamten räumlichen Einheit, z. B. in der örtlichen Raumplanung in einer Gemeinde oder in der überörtlichen Raumplanung in einer Planungsregion oder im gesamten Bundesland, in Summe über alle Teilräume alle Planungsziele Platz finden und gemessen an den natürlichen, räumlichen, infrastrukturellen und gesellschaftlichen Voraussetzungen sowie den im Planungsprozess ermittelten Bedarfen in angemessener Intensität erfüllt werden können.

Diesem Konzept wohnt eine entsprechende Flexibilität inne, um die Planungsziele mit den räumlichen Voraussetzungen und den demografischen und wirtschaftlichen Entwicklungen des jeweiligen Planungsraumes in Überdeckung zu bringen. In welcher Intensität und mit welcher Gewichtung die einzelnen Planungsziele dann verfolgt werden, hängt von den räumlichen Gegebenheiten vor Ort, den angestrebten Planungszielen und den gewählten Maßnahmen der politischen Entscheidungsträger:innen der jeweiligen Gebietskörperschaft ab. Damit ist Raumplanung in einen gesellschaftlichen Kontext eingebettet, der einem konstanten Wandel unterworfen ist und Auswirkungen auf die Prioritätenreihung und Gewichtung der Ziele hat. Und hier verliert der Bodenschutz am laufenden Band. Obwohl viele von Privaten und Unternehmen vorgebrachte Planungsideen, die den Bodenverbrauch weiter vorantreiben, mittlerweile begrenzt oder auch in Einzelentscheidungen abgewendet werden, konnte das Problem in seiner Gesamtheit noch nicht gelöst werden. Letztendlich kann in einer Demokratie auch nur entschieden werden, was mehrheitsfähig ist. Um den Bodenverbrauch wirksam zu reduzieren, sind wir als Wähler:innen angesprochen, jene Entscheidungen demokratisch zu legitimieren, die den Bodenschutz voranbringen.

Überörtliche Raumplanung

Für gemeindeübergreifende Angelegenheiten, die sogenannte überörtliche Raumordnung, sind die Landesregierungen zuständig. Für die Vollziehung der überörtlichen Raumplanung stehen den Landesregierungen im Allgemeinen in den Bundesländern drei Arten von Raumordnungsprogrammen zur Verfügung.[43] Dies sind zum einen die Landesraumordnungsprogramme oder Landesentwicklungsprogramme, die sich in ihren Inhalten von Bundesland zu Bundesland unterscheiden. In diesen Programmen werden unter anderem die Ziele und Grundsätze der Raumplanung für einzelne Teilräume konkretisiert, das Land in Planungsregionen aufgeteilt, sowie die wichtigsten Entwicklungszentren, insbesondere, was die Wirtschaftsentwicklung, die Bevölkerungsentwicklung und die Bereitstellung der Infrastruktur anlangt, sowie Entwicklungsachsen festgelegt. Nicht alle Länder haben ein Landesraumordnungsprogramm verordnet.

Der zweite Typ von Raumordnungsprogrammen, der sowohl für das ganze Gebiet des Bundeslandes, aber auch für Teilräume, also Regionen, erlassen werden kann, sind die sogenannten sektoralen Raumordnungsprogramme oder Sachprogramme. Sie haben nur ein Themengebiet zum Gegenstand, regeln dieses aber relativ präzise. In der jüngsten Vergangenheit wurden z. B. solche Raumordnungsprogramme für den Ausbau

---

[43] vertiefend siehe: Grossauer F. (2023): Überörtliche Raumplanung. Stöglehner G. (Hg.): Grundlagen der Raumplanung 1 – Theorien, Methoden, Instrumente. 2. akt. Auflage, Facultas. S 233–272.

von Windkraftanlagen (Kärnten, Niederösterreich, Steiermark) oder Freiflächen-Photovoltaikanlagen (Burgenland, Kärnten, Niederösterreich, Steiermark) erlassen.

Dann sind noch regionale Raumordnungsprogramme verfügbar. Diese werden nur noch für Teilräume eines Bundeslandes, die zwei oder mehr Gemeinden umfassen, festgelegt. Die regionalen Raumordnungsprogramme haben den Anspruch, den Raum gesamtheitlich zu organisieren. Das heißt, regionale Raumordnungsprogramme beschäftigen sich sowohl mit dem Grünraum, z. B. mit regionalen landwirtschaftlichen Vorrangzonen, ökologischen Vorrangzonen, Erholungsgebieten etc. als auch mit den verschiedensten Aspekten der Baulandentwicklung u. a. mit regionalen Schwerpunktbildungen für Wohnen, Betriebe und öffentliche Einrichtungen sowie der Bereitstellung von technischer und sozialer Infrastruktur.

Für die Reduktion des Bodenverbrauchs wäre es interessant, im Zusammenspiel dieser Instrumente der überörtlichen Raumordnung schon erste Vorkehrungen zu treffen, wie z. B. regionale Siedlungsgrenzen einzuführen oder u. a. für die Landwirtschaft, die Biodiversität, die Erholung oder die Naturgefahrenvorsorge besonders wertvolle, gemeindeübergreifend zusammenhängende Landschaftsräume freizuhalten. Dies wird in den Bundesländern mit unterschiedlicher Intensität bereits vollzogen, schon alleine was die Häufigkeit der Planungen betrifft: So sind z. B. in Salzburg oder in der Steiermark fast flächendeckend regionale Raumordnungsprogramme vorhanden. In Oberösterreich sind demgegenüber nur etwa 10 % der Gemeinden von einem regionalen Raumordnungsprogramm erfasst. Somit fehlen in vielen Gemeinden zwischen den sehr abstrakten Festlegungen eines Landesraumordnungsprogramms und den schon konkreten Festlegungen, die die Gemeinden selbst in ihren Plänen machen können, weitere Planungen. Dies ist deshalb problematisch, weil u. a. Maßnahmen, die den Bodenverbrauch mit Mitteln der überörtlichen Raumplanung wirksam eindämmen könnten, für eine große Zahl an Gemeinden in Österreich nicht verfügbar sind. Was in der überörtlichen Raumordnung derzeit vollständig unterbleibt, ist, quantitative Bodenschutzziele festzulegen und auf Regionen aufzuteilen. Dies ist mit ein Grund für den überbordenden Bodenverbrauch in vielen Regionen.

Örtliche Raumplanung

Für die örtliche Raumplanung sind die Gemeinden zuständig. Die Entscheidungen in der örtliche Raumordnung trifft der Gemeinderat der jeweiligen Gemeinde. Ein oft auch in den Medien kommunizierter Irrtum ist, dass die Bürgermeister:innen für die Umwidmungen zuständig wären. Das stimmt so nicht. Raumordnungsfragen sind Kollektiventscheidungen des Gemeinderats der jeweiligen Gemeinde. Die Bürgermeister:innen sind lediglich Baubehörde erster Instanz. Das heißt, sie sind für Baubewilligungen zuständig, nicht aber für die Umwidmungen, auch wenn sie in der politischen Debatte auf Widmungsverfahren real einen erheblichen Einfluss nehmen können.

Auch den Gemeinden stehen drei Planungsinstrumente zur Verfügung, die aufeinander aufbauen und eine Hierarchie bilden.[44] Die oberste Hierarchieebene bildet das örtliche Entwicklungskonzept, das – wie schon bei der überörtlichen Raumplanung – in den verschiedenen Bundesländern auch unterschiedlich heißen kann. Dieses örtliche Entwicklungskonzept legt in groben Zügen die längerfristige räumliche Entwicklung der Gemeinden fest und teilt die Gemeinde zum einen in Zonen ein, die von Bebauung freizuhalten sind, wie ökologische und landwirtschaftliche Vorrangzonen sowie Vorrangzonen für das Landschaftsbild oder die Erholung. Zum anderen werden Zonen festgelegt, die einer Bebauung für unterschiedliche Baulandnutzungen zugeführt werden können. Eine wichtige Frage, die üblicherweise im Entwicklungskonzept geklärt wird, ist die Bedarfsfrage nach Bauland und Infrastruktur auf der örtlichen Ebene. Aufgrund von Bedarfsprognosen werden

---

[44] vertiefend siehe: Grossauer F. (2023): Örtliche Raumplanung. In: Stöglehner G. (Hg.): Grundlagen der Raumplanung 1 – Theorien, Methoden, Instrumente. 2. akt. Auflage, Facultas. S 233–272.

Baulandbedarfe festgelegt, wobei hier meist zu beobachten ist, dass die Baulandprognosen sehr optimistisch sind und üblicherweise einen Bedarf an zusätzlichen Baulandwidmungen prognostizieren.

Das wichtigste Planungsinstrument der örtlichen Raumplanung ist der Flächenwidmungsplan, der in allen Bundesländern so heißt und in ähnlicher Weise angewendet wird. Alle Gemeinden verfügen über einen Flächenwidmungsplan, in dem für jedes einzelne Grundstück in Österreich definiert ist, wie es im Sinne der Raumordnung genutzt werden kann. Da der Bodenverbrauch auch in den Medien oft mit den Umwidmungen von Grünland in Bauland durch die Gemeinden verbunden wird, wird hier nun genauer dargestellt, wie der Flächenwidmungsplan grundsätzlich funktioniert. Im Flächenwidmungsplan, der u. a. die Baulandbedarfsfestlegung des örtlichen Entwicklungskonzeptes umsetzt, werden für die unterschiedlichsten Raumnutzungen (wie Wohnen, Betriebe, öffentliche Einrichtungen etc.) geeignete Standorte gefunden und dabei sichergestellt, dass sich die Nutzungen nicht gegenseitig beeinträchtigen. So ist z. B. dafür zu sorgen, dass die Bewohner:innen eines Wohngebietes nicht erheblich durch einen Betrieb und dessen Liefer- und Kund:innenverkehr gestört werden.

Dabei darf nicht willkürlich vorgegangen werden: Auf Basis der rechtlichen Rahmenbedingungen und einer Grundlagenaufbereitung müssen die Entscheidungsträger:innen, d.h. die Gemeinderät:innen, eine nachvollziehbare und rechtlich prüfbare Entscheidung treffen. Dabei wird in der planerischen Abwägung auf einer bestimmten Fläche einem Planungsziel der Vorrang vor anderen Planungszielen gegeben. Auf vielen Flächen im Grünland, insbesondere mit landwirtschaftlich hochwertigen Böden, wird z. B. der Ernährungssicherheit Priorität eingeräumt, und diese Flächen werden als Grünland-Landwirtschaft gewidmet. Auf weiteren Flächen wird der wirtschaftlichen Entwicklung oberste Priorität zugesprochen und z.B. eine Widmung für betriebliche Nutzungen gewählt. Auf einer wiederum anderen Fläche soll der Wunsch nach leistbarem Wohnen verwirklicht werden und eine Flächenwidmung für Wohnbauland wird vergeben.

Im Wesentlichen unterscheidet der Flächenwidmungsplan Grünland- oder Freilandwidmungen für die offene Kulturlandschaft, d.h. der landwirtschaftlich geprägten Landschaft außerhalb großer Waldgebiete, sowie Baulandwidmungen für die verschiedensten Belange der baulichen Entwicklung. Darüber hinaus werden im Flächenwidmungsplan Aussagen über die Verkehrserschließung getroffen, die sich aus der Baulandentwicklung ergeben. So werden die Gemeindestraßen festgelegt, aber auch Aussagen zu Fußwegen, Radwegen und Parkplätzen, also für den ruhenden Verkehr, gemacht, sofern dies nicht im Bebauungsplan geschieht. Der Flächenwidmungsplan ist als erster Plan der Planungshierarchie unmittelbar bürger:innenverbindlich und ermöglicht somit, Grundstücke einer Bebauung zuzuführen.

Im Bebauungsplan werden schließlich dreidimensionale Ortsideen entwickelt. Zunächst wird konkret festgelegt, in welchen Teilen von Grundstücken Bauwerke errichtet werden dürfen und zu welchem Grad eine Bebauung stattfinden kann. Damit wird bestimmt, wie hoch die Versiegelung in einem Gebiet durch die Errichtung von Gebäuden ist. Unter Versiegelung wird die luft- und wasserdichte Abdeckung des Bodens verstanden, der dadurch vielfältige ökologische Funktionen verliert.

Auch Bauhöhen und Bauweisen werden festgeschrieben. Bei der Bauweise werden drei Arten unterschieden: Bei offener Bauweise werden die Gebäude nicht aneinander gebaut und auf dem Grundstück kann man rund um das Gebäude gehen. In gekuppelter Bauweise sind zwei Gebäude an einer Seite aneinander anzubauen. Bei geschlossener Bauweise sind die Gebäude links und rechts am Grundstück an die Nachbargebäude anzubauen, sodass Häuserzeilen entstehen. Damit hat der Bebauungsplan nicht nur einen erheblichen Einfluss auf das Stadt- bzw. Ortsbild, sondern auch auf die Dichte der Bebauung. Diese Dichtefrage ist eine wesentliche Stellgröße des künftigen Bodenverbrauchs, wie weiter unten noch im Detail ausgeführt wird.

Der Bebauungsplan hat aber auch wesentlichen Einfluss auf die Erschließung und Durchgrünung von Siedlungsgebieten: Die Führung von Straßen, Fuß- und Radwegen sowie die Lage von Stellplätzen wird ebenso festgelegt wie die Rahmenbedingungen für deren Bepflanzung, Gemeinschaftsgrünflächen, Kinderspielplätze u. v. m. Problematisch ist, dass in vielen Gemeinden für das gesamte Bauland oder dessen Teile keine Bebauungsplanung vorliegt. Damit sind die Bauwerber:innen zwar in der Verwirklichung ihrer Ideen über die Bauordnungen der Länder hinaus kaum eingeschränkt, es bleiben aber viele Potenziale für eine flächensparende Raum- und Siedlungsentwicklung und für die Begrenzung der Versiegelung als Anliegen des quantitativen Bodenschutzes ungenutzt, die im Planungssystem grundsätzlich vorhanden wären.

2.6 Mangelnde Baulandverfügbarkeit

Diese räumlichen Entwicklungstrends zeigen auf der einen Seite, wie der Bodenverbrauch entsteht, und beinhalten auf der anderen Seite erste Lösungsansätze, die in weiterer Folge genauer ausgearbeitet werden. Doch bevor wir uns den Lösungen zuwenden, sind noch weitere Aspekte der räumlichen Entwicklung rund um den Bodenverbrauch aufzubereiten. Neben staatlicher Fehlsteuerungen und Umsetzungsdefiziten bei einzelnen Raumplanungszielen und Planungsinstrumenten liegt eine wesentliche Triebfeder für den Bodenverbrauch in der Art und Weise, wie der Bodenmarkt funktioniert. Hier treffen im Wesentlichen zwei Elemente aufeinander. Auf der einen Seite dominiert in der Raumplanung das Prinzip des Bestandsschutzes. Es besagt, dass eine Nutzung im Raum so lange aufrechterhalten werden kann, bis eine Nutzungsänderung stattfindet. Erst wenn eine Nutzungsänderung durch den/die Grundeigentümer:in vorgenommen wird, muss dem Plan gefolgt werden, dann gilt das Prinzip der Plankonformität bei Nutzungsänderung. Erst dann ist der Wunsch und Wille der öffentlichen

Hand nach einer bestimmten räumlichen Entwicklung, z.B. nach einer bestimmten Baulandentwicklung für Wohnbauland, für Gewerbegebiete oder für öffentliche Einrichtungen umzusetzen.[45]

Was bedeutet das nun konkret? Wird eine landwirtschaftliche Fläche in Bauland umgewidmet, die eine hohe Lagegunst aufweist, zentrumsnahe, mit öffentlichen Einrichtungen, Geschäften, Restaurants etc. gut versorgt ist, muss sie aufgrund des Bestandsschutzes nicht sofort einer Bebauung zugeführt werden. Erst wenn der/die Grundeigentümer:in die landwirtschaftliche Nutzung aufgibt, hier eine Nutzungsänderung wünscht, muss dieses gewidmete Bauland einer dem Plan entsprechenden Baulandnutzung zugeführt werden. Wenn die Eigentümer:innen das Grundstück aber unbebaut liegen lassen, z.B. um es für spätere Generationen aufzuheben, um damit zu spekulieren oder die Baulandnutzung eigentlich nur angestoßen haben, damit z.B. eine Hypothek auf diese Fläche aufgenommen werden kann und weiterhin landwirtschaftliche Nutzung betreiben, ist dies rechtskonform. Damit entscheidet der Wille der Grundeigentümer:innen ganz wesentlich darüber, ob die öffentliche Hand überhaupt in der Lage ist, eine entsprechende planerische Zielvorstellung für ein bestimmtes Gebiet umzusetzen. Dies trifft in erster Linie auf alte Widmungen zu, die aus den 1970er-, 1980er-, teilweise noch den 1990er-Jahren stammen.

Ab den 1990er-Jahren wurden in den Raumordnungsgesetzen vermehrt Möglichkeiten geschaffen und von den Gemeinden auch angewendet, dass Gemeinden die Grundeigentümer:innen im Wege von privatwirtschaftlichen Vereinbarungen verpflichten, das Bauland innerhalb einer bestimmten Zeit dem entsprechenden Zweck zuzuführen.

---

45 Grossauer F., Manhart V. (2023): Örtliche Raumplanung. In: Stöglehner G. (Hg.): Grundlagen der Raumplanung 1 – Theorien, Methoden, Instrumente. 2. akt. Auflage, Facultas, S. 296.

Diese Handlungsmöglichkeit wird als Vertragsraumordnung[46] bezeichnet. In den Bundesländern unterscheiden sich die Möglichkeiten, welche Inhalte in die Raumordnungsverträge aufgenommen werden können, erheblich. Im Wesentlichen haben diese Maßnahmen der Vertragsraumordnung zwei Stoßrichtungen: die Erhöhung der Baulandverfügbarkeit und die Verbesserung der Baulandqualität.

Die Verfügbarkeit von Bauland soll so erhöht werden, indem über die fristgerechte Benützung des Baulandes, also die Bebauung dafür vorgesehener Flächen, zusätzlich noch zur Widmung und sonstigen Planungsvorkehrungen privatwirtschaftliche Vereinbarungen abgeschlossen werden. Damit soll sichergestellt werden, dass die Grundeigentümer:innen die Flächen entweder selbst nutzen oder innerhalb eines bestimmten Zeitraumes an Bauwillige weiterverkaufen oder diese Flächen anderweitig z.B. über Baurechtsverträge zugänglich machen. Auch die Festsetzung von Baulandpreisen in einem bestimmten Rahmen kann vereinbart werden.[47] Diese Vereinbarungen beinhalten Fristen, innerhalb derer an Bauwillige verkauft werden muss und innerhalb derer Gründe von diesen zu bebauen sind. Gelingt dies nicht oder ist der oder die Grundeigentümer:in säumig, treten die in der Vereinbarung enthaltenen Sanktionen in Kraft. Diese Sanktionen sind durchaus weitreichend und können zum einen dazu führen, dass das Bauland wieder in Grünland zurückgewidmet wird. Zum anderen können sie Kaufoptionen für die Gemeinde vorsehen, sodass die Gemeinde nach Ablauf einer bestimmten Frist das Recht erwirbt, das Grundstück zu einem vorab festgelegten Preis zu erwerben.

Damit soll der Bodenverbrauch möglichst gering gehalten werden, indem nicht auf Vorrat Bauland gewidmet und Infrastruktur bereitgestellt wird, obwohl die Grundstücke dann gar nicht oder nur zum Teil bebaut werden,

---

[46] vertiefend siehe: Seher W (2020): Bodenpolitik und Bodenordnung. In: Stöglehner G. (Hg.): Grundlagen der Raumplanung 2 – Strategien, Schwerpunkte, Konzepte. Facultas. S 49–68.
[47] Grossauer F. (2023): Örtliche Raumplanung.

u. a. weil sie zu Spekulationszwecken oder für die Enkelkinder aufgehoben werden. Um den Baulandbedarf zu decken, wären dann wiederum neue Baulandwidmungen samt Erschließungen notwendig, die langfristig den Bodenverbrauch weiter vorantreiben. Auf der anderen Seite soll auch sichergestellt werden, dass öffentliche Investitionen in Kanal, Straßen und andere Infrastrukturen effizient und kostengünstig realisiert werden können.

Die zweiten Stoßrichtung der Vertragsraumordnung soll die Baulandqualität erhöhen und die Siedlungsstruktur verbessern, indem Maßnahmen zur Erfüllung der Raumordnungsziele vereinbart werden, die über die Festlegungen der Planungsinstrumente hinausgehen. Dies ist z. B. im §17 des Niederösterreichischen Raumordnungsgesetzes vorgesehen. Dazu zählen Vereinbarungen zu Infrastrukturmaßnahmen, zur Klimawandelanpassung und zur Energiewende. Es können nur jene Aspekte Gegenstand der Vertragsraumordnung sein, für die auch im jeweiligen Raumordnungsgesetz eine Ermächtigung zum Abschluss solcher Verträge vorgesehen ist. Damit unterscheidet sich die Anwendung der Vertragsraumordnung und die konkrete Ausgestaltung der Verträge in den Bundesländern erheblich.

Grundsätzlich ist die Vertragsraumordnung eine sehr positiv zu bewertende Strategie zur Umsetzung von Raumplanungszielen. Allerdings wirkt sie nicht auf einen alten Widmungsbestand, sodass Grundstücke, für die keine Vertragsraumordnung vorgesehen war, davon nicht erfasst sind, und auch im Nachhinein solche Verträge nicht abgeschlossen werden können. Diese Grundstücke sind aber oft in Zentrumslagen gelegen oder würden sich sonst für eine kompakte Siedlungsentwicklung in besonderer Weise eignen.

Möchte eine Gemeinde im derzeitigen System Vertragsraumordnung anwenden – was absolut angezeigt und empfehlenswert ist – dann ist dafür eine Neuwidmung von Grünland in Bauland erforderlich. Das heißt, die grundsätzlich begrüßenswerten Steuerungsmöglichkeiten durch Vertragsraumordnung können mitunter dazu führen, dass sich Gemeinden zur Herstellung von Baulandverfügbarkeit genötigt sehen, weiteres Grünland in Bauland umzuwidmen. Dieses Bauland weist dann oft nur die zweit- oder drittbeste Standortgunst auf, z. B. durch weitere Wege zu Nahversorgungseinrichtungen, öffentlichem Verkehr oder sozialer Infrastruktur wie Kindergärten, Schulen, medizinischen Einrichtungen etc. Aber diese Baulandflächen neu zu widmen, ist oft die einzige Chance, dass Grundstücke durch die entsprechenden Vorkehrungen der Vertragsraumordnung auch tatsächlich einer Bebauung zugeführt werden können. Dies ist ebenso ein Treiber für den Bodenverbrauch wie die oben angesprochene Funktionstrennung.

Es zeigt aber auch, welch enorme Macht dem privaten Grundeigentum in der Gestaltung unseres Raumes gegeben wird. Insgesamt bedeutet dies, dass das Thema Baulandverfügbarkeit die Randwanderung von räumlichen Nutzungen bei gleichzeitigem Leerstand oder geringer Nutzungsintensität in den Zentrumslagen begünstigt.

Nicht zuletzt leiden derzeit viele Personen, aber auch Betriebe unter den enormen Anstiegen von Baulandpreisen genauso wie von Wohnungspreisen, Gebäudepreisen usw. Es hat sich mittlerweile gerade auch in Zeiten niedriger Zinsen etabliert, dass Bauland und Gebäude als Wertanlage betrachtet werden.[48] Diese zusätzliche Bedeutung führt dazu, dass die Gebäude auf der einen Seite einen Gebrauchswert, auf der anderen Seite einen Anlagewert haben. Dieser Anlagewert wird wesentlich von der Lage eines Grundstücks oder Gebäudes bestimmt und, wie die Entwicklungen der letzten Jahre zeigen, deutlich höher eingeschätzt als der Gebrauchswert.

Wenn in den Wiener Gründerzeitvierteln des ersten bis neunten Bezirks durchschnittliche Quadratmeterpreise für Eigentumswohnungen von ca. 9.400 Euro (Bandbreite 7.200

---

[48] Eine am 18.2.2024 durchgeführte Google-Suche nach „Grund als Wertanlage" lieferte 30 Millionen Treffer, insbesondere Seiten von Banken, Investmentberatungen und Zeitungsartikeln, die argumentieren, dass Grund eine sichere Anlageform darstelle (sofern man die jeweils feilgebotene Beratung in Anspruch nehme).

bis 18.600 Euro) verlangt werden[49], sind je nach Ausstattung ca. 2.000 bis 3.500 Euro[50] des Preises durch Errichtung oder Sanierung der Wohnungen erklärbar. Damit werden ca. 50–80 % des Kaufpreises nicht durch den Herstellungswert der Wohnung, sondern durch die Lage begründet. Die Lage bestimmt einerseits Ausstattung und Erreichbarkeit von Infrastruktur und damit wesentlich die Lebensqualität, andererseits auch die mit der Lage der Wohnung verbundenen Mobilitätsangebote und Mobilitätskosten, sodass Preisunterschiede zu einem Teil durch die Lage gerechtfertigt sind. Die Differenz zwischen Kaufpreis und Herstellungswert – insbesondere auch die über die letzten Jahre zunehmende Differenz zwischen diesen beiden Zahlen – ist allerdings nur durch den Anlagewert der Immobilien erklärbar. Und dieser führt dazu, dass viele Lagen für Durchschnittsverdienende sowie für Kleingewerbetreibende nicht mehr erschwinglich sind.[51]

Gerade aus den Innenstädten, in denen ein flächensparendes und bodenschonendes, aber auch qualitätsvolles Wohnen, Arbeiten, Leben möglich wäre, verdrängt diese Form der Spekulation die Bevölkerung, was Baulanddruck in den Randlagen sowie Unternutzung und Leerstand in den Zentrumslagen bewirkt. Dieser Trend ist übrigens unter dem Titel „Gentrifizierung" global beobachtbar[52], hat überall hohe negative gesellschaftliche und wirtschaftliche Folgen und wirft die Frage auf, ob Grund und Boden sowie die darauf stehenden Gebäude einen, über ein bestimmtes, Investitionen in den

---

49 Immopreise.at (o.J.): Der Preisspiegel für Immobilien in Österreich. Die aktuellen Immobilienpreise für Wien. https://www.immopreise.at/Wien/Wohnung/Eigentum (letzte Abfrage: 3. 6. 2024).
50 Die Preisabschätzung beruht auf einer Internetrecherche zu Baupreisen verschiedener Firmen im Jänner 2024. Individuell können erhebliche Abweichungen auftreten.
51 Siehe dazu: Putschögl M., Redl B., Zoidl F. (2023): Zehn Gründe für die Wohnungsmisere in Österreich. https://www.derstandard.at/story/2000145847382/zehn-gruende-fuer-die-wohnungsmisere-in-oesterreich (letzte Abfrage: 18. 2. 2024).
52 weiterführend siehe z. B. UN Habitat (2022): World Cities Report 2022. https://unhabitat.org/sites/default/files/2022/06/wcr_2022.pdf (letzte Abfrage 18. 2. 2024).

Baubestand unterstützendes Maß hinausgehenden Anlagewert haben sollen bzw. dürfen. Aus Sicht des Bodenverbrauchs wären alternative Anlageformen wie Aktien, Staatsanleihen, materielle Werte wie Gold, Kunst etc. zu bevorzugen.

Grundsätzlich ist der Immobilienmarkt ein Treiber für den Bodenverbrauch, weil die Bevölkerung an den Ortsrand und in den Neubau gedrängt wird. Dies betrifft sowohl das Wohnen im Eigentum als auch zur Miete. Nicht zuletzt schrecken aufgrund des starken Mieterschutzes, geregelt in den Mietrechtsgesetzen, viele Wohnungseigentümer:innen davor zurück, ihre Immobilie zu vermieten und dem Wohnungsmarkt kurz- bis mittelfristig zur Verfügung zu stellen. Das trifft u. a. auf Wohnungen zu, bei denen ein eigener Bedarf, z. B. durch die eigenen, künftig studierenden bzw. sich in Ausbildung befindenden Kinder erwartet wird. Dies führt dazu, dass Wohnungen teilweise leer stehen gelassen werden oder Mietverhältnisse nur befristet vergeben werden und Menschen in der Folge regelmäßig umziehen müssen. Das berechtigte Ziel, ein unbefristetes Mietverhältnis zu erlangen, führt dann wiederum dazu, dass bei Leerstand im Altbau mehr Neubau angestoßen wird, der insbesondere von institutionellen Wohnbauentwickler:innen oder gefördertem, genossenschaftlichem und kommunalem Wohnbau errichtet wird.

Hier könnten auch lockerere Regeln, was das Vermieten und vor allem das Auflösen eines Mietverhältnisses anlangt, dazu führen, dass mehr Wohnungen – insbesondere von Privaten – auf den Markt kommen und damit auch der Druck, immer neues Bauland zu widmen, abnimmt. Durch ein höheres Angebot an verfügbaren Wohnungen könnten die Mietpreise sinken.

Häufig ist die Baulandhortung für die künftigen Erb:innengenerationen gerade auch in ländlichen Gemeinden anzutreffen. Hier wird Bauland gewidmet und parzelliert. Die Grundstücke werden für die Kinder oder Enkelkinder aufgehoben, die aber anstelle einer Baulandnutzung in einen anderen Ort oder in eine andere Gemeinde bzw. in eine andere Wohnform ziehen, anstatt dort zu bauen, wo die (Groß-)Eltern dies vorgesehen hatten. Sie finden Arbeit, Lebensmittelpunkt und

Partnerschaft woanders. Somit sind die Grundstücke zuerst jahrzehntelang leer geblieben und dann ist der erwartete Bedarf nicht eingetreten. Wenn sich das so gehortete Bauland in Ortskernlage oder Ortskernnähe befindet, schadet dies der räumlichen Entwicklung und erhöht die Infrastrukturkosten für die öffentliche Hand. Da es sich oft um alte Widmungsbestände handelt, ist Vertragsraumordnung noch nicht angewendet worden. Damit sind die Gemeinden aufgrund mangelnder rechtlicher Rahmenbedingungen oft gar nicht im Stande, hier lenkend und steuernd einzugreifen, weil eben die derzeit dafür vorhandenen Elemente der Vertragsraumordnung immer nur dann wirken, wenn Grünland in Bauland neu umgewidmet, also Bodenverbrauch vorangetrieben wird. Andere Instrumente, die sich insbesondere an den Bestand von Baulandwidmungen und Gebäude richten, fehlen weitestgehend oder werden nicht angewendet.

Am Bodenmarkt für betriebliche Nutzungen, insbesondere wenn es um Einkaufszentren, teilweise auch um Büroflächen geht, sind je nach konjunktureller Lage und Standort erhebliche Renditen (in der Größenordnung von bis zu 10 % pro Jahr) erzielbar.[53] Diese Gewinnerwartung treibt ebenso den Bodenmarkt, kann aber konjunkturbedingt erheblichen Leerstand in diesen Flächen induzieren. Gerade bei Einkaufszentren ist eine Leerstandsgefährdung in der Zukunft absehbar, da sich das Einkaufsverhalten breiter Teile der Bevölkerung mittlerweile einschließlich der räumlichen Auswirkungen substanziell ändert. Onlineshopping nimmt zu und der Bedarf an Verkaufsflächen ab. Gleichzeitig steigt der Bedarf an Logistikflächen, denn die Produkte, die jetzt nicht mehr im Ladengeschäft verkauft werden, werden durch verschiedenste Paketdienste versandt und brauchen Lagerhaltung sowie Logistikflächen für Zustellbetriebe. Und diese Logistikflächen können Flächenbedarfe von mehreren zehntausend Quadratmetern nach sich ziehen und werden bei betroffenen Kommunen zur Bedarfsdeckung ange-

---

53 Siehe z. B. Immobilienrendite AG. Strategie. https://www.immobilienrendite.at/unternehmen/strategie/ (letzte Abfrage 18.2.2024).

meldet. Bloß weil für den bzw. die Kund:in eine Nutzung in den virtuellen Raum rückt, reduziert dies nicht notwendigerweise den Bodenverbrauch im realen, physischen Raum.

Resümierend ist in Bezug auf den Bodenmarkt ein Ungleichgewicht zwischen Grundeigentümer:innen einerseits und der öffentlichen Hand andererseits insbesondere im Bestand festzustellen. Die Nutzbarmachung von bestehendem Bauland und bestehenden Objekten wird in erster Linie den Marktkräften überlassen. Die öffentliche Hand hat so gut wie keine Möglichkeiten, hier entsprechend einzugreifen. Dazu kommt, dass die Besteuerung von Grund und Boden im Vergleich zum Erwerbseinkommen niedrig ist. Allenfalls ist eine Immobilienertragssteuer zu entrichten, wenn Grundstücke oder auch Gebäude verkauft werden. Grundstücke oder Objekte auch über längere Zeiträume im Leerstand zu lassen, egal, ob es sich um Flächen für Wohnen oder betriebliche Anlagen handelt, kostet den Grundeigentümer:innen über die laufenden Kosten hinaus im Wesentlichen nichts. Im Gegenteil, erst im Verkaufsfall wird die Steuer wirksam. Hier fehlen jegliche Anreizsysteme, um bestehende leerstehende Objekte wieder in Nutzung zu bringen. Wenn diese Grundstücke und Objekte über längere Zeit dann leer stehen und gleichzeitig ein Bedarf an solchen Objekten besteht, befeuert dies sowohl den Baulandpreis als auch wiederum an anderer Stelle den Bodenverbrauch.

2.7 Der Weg der Wertschöpfung aus Umwidmungen

Ohne den Weg der Wertschöpfung aus Umwidmungen zu betrachten, sind vielfach Motivationslagen für Umwidmungen schwer zu erklären. Jede Umwidmung von Grünland in Bauland, aber auch von einer minderwertigen Baulandwidmung in eine höherwertige Baulandwidmung, schafft enormes Vermögen. Hier sind Wertsteigerungen möglich, die einer Vervielfachung um mehrere Größenordnungen des jeweiligen Grünlandpreises entsprechen. Das betrifft insbesondere sowohl Innenstadtlagen, Ortskernlagen in dynamischen Wachstumsregionen als auch deren Randlagen, ebenso wie alpine Lagen und Tourismusgebiete, die eine sehr zahlungskräftige Klientel anlocken und hier dazu verleiten, Ferienwohnsitze (z. B. in Chaletdörfern) zu errichten. Wer bekommt nun dieses Geld aus dem Wertzuwachs durch Baulandwidmungen?

Im Wesentlichen sind es die Grundeigentümer:innen. Interessant dabei ist, dass die Gemeinden im Wege der Umwidmungen einen Akt setzen, der diese Wertsteigerungen erzielen lässt. Die beteiligten Grundeigentümer:innen erbringen dabei aber bis auf die Anregung einer Widmung und die Äußerung des Willens, ein Grundstück zu verkaufen, keine wie auch immer gearteten Leistungen. Damit können Einkünfte aus Umwidmungen und den damit verbundenen oder nachfolgenden Baulandverkäufen als leistungsloses Einkommen bezeichnet werden. Seit einiger Zeit werden diese im Wege einer Immobilienertragssteuer[54] besteuert. Das ist eine Abgabe, die aus dem Einkommenssteuersystem heraus entwickelt wurde und eine Flatrate darstellt. Grundstücksverkäufe werden bei Körperschaften mit dem Körperschaftssteuersatz von 25 % und weitere Steuerpflichtige mit 30 % besteuert. Dieses Ungleichgewicht zwischen Körperschaften und sonstigen Steuerpflichtigen ist nicht nachvollziehbar, zumal Erwerbseinkommen bis zu 55 % besteuert werden. Dass dieses de facto leistungslose Einkommen aus Grundstücksverkäufen im Vergleich zum Erwerbseinkommen steuerlich massiv privilegiert ist, wäre zu hinterfragen. Interessant ist auch, wo diese Immobilienertragssteuer hinfließt.

Sie wird im Zuge der Verkaufsabwicklung der Immobilie deklariert und ist dann entsprechend abzuführen. Die Einkünfte aus der Immobilienertragssteuer verschwinden im Bundesbudget und werden allenfalls über den Finanzausgleich zu einem geringen Prozentsatz wieder an die Gemeinden zurückgespielt. Grosso modo bedeutet dies, dass die Gemein-

---

[54] Weiterführend zur Immobilienertragssteuer: https://www.oesterreich.gv.at/themen/steuern_und_finanzen/immobilienertragsteuer.html (letzte Abfrage: 1.5.2024).

den aus der Wertschöpfung, die mit den Umwidmungen erzielt wird – obwohl die Gemeinden diese Umwidmungen zur Erfüllung von öffentlichen Planungsinteressen vornehmen – kaum finanziellen Nutzen und keinerlei finanzielle Beteiligung aus dem Widmungstatbestand selbst erzielen, obwohl dieser mit erheblichen Infrastrukturkosten für die Gemeinden für die Errichtung von technischer und sozialer Infrastruktur verbunden ist. Warum Gemeinden trotzdem, auch durchaus aus finanziellen Gründen, diese Umwidmungen forcieren, wird im nächsten Abschnitt betrachtet.

In Abhängigkeit von Lage und Größe der Flächen handelt es sich bei Verkaufserlösen durchaus um Beträge, die in einem gesamten Erwerbsleben als Lebensverdienstsumme gar nicht erwirtschaftet werden könnten. Damit wäre auch die Zuspitzung zulässig, dass das Umwidmen von Grünland in Bauland mit der Verteilung von Lotterielosen an die einzelnen Grundeigentümer:innen, auch der Höhe eines Lottosechsers nach, verglichen werden kann. Damit liegt nahe, dass ein entsprechender Druck seitens der Grundeigentümer:innen aufgebaut wird, damit die Gemeinden hier umwidmen und diesem Wunsch nach Wertgewinn auch entsprechen. Warum setzen sich Gemeinden diesen Erwägungen aus? Im Allgemeinen nicht, weil sie den Grundeigentümer:innen diesen Wertgewinn unbedingt verschaffen wollen, sondern weil sie sich selbst räumliche Entwicklungsperspektiven und entsprechende Steuereinnahmen erhoffen, indem sich Bevölkerung und Betriebe ansiedeln. Damit erwarten Gemeinden ein positives Image, Dynamik, Lebensqualität und eine gesicherte Infrastruktur.

Wie bedeutend die tatsächliche Nutzung von Bauland für die Gemeinden auch finanziell ist, zeigt ein Blick auf die österreichischen Gemeindefinanzen. Der Gemeindehaushalt ist ein komplexes System. In Summe erhielten die Gemeinden im Jahre 2020 ca. 21,5 Milliarden Euro.[55] Die Einnahmenseite ist

---

[55] Österreichischer Städtebund (Hg., 2022): Österreichische Gemeindefinanzen 2022 – Entwicklungen 2009 bis 2020 sowie Ausblick. Stadtdialog. Schriftenreihe des Österreichischen Städtebundes, Mai 2022. ISBN 3-9502038-9-3

vielfältig. Die Gemeinden erzielen ungefähr 30% ihrer Einkünfte aus Ertragsanteilen, die an die Anzahl der Personen mit Hauptwohnsitz gebunden sind. Im Wesentlichen erhält die Gemeinde pro Kopf einen bestimmten Betrag, dessen Größe sich je Gemeinde in fünf Größenklassen unterscheidet. Je größer eine Gemeinde ist, desto höher ist der Betrag vom Bund, der für eine Einwohnerin oder einen Einwohner ausbezahlt wird. Im Durchschnitt ist für eine Gemeinde ein:e Hauptwohnsitzer:in im Jahr 2020 ca. 750 Euro pro Jahr wert.

Ein weiterer großer Einkommensbestandteil sind unmittelbare Transfereinnahmen (13,9%), die sich u.a. aus Bedarfszuweisungen für spezielle Vorhaben der Gemeinden (z.B. Kindergartenneubau, Schulsanierung u. v. m.) zusammensetzen. Ein dritter großer Anteil mit ca. 11,5% sind die Kommunalsteuern. Die Kommunalsteuern berechnen sich aus der Lohnsumme jener, die in der Gemeinde angestellt sind, und betragen 3% vom Bruttogehalt. Das heißt, je mehr Arbeitnehmer:innen eine Gemeinde auf dem Gemeindegebiet hat und je mehr diese Arbeitnehmer:innen auch verdienen, desto höher wird die Kommunalsteuer. 2020 trug ein:e Arbeitnehmer:in im Durchschnitt ca. 650 Euro pro Jahr zum Gemeindehaushalt bei. Da die Kommunalsteuer an die Summe der Löhne der Arbeitnehmer:innen geknüpft ist, hat dieser Betrag durch die Inflation der letzten Jahre und die damit verbundenen Gehaltsanpassungen nominell deutlich zugenommen.

In derselben Größenordnung wie Transfereinnahmen und Kommunalsteuer liegen mit 10% auch Gebühren wie z.B. Abfallwirtschaftsgebühren und andere Erhaltungs- und Benützungsgebühren für Infrastruktur. Einen relativ geringen Anteil trägt die Grundsteuer zu den Gemeindefinanzen bei, im Österreichschnitt ca. 2,9% der Gemeindefinanzen. Das heißt, Grund und Boden ist im Österreichschnitt mit 0,74 Cent pro Quadratmeter und Jahr wenig besteuert – es braucht die Grundsteuer von ca. zehn Hektar Grund, um die Ertragsanteile eines Einwohners bzw. einer Einwohnerin hereinzuspielen.

In Kombination von einwohner:innenabhängigen Ertragsanteilen aus dem Finanzausgleich und der arbeitsplatzabhängigen Kommunalsteuer sind die überwiegenden Elemente eines Gemeindehaushaltes unmittelbar mit Baulandwidmung verbunden. Damit besteht ein massiver Zusammenhang zwischen Gemeindefinanzen und Baulandwidmungen: Während landwirtschaftliches Grünland kaum Grundsteuer einbringt, wird mit Baulandwidmungen von den Gemeinden die Hoffnung verbunden, dass sich mehr Wohn- und Arbeitsbevölkerung ansiedelt und so auch mehr finanzielle Handlungsspielräume eröffnet werden. Vielerorts, insbesondere in Wachstumsregionen, geht die Rechnung zumindest teilweise auf, sofern nicht teure Infrastrukturen neu geschaffen werden müssen. Diese Steuerungswirkung ist für den Bodenverbrauch durchaus fatal, weil im jetzigen System des Finanzausgleichs Anreize für Gemeinden geschaffen werden, Baulandwidmungen zu forcieren. Demgegenüber bietet der Finanzausgleich kaum Anreize für die Reduktion des Bodenverbrauchs. Auch durch den neu verhandelten Finanzausgleich ab 2024 zeichnet sich bezüglich Bodenverbrauch keine Kursänderung ab,[56] wenngleich eine Reform der Grundsteuer beabsichtigt ist[57] und es aktuelle Überlegungen des Instituts für Raumplanung der TU Wien zur Gestaltung des Finanzausgleichs zur Unterstützung einer klimaorientierten und ressourcenschonenden Raumentwicklung gibt.[58]

---

[56] Bundesministerium für Finanzen (o.J.): Die wichtigsten Änderungen im Finanzausgleich ab 2024. https://www.bmf.gv.at/themen/budget/finanzbeziehungen-laender-gemeinden/finanzbeziehungen-wichtige-aenderungen-ab-2024.html#:~:text=Die%20Einigung%20zu%20einem%20Finanzausgleich,sind%20im%20BVA%202024%20iHv. (letzte Abfrage: 18.2.2024).

[57] Österreichischer Gemeindebund (2023): Das bringt der neue Finanzausgleich. https://gemeindebund.at/das-bringt-der-neue-finanzausgleich/ (letzte Abfrage: 18.2.2024).

[58] Bröthaler J., Dillinger T., Getzner M., Kanonier A., Grinzinger E., Chamraci M. (2024): Klimaorientierte und ressourcenschonende Raumentwicklung und Finanzausgleich – Zur Raumwirksamkeit des Finanzausgleichs unter besonderer Berücksichtigung des ÖREK 2030, des Klimaschutzes und des sparsamen Bodenverbrauchs. Studie der TU Wien, Institut für Raumplanung im Auftrag des Bundesministeriums für Finanzen, Abt. II/3. https://www.bmf.gv.at/themen/budget/finanzbeziehungen-laender-gemeinden/spending-reviews-studien-finanzausgleich.html (letzte Abfrage: 16.3.2024).

Wird allerdings eine Gesamtbilanz erstellt, wären viele Baulandentwicklungen gar nicht wirtschaftlich durchführbar, weil nicht nur Einnahmen mit dem künftigen Bauland verbunden sind, sondern auch Ausgaben. Das Bauland will erschlossen werden. Ziehen tatsächlich Bürger:innen zu, dann besteht möglicherweise mehr Bedarf an sozialer Infrastruktur. Es könnten unter anderem Kindergarten und/oder Schule zu klein werden oder die Kosten für die Pflege älterer Menschen steigen. Laut Gemeindebund haben sich die von den Gemeinden zu finanzierenden Kosten für die Pflege allein von 2012 bis 2020 um ca. 31 % erhöht[59] und betrugen im Jahr 2021 über Direktfinanzierungen und Umlagen über eine Milliarde Euro[60]. Hier entstehen erhebliche Kosten für die Gemeinden, die durch den Zuzug, wenn Kipppunkte überschritten werden, nicht finanziert werden können. Dasselbe gilt selbstverständlich auch für Betriebsbaugebiete, wo aus den Kommunalsteuern und Gebühren die Infrastrukturerschließungen für Betriebsbauten oft nicht vollständig gedeckt werden können, insbesondere wenn Leerstand auftritt oder Baulücken nicht geschlossen werden.

Die Kostenbetrachtungen spielen in den Gemeinden nur insofern eine Rolle, als dass die Frage der Leistbarkeit – nicht der Wirtschaftlichkeit – einer Entwicklung im Vordergrund steht. Denn derzeit gilt eine Gemeinde dann als erfolgreich, wenn sie wächst, wenn sie an Bevölkerung und Arbeitsplätzen dazugewinnt. Schrumpfung und Stagnation in Gemeinden wird oft mit einem Mangel behaftet. In geringer Dynamik wird die Gefahr gesehen, dass Aktivität und Leben im Ort verloren gehen und langfristig Infrastrukturen nicht erhalten werden können, z. B. Kindergärten und Schulen wegen Kindermangels

---

[59] Schubert, E. (2020): Pflegeregress-Aus: Kosten steigen rasant. Österreichischer Gemeindebund: https://gemeindebund.at/pflegeregress-aus-kosten-steigen-rasant/ (letzte Abfrage: 18.2.2024).

[60] Österreichischer Gemeindebund (2021): Gemeindebund plädiert, Pflegereform rasch zu Ende zu bringen. https://gemeindebund.at/gemeindebund-plaediert-pflegereform-rasch-zu-ende-zu-bringen/ (letzte Abfrage: 18.2.2024).

geschlossen werden müssen. Die im Zuge des demografischen Wandels zu erwartenden Verschiebungen der Alterspyramide bedeuten vielerorts auch die Notwendigkeit eines Infrastrukturumbaus hin zu Einrichtungen, in denen ältere Menschen betreut werden können. Die Kombination aus dem Wunsch nach Wachstum und der Art und Weise, wie sich Gemeinden finanzieren und auch ihre Einnahmen steigern können, führt in Summe dazu, dass Umwidmungen von Grünland in Bauland mit Vorteilen sowohl für Grundeigentümer:innen als auch Gemeinden verknüpft sind. Diese Steuerungsanreize schaden damit dem Anliegen, den Bodenverbrauch zu reduzieren. Hier gilt es, dringend neue Wege einzuschlagen.

Wenn Widmungsverfahren und örtliche Raumordnung in die Medien kommen, dann häufig durch Widmungsskandale. Diese Widmungsskandale sind oft damit verbunden, dass einem oder einer Bürgermeister:in oder sonstigen politischen Mandatar:innen persönliche Vorteile aus einem Umwidmungsverfahren unterstellt werden. In einigen Fällen ist dies auch augenscheinlich, wenngleich bei moralischer Verwerflichkeit im strafrechtlichen Sinne die Unschuldsvermutung gilt.

Urteile sollten diesbezüglich nicht vorschnell getroffen werden. Tatsächlich besteht die Möglichkeit, dass sich Gemeinden sinnvollerweise nur in bestimmte Richtungen entwickeln können. Wenn dies auf Basis von entsprechenden Untersuchungen durch Fachleute für Raumordnung nachgewiesen ist und daher das Umwidmungsverfahren mit entsprechenden fachlichen Gründen untermauert werden kann, ist bei Einhaltung der Befangenheitsregeln denkbar, dass solche Umwidmungen, auch wenn Mandatar:innen oder Bürgermeister:innen davon profitieren, legitim sein können. Wäre dem nicht so, würde es für die betroffenen Personen in letzter Konsequenz bedeuten, dass sie sich nicht um ein politisches Amt bemühen könnten, bloß weil sie eine bestimmte Fläche ihr Eigentum nennen.

Zunehmend wird aber über Fälle in den Medien berichtet, wo politische Entscheidungsträger:innen von Umwidmungsverfahren finanziell erheblich profitiert haben sollen.[61] Hier gilt es im Einzelfall zu klären, inwieweit diese Tatbestände strafrechtlich relevant sind und ob es entsprechende Geschädigte gibt. Dass die Versuchung überhaupt besteht, liegt sicherlich auch daran, dass die Widmungsgewinne enorm groß sein können und fast zur Gänze den jeweiligen Grundeigentümer:innen zufallen (würden).

2.7 Resümee: Funktionslogik ändern

Raumplanung stellt eine sehr komplexe Materie dar, in der sehr viele Aspekte und Themen zu berücksichtigen sind, die durchaus widersprüchlich zueinander stehen können. Demgemäß sind im System Raumplanung entsprechende Entscheidungen für die Umsetzung angestrebter räumlicher Entwicklungen zu treffen, die aber gleichzeitig viele andere denkbare räumliche Entwicklungen ausschließen. Diese Entscheidungen obliegen den jeweiligen Planungsbehörden in der planerischen Abwägung auf Basis einer fundierten Grundlagenaufbereitung.

In der Raumordnung besteht zwar die Möglichkeit, nachhaltige Entwicklungen anzustoßen, es gibt aber keinen Zwang dazu. Wie sehr nun einzelne Anliegen wie das des Bodenschutzes in der planerischen Abwägung Berücksichtigung finden, hängt zu einem Gutteil von der entscheidenden Gebietskörperschaft ab. Deren Entscheidungsträger:innen werden dabei nicht behindert, das Richtige zu tun, aber bei mangelndem Bewusstsein auch nicht dazu gezwungen, nachhaltige Entwicklungen einzuläuten und so unter anderem den Boden als Lebensgrundlage für unsere und für zukünftige Generatio-

---

61 Siehe z.B. Ortner, M., Winterer M. (2023): Der vergoldete Kleingarten des Bezirksvorstehers. Wiener Zeitung. https://www.wienerzeitung.at/a/der-vergoldete-kleingarten-des-bezirksvorstehers; DerStandard (2023): ÖVP-Bürgermeister Riedl wegen weiterer Grundstücksdeals in der Kritik. https://www.derstandard.at/story/3000000180964/oevp-buergermeister-riedl-wegen-weiterer-grundstuecksdeals-in-der-kritik (letzte Abfragen: 18.2.2024)

nen ausreichend zu schützen. Daher wäre hier entsprechend nachzubessern, unter anderem bezüglich Bodenschutz, Klimaschutz und vieler weiterer Umweltbelange. Quantitative Zielvorgaben für raumplanerische Entscheidungen können hier bei entsprechender Detailliertheit mehr Verbindlichkeit bringen. Damit sie wirksam werden können, müssen sie räumlich konkret, d. h. auf einen bestimmten Raum bezogen formuliert und mit einem Zeithorizont für die Zielerreichung versehen sein. Ein entsprechendes quantitatives Bodenschutzziel, zumindest auf regionaler Ebene konkretisiert, wäre eine solche steuerungswirksame Kenngröße.

Aus den bisherigen Ausführungen wird deutlich, dass, den Boden umfassend zu schützen und den Bodenverbrauch zu stoppen, komplexe Aufgaben sind, die unterschiedliche Ansatzpunkte benötigen. In vielerlei Hinsicht ist die Funktionslogik sowohl von raumplanerischen Entscheidungen, teilweise aber auch von Lebensstilen und Wirtschaftsweisen zu ändern, um die Böden umfassend und wirksam erhalten zu können. Dieses Ändern der Funktionslogik betrifft die Art und Weise, wie wir wohnen, wo wir wohnen, wie wir unseren Raum organisieren.

Zunächst wäre Funktionstrennung zu vermeiden und Funktionsmischung voranzutreiben. Auch die Festlegung einer maßvollen Dichte ist notwendig, und zwar nach oben und unten.

Mindestdichten sind ein Effizienzmaß, sowohl für eine Reduktion des Bodenverbrauchs, aber auch für eine wirtschaftliche Infrastruktur. In einigen Bereichen braucht es eine Festlegung der Obergrenze für maßvolle Dichte, damit eine hohe Lebensqualität in diesen Quartieren erreicht werden kann und es nicht zu Fluchtbewegungen oder zum dringenden Wunsch der Bevölkerung kommt, allein aus Freizeitgründen einen Zweitwohnsitz zu errichten. Auch mangelnde Maßnahmen in urbanen Räumen, wie mit Begrünungen die negativen Auswirkungen der Klimakrise (z. B. urbane Hitzeinseln) abzuschwächen und sich an den Klimawandel anzupassen, können ein Treiber für Flächeninanspruchnahme und für Bodenverbrauch außerhalb der Städte werden.[62]

Bodenverbrauch hängt eng mit dem kontinuierlichen Bevölkerungs- und Wirtschaftswachstum in Österreich zusammen. Aber wie in zahllosen Publikationen rund um Umweltverbrauch seit den „Grenzen des Wachstums"[63] vielfach angesprochen, kann auf einer begrenzten Erdkugel weder Bevölkerung noch Wirtschaft unbegrenzt wachsen. Wenn keine Gegenmodelle zur Wachstumsgesellschaft gefunden werden, ist der Bodenschutz wesentlich erschwert. Es bedeutet nicht, dass bestimmte Formen des Wachstums durch flächeneffizientere Raumnutzung nicht vom Bodenverbrauch entkoppelt werden könnten. In Anbetracht der Zahlen zum Bodenverbrauch wird aber deutlich, dass eine derartige Entkopplung noch zu keinem Zeitpunkt stattgefunden hat. Nicht zuletzt ist die Funktionslogik des Bodenmarktes und die wachstumsgetriebene Art und Weise, wie sich Gemeinden finanzieren, mitverantwortlich dafür, dass der Bodenverbrauch in den derzeit zu beobachtenden enormen Ausmaßen stattfindet.

Die Aufgaben sind also mannigfaltig. In den nächsten Kapiteln wird erläutert, warum es zwingend erforderlich ist, hier eine Kursänderung herbeizuführen. Darauf aufbauend wird den Fragen nachgegangen, in welche Richtung es gehen soll und aufgrund welcher Prinzipien eine geeignete räumliche Entwicklung verfolgt werden kann.

---

[62] Zu den Prinzipien einer nachhaltigen Siedlungsentwicklung siehe: Jabareen Y.R. (2006): Sustainable Urban Forms: Their Typologies, Models and Concepts. Journal of Planning Education and Research 26(1): 38–52. Stöglehner G. (2019): Conceptualising Quality in Spatial Planning. Raumforschung und Raumordnung 77(1): 1–15.
[63] Meadows D., Meadows D., Randers J., Behrens, W.W.III (1972): The Limits to Growth. A Report for the Club of Rome's Project on the Predicament of Mankind. Universe Books, New York.

3 Konsequenzen des Bodenverbrauchs

Der überbordende Bodenverbrauch hat mannigfaltige negative Folgen, die verschiedene Lebensbereiche betreffen und Handlungsoptionen für die Zukunft beschränken, da durch Bodenverbrauch die biologische Produktivität der Flächen vernichtet wird. Damit kann der Boden seine Ökosystemleistungen[64] nicht mehr erfüllen, die er für Mensch und Natur erbringt. Zu diesen Ökosystemleistungen zählen unter anderem die Lebensraumfunktionen für wildlebende Tiere und Pflanzen, die Regulierung des Wasserhaushalts, die Kohlenstoffspeicherung zur Klimaregulierung sowie die Produktionsfunktion z. B. für Ernährung, Energie und Rohstoffe. In den folgenden Abschnitten werden wesentliche Auswirkungen des Bodenverbrauchs auf die Ernährungssicherheit, auf Bodenbildung, Wasserhaushalt und Erosion, auf Biodiversität, Klimakrise sowie Energie- und Ressourcenwende diskutiert.

3.1 Ernährungssicherheit

Sowohl in der Zwischenkriegszeit als auch in Folge des Zweiten Weltkrieges wurde Österreich von Hungersnöten heimgesucht. In den ersten Nachkriegsjahren beider Weltkriege stand bei internationalen Konferenzen die prekäre Ernährungssituation Österreichs regelmäßig an erster Stelle, Care-Pakete wurden geschnürt und für die Ernährung der Bevölkerung nach Österreich gebracht, Kinder ins Ausland verbracht, nur damit sie zuhause nicht verhungern.[65]

Diese Zeiten wurden in einer der mittlerweile reichsten Volkswirtschaften der Welt überwunden. Ein wesentliches Anliegen des Wiederaufbaus war es, durch Meliorationen, also Bodenverbesserung, Grundzusammenlegung und Flurberei-

---

64 United Nations (o.J.): Millenium Ecosystem Assessment. http://www.millen niumassessment.org/documents/document.765.aspx.pdf, S. 28 ff.
65 Siehe z. B. Perzi N., Schmoller H., Konrad O., Smdrkal V. (2019): Nachbarn. Ein Österreichisch-Tschechisches Geschichtsbuch. Verlag der Provinz.

nigung sowie durch die Trockenlegung von Feuchtgebieten, Sümpfen und Flussauen landwirtschaftliches Produktionsland zu gewinnen. Das Schlagwort hieß, durch diese Maßnahmen ein „Zehntes Bundesland"[66] für die landwirtschaftliche Produktion zu erschließen.

Damit waren damals nicht vorhergesehene oder in der planerischen Abwägung untergeordnete erheblich negative Umweltauswirkungen verbunden. Dies schließt unter anderem massive Artenverluste an wildlebenden Pflanzen und Tieren durch Lebensraumverluste in den Agrarflächen genauso mit ein wie Schadstoffbelastungen von Böden, Gewässern und Grundwasser, Bodenerosion durch Wind und Wasser, verminderter Wasserrückhalt durch Bodenverluste und damit eine Erhöhung der Hochwassergefahr u. v. m. Durch den exorbitanten Bodenverbrauch wird das mit großer Mühe gewonnene „Zehnte Bundesland" in hohem Tempo wieder verbaut bzw. werden so die Umweltkrisen verstärkt. Dass es zulässig ist, die Parallele des rasanten Bodenverbrauchs mit der Aufgabe des Zehnten Bundeslandes zu ziehen, zeigt der Vergleich mit den Ackerflächen einzelner Bundesländer.

Die Steiermark verfügt derzeit noch über ca. 129.000 Hektar Ackerfläche. Das ist in etwa die Größenordnung der 121.500 Hektar Bau- und Verkehrsfläche, welche die österreichische Gesellschaft und Wirtschaft in den letzten 20 Jahren auf das Bundesgebiet verteilt errichtet hat. Im Vergleich zu den lediglich 59.000 Hektar Ackerfläche in Kärnten entspricht das, was österreichweit verbaut wurde, mittlerweile mehr als dem Doppelten der Ackerfläche des gesamten Bundeslandes.[67] Dass dies auf Dauer nicht gut gehen kann, liegt auf der Hand. So ist es auch verständlich, dass die österreichische Hagelversicherung mit ihrer Kampagne „bodenlos macht brotlos, ..." dieses

---

[66] Ramsauer B. (1948): Die österreichische Naturflächenreserve – das zehnte Bundesland. Schriftenreihe des Österreichischen Wasserwirtschaftsverbandes, Heft 12. Springer.
[67] Stöglehner G. (2023): Klimaschutz aus raumordnungsfachlicher Sicht. In: Bußjäger P., Eller M. (Hrsg): Klimaschutz und Föderalismus. Schriftenreihe des Instituts für Föderalismus, Band 139. new academic press.

Thema aufgreift und in einer sehr einfachen Projektion nach vorne zum Schluss kommt, dass Österreich in 200 Jahren keine Agrarflächen mehr hätte.[68] Das wird zwar in dieser Form wohl nicht eintreten, allerdings zeigt dieses Szenario die Dramatik der Zunahme des Bodenverbrauchs auf.

Insbesondere ist zu berücksichtigen, dass Österreich bei etlichen Nahrungsmitteln keine Selbstversorgung aufweist bzw. weit davon entfernt ist. Während bei Brotgetreide mit ca. 94 % und bei Kartoffeln mit 90 % in heimischer Produktion noch das Auslangen gefunden werden kann, beträgt der Selbstversorgungsgrad bei Obst im Schnitt 48 %, bei Gemüse 58 % und bei pflanzlichen Ölen nur etwa 25 %.[69]

Das ist teilweise jetzt schon sehr wenig, und hinkünftig müssen zu erwartende Ertragseinbußen durch die Klimakrise mit auf die Rechnung genommen werden. Eine Studie der Agentur für Gesundheit und Ernährungssicherheit, des Umweltbundesamtes, der Universität für Bodenkultur Wien und weiterer Partner zeigt auf, dass sich die Agrarproduktion unter Klimawandelbedingungen verändern wird – und zwar in Richtung sinkender Erträge. Es ist daher davon auszugehen, dass für die Versorgung mit Lebensmitteln auf gleichem Niveau wie derzeit mehr Fläche benötigt werden wird.[70] Sich trotzdem zu versorgen, wäre mit Ernährungsumstellungen mit großer Wahrscheinlichkeit möglich, denn Vegetarier und Veganer brauchen pro Kopf wesentlich weniger Fläche

---

68 Siehe dazu: Österreichische Hagelversicherung (2017): Schauspieler Tobias Moretti unterstützt die Kampagne „Bodenlos macht arbeitslos". Market-Institut sieht Chancen für Politik im Wahlkampf. Presseaussendung. https://www.hagel.at/presseaussendungen/bodenlos-macht-brotlos-bodenlos-macht-arbeitslos/ (letzte Abfrage: 02.06.2024).

69 Bundesministerium für Land- und Forstwirtschaft, Regionen und Wasserwirtschaft. Selbstversorgungsgrad bei Nahrungsmitteln. Selbstversorgungsgrad bei Lebensmitteln. https://info.bml.gv.at/themen/lebensmittel/lebensmittel-in-oesterreich/selbstversorgungsgrad.html (letzte Abfrage: 2.6.2024)

70 Haslmayr H.P. et al. (2018): BEAT – Bodenbedarf für die Ernährungssicherheit in Österreich. Erweiterte Zusammenfassung des Forschungsprojekts Nr. 100975. Finanziert aus Mitteln des Bundesministeriums für Nachhaltigkeit und Tourismus. Agentur für Gesundheit und Ernährungssicherheit (AGES). https://dafne.at/content/report_release/aa85879d-af0f-4273-a1e2-b7f1d7178d41_1.pdf (letzte Abfrage: 2.6.2024).

für die Ernährung als Menschen, die entsprechend den derzeit überwiegenden Ernährungsgewohnheiten häufig Fleisch essen.[71]

Hier wird sichtbar, dass das Thema Bodenverbrauch in den Lebensalltag, in die Gewohnheiten – insbesondere in Ernährungsgewohnheiten – in den nächsten Jahren und Jahrzehnten mit zunehmender Intensität eingreifen wird. Je sorgloser mit unserem Boden umgegangen wird, je mehr Fläche versiegelt oder anderweitig für Bauland und Infrastruktur in Anspruch genommen wird, desto größer wird dieser Eingriff in den Lebensalltag sein.

Denn die Nahrungsmittel kommen nicht aus dem Supermarkt – mehr Bodenverbrauch bedeutet das Aufgeben des Paradigmas der Ernährungssicherheit und Ernährungssouveränität, das nach den Kriegsjahren für die österreichische Politik handlungsleitend war. Dass dieses Paradigma aufzugeben und sich auf globale Lieferketten für Nahrungsmittel zu verlassen für die Gesellschaft grob fahrlässig ist, zeigen folgende Überlegungen: Die Weltbevölkerung steigt in den nächsten Jahrzehnten voraussichtlich noch stetig (die 8 Mrd. Menschen-Marke wurde am 15. November 2022 erreicht)[72], ca. 10 Milliarden Hektar fruchtbare Böden gehen weltweit durch Bodendegradation jedes Jahr verloren[73], der „Ukraine-Krieg" zeigt die Abhängigkeit von globalen Ressourcenströmen auch im Nahrungsmittelbereich auf, z. B. durch die globalen Teuerungen von Getreide und Spei-

---

71 Schlatzer M. und Lindenthal, T. (2020): Einfluss von unterschiedlichen Ernährungsweisen auf Klimawandel und Flächeninanspruchnahme in Österreich und Übersee (DIETCCLU). Endbericht. https://www.fibl.org/fileadmin/documents/de/news/2020/startclim_endbericht_2012.pdf (letzte Abfrage: 2.6.2024).
72 United Nations (o.J.): Day of 8 Billion. https://www.un.org/en/dayof8billion (letzte Abfrage: 2.6.2024).
73 Umweltbundesamt Deutschland (2015): Weltweit gehen jährlich 10 Millionen Hektar Ackerfläche verloren. Gemeinsame Pressemitteilung von Umweltbundesamt und Bundesministerium für wirtschaftliche Zusammenarbeit und Entwicklung. https://www.umweltbundesamt.de/presse/pressemitteilungen/weltweit-gehen-jaehrlich-10-millionen-hektar (letzte Abfrage: 2.6.2024).

seölen[74] oder die Einschränkung des Reisexportes durch Indien[75].

Die Klimakrise wird erhebliche, voraussichtlich negative Auswirkungen auf die Nahrungsmittelproduktion haben, wie noch genau ausgeführt wird. Damit sinkt die Krisensicherheit des österreichischen Ernährungssystems mit zunehmender Außenabhängigkeit der Nahrungsmittelversorgung. Um hier resilienter zu werden, braucht es eine ausreichende heimische Nahrungsmittelproduktion.

3.2 Bodenbildung, Wasserhaushalt und Erosion

Um den Wert des Bodens erkennen zu können, ist es notwendig, kurz die Bodenbildung zu beleuchten. Bodenbildung ist ein langwieriger Prozess, der mit der Verwitterung von Gestein beginnt, aus dem die mineralischen Komponenten des Bodens entstammen, aber auch aus der Umsetzung von toter, organischer Substanz aus Pflanzen und Tieren. Diese organische Komponente sorgt wesentlich dafür, dass der Boden mit Nährstoffen angereichert ist. In den obersten Schichten, in der Humusschicht des Bodens, ist besonders viel organische Substanz im Vergleich zur mineralischen Schicht vorhanden. Damit Boden entsteht, sind lange Zeiträume notwendig. Um eine 1 cm fruchtbare Bodenschicht zu erhalten, ist die Natur je nach Ausgangsmaterial, Ausgangsgestein und Bedingungen vor Ort zwischen 100 und 300 Jahre beschäftigt, während bereits ein Starkregenereignis ausreicht, diese bodenbildende Leistung zu vernichten.[76]

---

[74] Schünemann F. (2023): Auswirkungen des Ukrainekrieges auf den globalen Agrar- und Ernährungssektor. Wirtschaftsdienst. Zeitschrift für Wirtschaftspolitik 103(13): 32–36. https://www.wirtschaftsdienst.eu/inhalt/jahr/2023/heft/13/beitrag/auswirkungen-des-ukrainekrieges-auf-den-globalen-agrar-und-ernaehrungssektor.html (letzte Abfrage: 2.6.2024).

[75] DerStandard (2023): Indien schränkt Reisexport ein. https://www.derstandard.at/story/3000000180100/indien-schr228nkt-reisexport-ein (letzte Abfrage: 2.6.2024).

[76] Umweltbundesamt Deutschland. Entwicklung des Bodens (o.J.): https://www.umweltbundesamt.de/themen/boden-flaeche/kleine-bodenkunde/entwicklung-des-bodens. (letzte Abfrage: 2.6.2024).

Allein daraus ist ersichtlich, dass Boden zu verbrauchen, Boden zu bebauen, erhebliche Folgen nach sich zieht, die nicht über kurze Zeiträume ausgeglichen werden können. Wie im Garten besteht die Möglichkeit, durch den Einsatz von Energie und Nährstoffen auf Bodenaufbau und Begrünung beschleunigend wirken zu können. Aber ein voll funktionsfähiger, in seiner gesamten Artenvielfalt und Funktionalität erhaltener Boden entsteht auf diese Art und Weise trotzdem nicht, obwohl nach kurzer Zeit auch üppiger Bewuchs feststellbar ist.

Je nach Bewirtschaftung wird der Boden durch Wind- oder Wassererosion abgetragen. Erosion beschreibt Prozesse, die zur Verlagerung des Bodens führen und in enger Beziehung zum Wasserhaushalt stehen. Winderosion herrscht in trockenen Gebieten bzw. Zeiten vor. Der Wind trocknet vor allem die wenig oder nicht bewachsene Oberfläche des Bodens, z.B. gerade umgebrochene Ackerflächen, weiter aus. Die Bodenpartikel werden in Abhängigkeit von der Windgeschwindigkeit verfrachtet, durch Kollision mit weiteren Bodenteilchen zu kleineren Partikeln zerschlagen und vom Wind wegtransportiert.[77]

Bei Wassererosion werden die Böden durch Niederschlagsereignisse und hier insbesondere durch den Oberflächenabfluss abgetragen. Der Teil des Wassers, der auf den Boden trifft und oberflächlich abfließt, nimmt auch einen Teil der Bodenschichten mit. Bei Starkregenereignissen ist z.B. zu beobachten, dass Wasser und Schlamm in Siedlungsgebiete eindringen und hier erhebliche Schäden verursachen können. Gleichzeitig führt die Bodenerosion zu einer Belastung der Gewässer, die durch den Bodeneintrag Schaden nehmen. Je stärker der Boden beansprucht und verändert wird – sowohl im Siedlungsraum als auch in der landwirtschaftlich intensiv genutzten Agrarflur –, desto geringer ist die Rückhaltefähigkeit des Bodens

---

[77] Wurbs D., Steininger M. (2017): Bodenerosion durch Wind. Sachstand und Handlungsempfehlungen zur Gefahrenabwehr. Umweltbundesamt Deutschland (Hrsg.): https://www.umweltbundesamt.de/sites/default/files/medien/1410/publikationen/m erkblatt_bodenerosion_durch_wind_web.pdf (letzte Abfrage: 2.6.2024).

und desto rascher führen Extremwetterphänomene zu Schadereignissen.[78]

Je höher der Versiegelungsanteil ist, desto geringer ist auch die Grundwasserneubildung, die im Wesentlichen auf Versickerung aus dem durchwurzelten Bodenraum basiert.[79] Damit wirkt der Bodenverbrauch, insbesondere die versiegelte Hälfte aller für Bauland und Infrastruktur in Anspruch genommenen Flächen, deutlich negativ auf den Grundwasserhaushalt. In Zeiten zunehmender, längerer Trockenperioden und Dürren, die durch die Klimakrise mit großer Wahrscheinlichkeit häufiger auftreten werden, erschwert damit der Bodenverbrauch mittelbar die Möglichkeiten der Bewässerung.

In Bezug auf Ernährungssicherheit, Wasserhaushalt und biologische Vielfalt ist hier vor allem zu bedenken, dass Bodenschichten durch diese Prozesse in kurzer Zeit verloren gehen, deren Wiederherstellung Jahre, Jahrzehnte, bis Jahrhunderte dauert. Eine Grundprämisse des Arten- und Biotopschutzes lautet daher: „Alter ist nicht herstellbar!"[80] Die Regenerationsfähigkeit ist eine der wesentlichen Grundthematiken in allen Belangen der Ökosysteme, sobald es darum geht, einen entstandenen Schaden zu reparieren. Damit ein zerstörtes Ökosystem an anderer Stelle wieder die volle ökologische Funktionsfähigkeit und einen entsprechenden Artenreichtum erhält, dauert es bei den meisten Waldtypen mindestens 150 Jahre, teilweise aber auch bis zu 1.000 Jahre und mehr. Selbst artenreiche Hecken benötigen oft 150 Jahre, damit von Boden über die Krautschicht bis in die Strauchschicht bzw. gegebenenfalls auch Baumschicht volle ökologische Funktionsfähigkeit und Vielfalt der Pflanzen und Tiere wiedererlangt wird. Artenarme Hecken und Gebüsche weisen Regenerationszeiten ab

---

78 Umweltbundesamt Deutschland (o.J.): Bodenerosion durch Wasser. https://www.umweltbundesamt.de/themen/boden-flaeche/bodenbelastungen/bodenerosion/bodenerosion-durch-wasser#undefined (letzte Abfrage: 2.6.2024).
79 Wohlrab B., Ernstberger H., Meuser A., Sokollek V. Landschaftswasserhaushalt, S. 207 ff. Verlag Paul Parey.
80 Kaule G. (1991). Arten- und Biotopschutz. 2. Überarbeitete und erweiterte Auflage. Verlag Eugen Ulmer Stuttgart, S 266.

50 Jahren auf, Feldraine, Staudenfluren etc. ab 15 Jahren. Damit zeigt sich deutlich, dass Landschaftselemente bereits einen ökologischen Wert an sich haben, wenn sie über längere Zeiträume vorhanden sind.[81]

In diesem Zusammenhang ist insbesondere darauf hinzuweisen, dass es beim Bodenverbrauch nicht nur um das Flächenausmaß an sich geht, sondern auch um die Qualität, Konfiguration und Häufigkeit, mit der die jeweiligen Flächenkategorien in der Landschaft wiederkehrend auftreten. Qualität weist darauf hin, dass die unterschiedlichen Böden mit ihren spezifischen Ökosystemleistungen[82], z. B. der Ernährungsfunktion, Klimaregulierung, Regulierung des Wasserhaushalts, Lebensraumfunktionen etc., erhalten bleiben müssen. Bei der Konfiguration der Flächen ist insbesondere zu beachten, dass bei der Entwicklung von Bauland und Infrastruktur große, zusammenhängende Flächen erhalten bleiben und die Zerschneidung der Landschaft unterbleiben sollte. Zerschneidung bedeutet zum einen die Teilung großer Landschaftsräume durch Siedlungs- und Infrastrukturentwicklung, zum anderen die Abtrennung von kleinen Restflächen durch Bauland, Straßenbau oder sonstige linienhafte Infrastruktur sowie Siedlungssplitter (wie bereits zur Zersiedelung ausgeführt wurde). Quantität bezieht sich also nicht nur auf die gesamthafte Reduktion des Bodenverbrauchs (z. B. in Hektar pro Jahr auf die Bundesfläche bezogen), sondern auch darauf, die beanspruchten Einzelflächen möglichst zu minimieren und die verbleibenden biologisch produktiven Flächen möglichst groß und zusammenhängend zu erhalten.

---

[81] Kaule G. (1991). Arten- und Biotopschutz, S. 267.
[82] zu Ökosystemleistungen siehe weiterführend: United Nations (o.J.): Millenium Ecosystem Assessment. http://www.millenniumassessment.org/documents/document.765.aspx.pdf, S. 28 ff.

3.3 Biodiversität

Damit in engem Zusammenhang steht die Biodiversitätsfrage. Der Boden selbst ist Träger einer enormen Fülle von Biodiversität. Eine Handvoll mitteleuropäischer Erde beheimatet mehr Lebewesen, als Menschen auf der Erde vorhanden sind. Diese Feststellung galt zumindest noch für die Bevölkerungszahl des Jahres 1992.[83] Und diese Menge an Bodenlebewesen erfüllt wichtige ökologische Funktionen in Bezug auf die Bodenneubildung, aber auch auf die Regulierung des Wasserhaushaltes. Und sie stellt natürlich auch den Beginn der Nahrungskette für viele höhere Lebewesen dar.

Des Weiteren bietet der Boden Lebensraum für die auf dem Boden lebenden Pflanzen und Tiere. Die biologische Vielfalt wird substanziell von den Böden und den verschiedenen Bodentypen und ihren Eigenschaften beeinflusst. In diesem Zusammenhang ist darauf hinzuweisen, dass häufig die als für die Landwirtschaft nicht hochwertig geltenden Böden, weil sie z. B. trocken oder feucht sind oder auch einen von Natur aus relativ geringen Nährstoffgehalt aufweisen, für die biologische Artenvielfalt hochwertig sind. So zählen z. B. Magerrasen zu den artenreichsten Lebensräumen.[84]

Mit dieser Erkenntnis können somit die Kriterien und Prioritätensetzungen bei Umwidmungen im Widerspruch stehen: Aus Sicht der Ernährungssicherheit sollen die besonders hochwertigen Böden vor Bebauung geschützt werden. Aus Sicht des Naturschutzes können aber die für die Landwirtschaft weniger hochwertigen Böden eher bedeutend sein, weil sie im Allgemeinen Träger einer größeren biologischen Vielfalt sind. Dieser Konflikt kann eigentlich nur aufgelöst werden, indem möglichst wenig Böden für Bauland und Infrastruktur herangezogen und beansprucht bzw. in ihren biologischen Funktionen

---

[83] Scheffer F., Schachtschabel P. (1992): Lehrbuch der Bodenkunde. Ferdinand Enke Verlag Stuttgart, zitiert in: Oö. Akademie für Umwelt und Natur. Blickpunkt Boden, S. 17. https://www.land-oberoesterreich.gv.at/files/publikationen/uak_blickpunkt_boden.pdf. (letzte Abfrage: 2.6.2024).

[84] Kaule G. (1991). Arten- und Biotopschutz, S. 107 ff.

vernichtet werden. Insbesondere aus diesem Gesichtspunkt ist es wichtig, im Bodenschutz nicht nur auf das absolute Ausmaß der Flächeninanspruchnahme Rücksicht zu nehmen und dieses zu bewerten, sondern auch die Auswirkungen auf die verschiedenen Arten und Typen von Böden zu betrachten.

Auch das muss quantitativ erfolgen und bedeutet im Endeffekt, dass von jedem Bodentyp ausreichend viel Fläche im gesamten Raum und in einer Region vorhanden sein muss, damit die biologische Vielfalt in ihrer Gesamtheit geschützt werden kann. So wie es eine Rote Liste für Tiere und Pflanzen gibt, braucht es auch eine Rote Liste für Böden. Diese Idee wurde bereits vor mehr als zehn Jahren von Hans-Peter Haselmeier in seiner Dissertation für Österreich methodisch aufgearbeitet und als Planungsgrundlage für die Landnutzungen bereitgestellt.[85] Obwohl die Arbeit bereits 2011 vorgelegt wurde, hat sich daraus bis dato keine in der Raumordnungspraxis gängige Methode entwickelt, um die verschiedenen Bodentypen und schützenswerten Böden Österreichs besonders in der örtlichen und überörtlichen Raumplanung zu berücksichtigen.

Als Planungsgrundlage für die örtliche und überörtliche Raumplanung können derzeit Funktionserfüllungsgrade der Böden herangezogen werden.[86] Diese werden für unterschiedliche Bodenfunktionen erstellt, gesamthaft bewertet und für einzelne Bundesländer in den digitalen Rauminformationssystemen veröffentlicht. Allerdings spielen die Bodenfunktionen in der Planungspraxis in Bezug auf Baulandwidmungen eine untergeordnete Rolle. Eine größere Bedeutung wird ihnen derzeit in einigen Bundesländern wie in Oberösterreich vor allem bei der Standortauswahl für erneuerbare Energieprojekte wie bei Freiflächen-Photovoltaikanlagen eingeräumt, wo

---

[85] Haslmayr H.-P. (2011): „Rote Liste" schützenswerter Bodenformen: Eine Methode zur Definition von schützenswerten Bodenformen als Planungsgrundlage flächenwirksamer Landnutzungen. Verlag Guthmann-Peterson.
[86] Bundesministerium für Land- und Forstwirtschaft, Umwelt und Wasserwirtschaft (2013): Bodenfunktionsbewertung: Methodische Umsetzung der ÖNORM L1076. https://info.bml.gv.at/dam/jcr:aed1b6f8-aa98-418b-8529-34534439c975/Bodenfunktionsbewertung.pdf (letzte Abfrage: 2.6.2024).

Böden hoher Bodenfruchtbarkeit nicht herangezogen werden dürfen.[87] Allerdings können auch Konzepte für Freiflächen-Photovoltaikanlagen in Kombination mit landwirtschaftlicher Produktion (sog. Agri-Photovoltaik) mit minimalen Flächenverlusten für die Landwirtschaft verfolgt werden, um die Anliegen des Bodenschutzes mit den Zielen von Klimaschutz und Energiewende zu verbinden. Es sollte vermieden werden, Bodenschutz als Argument zur Verhinderung dringend benötigter Energiewendeprojekte für den Klimaschutz ungerechtfertigter Weise heranzuziehen.

Hier wären die Planungsansätze nachzuschärfen, sodass dieses Thema eine breite Anwendung in den Standardfällen der Raumplanung findet. Eine Hoffnung diesbezüglich ergibt sich in der Neuaufnahme des Schutzguts Fläche zusätzlich zum bestehenden Schutzgut Boden in den Prüfkatalog der Umweltverträglichkeitsprüfungen mit der Novelle des Umweltverträglichkeitsprüfungs-Gesetzes 2023 (§1 Abs. 1 lit b UVP-G 2000 idF. 26/2023). Damit kann dieser Bereich zumindest verpflichtend in Umweltverträglichkeitsprüfungen und Planungen für Großprojekte, insbesondere für große Infrastrukturvorhaben oder Industrieanlagen, berücksichtigt werden.

Die Standardfälle der örtlichen Raumplanung sind damit aber nicht erfasst. Denn für diese gilt es, die kumulativen Effekte festzustellen. Dafür wurde durch eine EU-Richtlinie die strategische Umweltprüfung als Prüfinstrument für Pläne und Programme eingerichtet (EU-Richtlinie RL 2001/42/EG). Die Praxis zeigt, dass eine Auseinandersetzung mit dem gemeindeübergreifenden, kumulativen Charakter des Bodenverbrauchs oft nur rudimentär stattfindet oder gänzlich unterbleibt. Dafür sind die Planungsziele und Planungsinhalte sowie die Planungs- und Prüfmethoden nachzuschärfen sowie ausreichend präzise übergeordnete Ziele zu formulieren, um die Bedarfe eines zeitgemäßen Bodenschutzes und der Reduktion

---

87 Land Oberösterreich (o.J.): Leitfaden und DORIS-Karte zur Anwendung des Kriterienkatalogs für PV-Freiflächenanlagen (PV-FFA) auf land- und forstwirtschaftlich genutzten Flächen gemäß Anhang B. https://www.land-oberoesterreich.gv.at/259165.htm (letzte Abfrage: 2.6.2024).

des Bodenverbrauchs umfassend in die Entscheidungen der örtlichen Raumplanung integrieren zu können.

3.4 Klimakrise

Der Boden spielt eine wesentliche Rolle im globalen Kohlenstoffkreislauf. Das in unseren Breiten meistdiskutierte Treibhausgas ist Kohlendioxid, also eine Kohlenstoffverbindung, die aus Verbrennungsprozessen, aber auch aus biologischen Abbauprozessen entsteht. Weitere Kohlenstoffverbindungen haben wesentlichen Einfluss auf den Treibhauseffekt, wie z. B. das Methan, das unter anderem durch die Gewinnung fossiler Energie und die Tierhaltung emittiert wird oder durch Emissionen aus Sümpfen und Feuchtgebieten sowie deren Trockenlegung auf natürliche Art und Weise entstehen kann.[88]

Wird in Tonnen reinem Kohlenstoff bilanziert, dann ist der Boden einer der wesentlichsten Speicher im globalen Kohlenstoffkreislauf. In der Atmosphäre werden ca. 800 Gigatonnen, also 800 Milliarden Tonnen Kohlenstoff vorgefunden. Im Vergleich dazu sind in der pflanzlichen Biomasse der Erde nur etwa 550 Gigatonnen gespeichert. Die Böden schlagen in dieser Bilanz mit 2.300 Gigatonnen zu Buche. Demgegenüber beträgt der Kohlenstoffgehalt der oberflächennahen Meeresschichten in etwa 1.000 Gigatonnen Kohlenstoff und jener in den Tiefen der Ozeane ungefähr 37.000 Gigatonnen.[89]

Dies zeigt, dass auf der einen Seite die Meere der größte Kohlenstoffspeicher der Welt sind, dass aber unter den Landökosystemen der Boden eine ganz erhebliche Rolle spielt und in etwa viermal so viel Kohlenstoff wie die gesamte pflanzliche Biomasse der Erde und ungefähr dreimal so viel Kohlenstoff speichert, wie in der Atmosphäre vorhanden ist. Dass der atmosphärische Kohlen-

---

[88] Umweltbundesamt Deutschland (o.J.): Die Treibhausgase. https://www.umweltbundesamt.de/themen/klima-energie/klimaschutz-energiepolitik-in-deutschland/treibhausgas-emissionen/die-treibhausgase. (letzte Abfrage: 2.6.2024).

[89] Riebeek H. (2011): The Carbon Cycle. NASA Earth Observatory. https://earthobservatory.nasa.gov/features/CarbonCycle. (letzte Abfrage: 2.6.2024).

stoff (in verschiedenen Verbindungen) zunimmt, ist ein wesentlicher oder der wesentlichste Auslöser der Klimakrise. Um die Klimakrise wirksam zu bekämpfen, müssen auf der einen Seite die Kohlenstoffemissionen in ihren verschiedenen Formen reduziert werden. Auf der anderen Seite muss dafür Sorge getragen werden, dass die Kohlenstoffspeicherung im Idealfall zunimmt, auf keinen Fall aber verloren geht. Wird aber nun das Thema Bodenverbrauch mit in diese Rechnung aufgenommen, reduziert mehr Bodenverbrauch die Kohlenstoffspeicherkapazität unabhängig davon, wie umweltfreundlich die Verbauung selbst durchgeführt wird, und trägt zur Verschärfung der Klimakrise bei. Darüber hinaus sei darauf hingewiesen, dass in den letzten Jahrzehnten Humuszehrung durch falsche landwirtschaftliche Produktionspraktiken stattgefunden hat. Auch hier ist entsprechend umzudenken.[90] Eine Voraussetzung dafür ist aber, dass die Böden auch quantitativ geschützt werden.

Wird dann auch noch bedacht, dass die Bodenbildung ein über Jahrhunderte gehender, sehr langwieriger Prozess ist, wird offensichtlich, dass es nicht nur aus dem Aspekt des Wasserhaushaltes, der Ernährungssicherheit und der biologischen Vielfalt wichtig ist, Boden zu schützen, sondern auch, um die Klimakrise und ihre Folgen zu begrenzen und den Planeten als lebenswertes Ökosystem zu erhalten. In Bezug auf das Verhalten des Bodens in der Klimakrise bestehen noch wissenschaftliche Unsicherheiten über dessen Rolle. Denn auf der einen Seite kann die Photosyntheseleistung steigen, was den Aufbau von Biomasse und damit die Kohlenstoffspeicherung begünstigt. Auf der anderen Seite können aber auch die biologischen Abbauprozesse von organischer Substanz im Boden durch höhere Temperaturen beschleunigt werden.

Hier ist sich die Wissenschaft noch nicht einig, ob es aufgrund der höchst unterschiedlichen Gegebenheiten in den Böden dann real tatsächlich zu einem Abbau von Koh-

---

[90] Land Steiermark (o.J.): Ökoregion Kaindorf: Humusaufbau. https://www.nachhaltigkeit.steiermark.at/cms/beitrag/12771145/154224977/#:~:text=Die%20letzten%20Jahrzehnte%20wurde%20in,%2C%20Monokulturen%20etc)%20abgebaut%20wurden. (letzte Abfrage: 2.6.2024).

lenstoff in den Böden kommen kann – und Böden somit zu einer Quelle von Treibhausgasen mutieren können – oder ob nach wie vor Kohlenstoff vermehrt gebunden wird.[91] Aber auch hier schlummert eine zusätzliche Gefahr für die Klimakrise im Untergrund. Sollen diese Gefahren begrenzt werden, dann gilt es wiederum, die Böden insbesondere vor Verbauung und vor Umwandlung in Bauland und Infrastruktur zu schützen.

In der bereits zitierten Studie der Agentur für Gesundheit und Ernährungssicherheit[92] in Österreich wurde ermittelt, wie sich Szenarien der Klimakrise auf die Nahrungsmittelproduktion auswirken. Mit großer Wahrscheinlichkeit ist zu erwarten, dass sich die Anbauzonen für verschiedenste Nahrungsmittel wie Obst, Gemüse, Getreide usw. verschieben werden. Es besteht die reale Gefahr, dass die jetzigen Kornkammern Österreichs wie z. B. das Weinviertel in Niederösterreich oder das Machland in Oberösterreich, aber auch die Südoststeiermark zunehmend von Dürren heimgesucht werden und die Gesamtproduktivität der österreichischen Agrarflächen unter Klimakrisenbedingungen sinken wird.

Dies könnte bedeuten, dass für dieselbe Menge an Nahrungsmitteln je nach Anbaugebieten von wenigen Prozenten bis fast 50 % mehr Anbauflächen benötigt werden. Im Österreichschnitt beträgt der Rückgang der Ertragsfähigkeit der Böden fast 20 %. Das heißt, diese Reduktion der Produktivität muss entweder durch Nahrungsmittelimporte oder durch eine Veränderung der Ernährungsgewohnheiten ausgeglichen werden. Auch aus diesem Beispiel wird deutlich, dass eine weitere Verbauung unserer landwirtschaftlichen Flächen schlichtweg zukunftsgefährdend wird, insbesondere, wenn die Bevölkerungszahl weiter steigt.

---

[91] Siehe z. B.: Pfeiffer, EM., Eschenbach, A., Munch, J.C., Vereecken, H. (2023). Böden und ihre Funktionen im Klimawandel. In: Brasseur, G.P., Jacob, D., Schuck-Zöller, S. (Hrsg.) Klimawandel in Deutschland. Springer Spektrum, Berlin, Heidelberg.
[92] Haslmayr H.P. et al. (2018): BEAT – Bodenbedarf für die Ernährungssicherheit in Österreich.

3.5 Energie- und Ressourcenwende

Wollen wir uns als Gesellschaft und Wirtschaft von der Nutzung fossiler Energieträger auch im Sinne des Klimaschutzes langfristig verabschieden, dann bedeutet das nicht nur, die Energiewende – also die vollständige Umstellung auf erneuerbare Energieformen einschließlich Energieeinsparung – zu erreichen, es bedeutet auch, die stoffliche Basis z. B. für die chemische Industrie von fossilen Rohstoffprodukten auf erneuerbare Rohstoffe umzustellen. Während bei der Energiewende noch andere Energieformen wie Wind und Wasserkraft oder Photovoltaik vorhanden sind, ist beim stofflichen Ersatz der fossilen Ressourcen in erster Linie die Biomasse gefordert. Es wird also hinkünftig nicht nur für die Produktion der Nahrungsmittel auf Biomasse zugegriffen werden, sondern auch vermehrt für die Produktion der Energie und insbesondere für die Produktion von Rohstoffen für die Industrie und für unsere Konsumprodukte. Anders ausgedrückt, auf vielfältige Art und Weise wird der Druck auf die Böden weiter erhöht.

Diese absehbaren Entwicklungen können in das Konzept des ökologischen Fußabdrucks[93] wie folgt eingeordnet werden. Im ökologischen Fußabdruck geht es darum, dass alle menschlichen Aktivitäten auf Landnutzung umgelegt werden. Anders ausgedrückt, der ökologische Fußabdruck zeigt auf, wie viel biologisch produktive Flächen jedes Jahr in Anspruch genommen werden, um die Ressourcen für Leben und Wirtschaft durch die wiederkehrende Nutzung der Produkte, die jedes Jahr von Neuem aus dem Boden generiert werden, bereitzustellen.

Dabei unterscheidet der ökologische Fußabdruck zwischen biologisch produktiven Landflächen, die eben die Produkte jährlich wiederbringend als Nahrungsmittel, als Holz z. B. für die Bauindustrie oder für die Papierindustrie und vieles mehr zur Verfügung stellen, und degradiertem Land, das für Siedlungsentwicklung, für Infrastrukturen, aber auch z. B. für den

---

[93] Wackernagel M., Rees, W. (1992): Unser Ökologischer Fußabdruck. Wie der Mensch Einfluß auf die Umwelt nimmt. Birkhäuser. Mit zahlreichen Updates und Vertiefungen auf „Global Footprint Network". https://www.footprintnetwork.org (letzte Abfrage: 2.6.2024).

Rohstoffabbau (Bergbau für Schotter, Steine, Erze, Kohle, Salz etc.) in Anspruch genommene Land – also dem, was unter Bodenverbrauch verstanden wird.

Im ökologischen Fußabdruck kommt zum Ausdruck, dass der Ressourcenverbrauch der Menschheit immer stärker steigt. Es wird berechnet, dass für die langfristige Aufrechterhaltung unserer Lebensstile mehrere Erden benötigt werden, die schlichtweg nicht zur Verfügung stehen. Deswegen wird jährlich der „Earth Overshoot Day" ausgerufen, der aufzeigt, an welchem Tag die im globalen Schnitt pro Kopf verfügbaren jährlichen Ressourcen aufgebraucht sind. Hätte die Welt im Durchschnitt den österreichischen Ressourcenverbrauch, wäre der Earth Overshoot Day des Jahres 2023 bereits am 6. April 2023 erreicht worden, global trat der Overshoot Day am 2. August 2023 ein.[94] Wie ist das aber nun möglich, mehr Erden zu brauchen, wo doch nur eine Erde existiert?

Dies liegt an der Nutzung der fossilen Energie. Fossile Energie ist biologisch produktive Landfläche, die vor Jahrmillionen gelebt hat und durch Prozesse, die in dieser Form derzeit gar nicht mehr auf der Erde herstellbar sind und die auch viele Millionen Jahre in Anspruch genommen haben, in fossile, stoffliche Formen gebracht wurden, die wir jetzt als Rohstoffe und Energieträger aus dem Boden fördern können.[95] Ungefähr 7 % der auf diese Art und Weise gewonnenen fossilen Rohstoffe werden als Material eingesetzt. 92 % werden für die Energieversorgung de facto verbrannt.[96] Die Nutzung der fossilen Energieträger bedeutet in der Sprache des ökologischen Fußabdrucks, sich Land aus der Vergangenheit zu borgen (auf Englisch: „borrowed land from the past"). Für diesen Kredit

---

[94] Bundesministerium für Klimaschutz, Umwelt, Energie, Mobilität, Innovation und Technologie (2023): Earth Overshoot Day: Die Welt lebt ab heute über ihre Verhältnisse. BMK Infothek. https://infothek.bmk.gv.at/earth-overshoot-day-die-welt-lebt-ab-heute-ueber-ihre-verhaeltnisse/ (letzte Abfrage 2.6.2024).
[95] Stöglehner G. (2003): Ecological footprint—a tool for assessing sustainable energy supplies. Journal of Cleaner Production 11 (3), 267–277.
[96] Zahlen gemäß: Bundesministerium für Nachhaltigkeit und Tourismus. Energie in Österreich 2018. Zahlen, Daten, Fakten. https://www.bmk.gv.at/themen/energie/publikationen/zahlen.html (letzte Abfrage: 3.3.2024).

fordert die Erde aber erhebliche Zinsen ein, nämlich die Treibhausgasemissionen und die damit verbundene Klimakrise. Die fossilen Kohlenstoffe werden zwar von der Menschheit sehr rasch verbrannt, von den Ökosystemen aber nur sehr langsam wieder aufgenommen.

Dies hat insofern hohe Relevanz für den Bodenverbrauch, als dass die Ressourcenwende und Energiewende zu gestalten nun bedeutet, dieses Land aus der Vergangenheit nicht mehr zu borgen, sondern diesen Landverbrauch von der Vergangenheit in die Gegenwart zu holen. Diese „neuen" Ressourcenansprüche treffen auf einen ohnehin schon für die verschiedenen menschlichen Nutzungen intensiv genutzten und in einigen Weltregionen auch schon übernutzten Raum.

Österreich ist in der guten Ausgangsposition, dass im Vergleich zu vielen anderen Industrienationen bereits jetzt schon relativ viel erneuerbare Energie gewonnen wird. Dieser Umstand ist aber kein Ruhekissen. Er zeigt nur, dass auf höherem Niveau als in vielen Nachbarländern in die Energiewende gestartet werden kann. Durch die Energie- und Ressourcenwende wird das Land, das für Energiegewinnung aufgebracht wird, erhöht werden müssen, sofern nicht Energie eingespart wird. Dieses Energieland kann aber auch multifunktional bereitgestellt werden, z. B. durch Photovoltaikanlagen auf dem Dach, die keinen weiteren Bodenverbrauch verursachen. Selbiges gilt in ähnlicher Weise für Photovoltaik-Freiflächenanlagen, wenn sie mit landwirtschaftlicher Nutzung und/oder Lebensraumfunktionen kombiniert werden.

Durch die umfassende Ressourcenwende werden auch noch weitere Landnutzungsansprüche gestellt.[97] Das bedeutet z. B., dass die Stoffe für die chemische Industrie – Stichwort Bioplastik – in Zukunft aus Biomasse, Abfällen oder Kohlenstoffverbindungen, die derzeit vielfach noch emittiert werden, aus der Energiebereitstellung oder industriellen Prozessen kommen werden. Es ist davon auszugehen, dass für eine stoffliche

---

[97] Grossauer F., Stoeglehner G. (2020): Bioeconomy – Spatial Requirements for Sustainable Development. Sustainability 12(5), 1877.

Wende hin zu nicht-fossilen Ressourcen vielfach land- und forstwirtschaftliche Ausgangsstoffe für die Ressourcenproduktion angewendet werden. Zusätzlich wird Holz für die Bauwirtschaft oder die Papierindustrie und weitere Industriezweige bereits jetzt eingesetzt. Anders ausgedrückt, eine vorausschauende Planung setzt die Bioökonomie als gesellschaftliche Entwicklung voraus, trägt aber auch zu dieser Bioökonomiewende bei, indem Produktion und Einsatz der Ressourcen vorgedacht werden. Damit verbunden sind auch Mengengerüste, welche Ressourcen für welche Produktionsprozesse aufgewendet werden sollen, welche Alternativen allenfalls zur Verfügung stehen und wie verschiedene Produktionsketten miteinander verknüpft werden können, um vorhandene Ressourcen möglichst effizient zu nutzen.

Dies wäre mit den Flächenbedarfen einerseits sowie mit dem Vorhandensein und dem Schutz der jeweils geeigneten Flächen andererseits zu koordinieren. Dies spricht für eine umfassende „Ressourcenraumplanung", deren Inhalt aber aufgrund der Unbekanntheiten und Unsicherheiten über eine künftige Bioökonomie und deren Produktionsverfahren noch nicht absehbar ist. Bei aller Unsicherheit ist aber von einem Aspekt jedenfalls auszugehen: Überbordender Bodenverbrauch würde die Möglichkeiten massiv einschränken, sich bei gleichzeitiger Gewährleistung der Ernährungssicherheit selbst nicht nur mit Energie, sondern auch mit Rohstoffen zu versorgen. Diese enorme gesellschaftliche Herausforderung kann nur angenommen werden, wenn der Bodenverbrauch substanziell begrenzt wird. Damit ist Bodenschutz eine wesentliche Grundbedingung für diese Ressourcenraumplanung, damit Produktionsketten im Raum flächen-, energie- und ressourceneffizient angeordnet und die Transportwege entsprechend organisiert werden können sowie gleichzeitig die Bereitstellung der Ökosystemleistungen gesichert werden kann.

4 Grundpfeiler einer nachhaltigen Raumentwicklung

Ein wesentliches Element künftiger Raumentwicklung ist der Schutz der offenen Kulturlandschaft. Dies zu gewährleisten, erfordert einen Stopp des Bodenverbrauchs. Böden werden dringend für den Schutz der biologischen Vielfalt, für die Regulierung des Wasserhaushalts, für den Klimaschutz und die CO_2-Speicherung und für die Ernährungssicherung und die Bioökonomie, also für die umfassende Ressourcenwende hin zu einer erneuerbaren und nachhaltigen Ressourcenbasis der Gesellschaft und der Wirtschaft, benötigt.

Böden können in Zukunft nicht mehr für vermeidbare Flächeninanspruchnahme für Bauland und Infrastruktur verbraucht werden. Dies heißt nicht, dass nichts mehr gebaut werden könnte. Es heißt nicht einmal, dass es keine neuen Widmungen von Grünland in Bauland geben darf. Es erfordert aber, ein Netto-Null-Bodenverbrauchsziel umzusetzen, wie dies von der EU in ihrer Bodenschutzstrategie bis 2050 vorgesehen ist. Der Weg dorthin besteht laut EU-Kommission in vier Schritten einer „Flächenverbrauchshierarchie"[98]: (1) Vermeiden zusätzlichen Bodenverbrauchs und zusätzlicher Bodenversiegelung; (2) Wiederverwenden bereits genutzten Baulandes oder Infrastrukturlandes; (3) Minimieren eines nicht vermeidbaren zusätzlichen Bodenverbrauchs; (4) Ausgleichen von Bodenverbrauch zur möglichst weitgehenden Erhaltung von Ökosystemleistungen. In einem planerischen Ansatz bedeutet netto Null, dass für jeden Bodenverbrauch, der aus berechtigten Gründen stattfindet, an einer anderen Stelle noch nicht genutztes Bauland wieder in Grünland zurück gewidmet werden muss. Es reicht nicht aus, Ausgleichsmaßnahmen für Flächenverbrauch zu setzen. Durch Ausgleichsmaßnahmen soll

---

[98] Europäische Kommission (2021): EU-Bodenstrategie für 2030. Die Vorteile gesunder Böden für Menschen, Lebensmittel, Natur und Klima nutzen. COM(2021) 699 final, S. 11. https://eur-lex.europa.eu/legal-content/DE/TXT/PDF/?uri=CELEX:52021DC0699 (letzte Abfrage: 2.6.2024).

ein Eingriff in Natur und Umwelt dadurch gemindert werden, dass an anderer Stelle biodiversitätsfördernde Maßnahmen gesetzt und Lebensräume für wildlebende Tiere und Pflanzen geschaffen werden. Auch hier gilt: Alter ist nicht herstellbar! Die Ausgleichsflächen können in absehbarer Zeit nicht dieselbe ökologische Funktionsfähigkeit erhalten wie die zuvor ge- oder zerstörten Flächen.

Darüber hinaus gilt: Diese Ausgleichsmaßnahmen brauchen wiederum Fläche, wie folgendes Beispiel zeigt: Neben den 57 Quadratkilometer versiegelten Autobahnen und Schnellstraßen erhält, pflegt und bewirtschaftet die ASFINAG in etwa 93 Quadratkilometer Mäh- und Gehölzflächen sowie ca. 20 Quadratkilometer naturschutzfachliche Ausgleichsflächen abseits der Trassen.[99] Auch wenn Ausgleichsflächen aus gutem Grund geschaffen werden und dies auch begrüßenswert ist, kann dies zu zusätzlichem Nutzungsdruck auf die land- und forstwirtschaftlich genutzten Böden führen. Ökologische Ausgleichsflächen selbst sind auch ein Nutzungsanspruch, der um die knappe Ressource Boden konkurriert. In diesem Sinne ist es günstiger, keinen Bodenverbrauch zu haben, als einen Bodenverbrauch in Kauf zu nehmen, um ihn dann an anderer Stelle wieder auszugleichen. Daraus folgt, dass die Flächenausdehnung für Bauland und Infrastruktur im Sinne der EU-Bodenstrategie nicht mehr erweitert werden dürfte.

Es wird immer wieder triftige Gründe für Flächeninanspruchnahme geben, z. B. für leistbaren Wohnraum, Betriebe und Infrastruktur. In solchen Fällen muss aber erwogen werden, wie gleichzeitig die Flächeneffizienz des Baulandes gesteigert und eine Rückwidmung von Flächen für Bauland und Infrastruktur an anderer Stelle vorgenommen werden kann. Dieses Halten der Baulandflächen wäre damit ein wesentlicher Planungsgrundsatz, um in eine zukunftsfähige, nachhaltige Raumentwicklung einzutreten. Dazu, mit welchen Grundpfeilern einer umfassenden,

---

[99] Medl A., Walcher A. (2022): Autobahnen und Nachhaltigkeit – ein Widerspruch in sich? Österreichische Ingenieur- und Architekten-Zeitschrift, Band 167, S. 1–7.

nachhaltigen räumlichen Entwicklung dies gelingen kann, wird nun ein Bild gezeichnet. Denn die „grüne Wiese" zu bebauen, ist relativ einfach, Innenentwicklung zu betreiben bedeutet, vertieft darüber nachzudenken, wie die eigenen Nutzungsansprüche in bestehende Raumstrukturen und Bausubstanz integriert werden können. Allein wenn man sich vor Augen führt, dass im Österreichschnitt in etwa 21 % des Baulandes oder ca. 670 Quadratkilometer Bauland als Baulandreserven derzeit noch nicht bebaut sind und aktiviert werden könnten[100], sollte dafür noch genug Spielraum bestehen.

4.1 Belebte Ortskerne

Ortskernbelebung ist ein prioritäres Anliegen einer nachhaltigen Raumentwicklung.[101] Ein bedeutendes Merkmal eines belebten Ortskerns ist, dass im Ortskern jemand lebt und dass sich dieses Leben nicht nur auf die Wohnfunktion und im Pendler:innenalltag auch auf die Schlaffunktion während der Woche reduziert, sondern das Leben mehr oder weniger rund um die Uhr, rund um die Woche, rund ums Jahr stattfinden kann. Damit ist eine wichtige Voraussetzung für diese Lebendigkeit unserer Orte und insbesondere der Ortskerne eine entsprechende Funktionsmischung. Diese Funktionsmischung bedeutet zuallererst, dass im Ortskern auch eine entsprechend große Wohnbevölkerung lebt. Rund um diese Wohnungen sollen alle Besorgungen des Alltags möglichst in Gehdistanz oder mit dem Fahrrad erledigt werden können. Dies betrifft selbstverständlich die Einkaufsfunktion, den Kindergarten- und Schulweg, Freizeiteinrichtungen, medizinische Versorgung, Ämter, Kultureinrichtungen sowie die Gastronomie. Idealerweise wäre auch die Arbeitsfunktion eingeschlossen. Für die

---

[100] ÖROK (2023): Flächeninanspruchnahme und Versiegelung in Österreich (2022). https://www.oerok.gv.at/raum/daten-und-grundlagen/ergebnisse-oesterreich-2022 (letzte Abfrage: 2.6.2024).
[101] Weiterführend siehe: Stöglehner G., Manhart V. (2020): Innenentwicklung. In: Stöglehner G. (Hrsg.): Grundlagen der Raumplanung 2 – Strategien, Schwerpunkte, Konzepte. Facultas.

einzelnen Bewohner:innen wird der Alltag erleichtert, weil zwischen den einzelnen Nutzungen und deren Stationen die Wege und Wegzeiten kurz sind und somit der Alltag zwischen Familie, Betreuungspflichten und Versorgungspflichten wie Einkaufen, dem Aufsuchen medizinischer Versorgung etc. viel einfacher zu bewältigen ist.

Die Arbeitsfunktion nimmt insofern in Bezug auf Funktionsmischung eine Sonderstellung ein, weil aus unterschiedlichsten Gründen vielfach gependelt wird, selbst wenn ein gleichartiger Arbeitsplatz vor Ort vorzufinden wäre. Damit wäre zwar anzustreben, dass, gemessen an der Erwerbsquote der Bevölkerung, eine ausreichende Zahl von Arbeitsplätzen lokal vorhanden ist und so Gelegenheiten geschaffen werden, vor Ort zu arbeiten. Ob dies dann tatsächlich dazu führt, dass weniger gependelt wird, ist unsicher. Jedenfalls tragen die Arbeitsplätze zur Belebung des Ortskerns bei. Dieser ist wiederum eine Voraussetzung für einen leistungsfähigen öffentlichen Verkehr, weil Funktionsmischung und das Antreffen verschiedener Nutzer:innengruppen über den Tag verteilt mehr Bedarf an Mobilität schafft. Öffentlicher Verkehr erlaubt mehr Wahlfreiheit bei den Verkehrsmitteln, das Angewiesensein auf das Auto reduziert sich, wenn der öffentliche Verkehr entsprechend attraktiv und leistungsfähig ist. Gerade die Veränderungen der Arbeitswelt durch die Digitalisierung – hier hat die COVID-19-Pandemie neue Wege aufgezeigt und einige Entwicklungen beschleunigt – können als neuer Impuls und als neue Chance zur Belebung von Ortskernen betrachtet werden. Es ist wahrscheinlicher geworden, dass die Wohnbevölkerung öfter vor Ort anzutreffen ist. Das kann z. B. Restaurants und Kaffeehäuser beleben und auch aktiv gefördert werden, indem z. B. in leerstehenden Objekten im Ortskern Co-Working-Spaces integriert werden.

In diesen Formen des gemeinschaftlichen bzw. Arbeitens nebeneinander von unternehmensfremden Personen ist ein Arbeitsplatz stundenweise oder tageweise anmietbar, beispielsweise wenn die Wohnung für ein Arbeitszimmer zu klein ist. Co-Working-Spaces[102] fördern den sozialen Austausch und wirken gegen die Vereinsamung in den eigenen vier Wänden. Darüber hinaus erhält man eine Rechnung für den Arbeitsplatz, die man an seinen Arbeitgeber, an seine Arbeitgeberin weiterreichen kann. Dies ist Voraussetzung, dass keine Verschiebung der Kosten für den Arbeitsplatz vom Unternehmen zu den Arbeitnehmer:innen stattfindet, und wäre ein Element sozialer Gerechtigkeit, was die Kosten der Raumnutzung anlangt.

Bei der Ortskernbelebung sollte jedenfalls das Ziel verfolgt werden, dass zentralörtliche Funktionen der öffentlichen Hand in den Ortskernen verbleiben. Das bedeutet, dass z. B. Kinderbetreuungseinrichtungen und Schulen möglichst nicht in Campussysteme an den Ortsrand verlegt werden, sondern dass sie als Element der Ortskernbelebung explizit wahrgenommen, und weitere Bildungseinrichtungen wie Musikschulen in die Ortskerne integriert bleiben bzw. werden.

Schon vor über 20 Jahren hat sich die Stadt Freistadt in Oberösterreich dazu entschieden, ein Kulturzentrum, gekoppelt mit einer Landesmusikschule, zu errichten. Zu diesem Zeitpunkt hat es keine Veranstaltungsräumlichkeiten für große Kulturveranstaltungen in der Stadt gegeben und es war in Diskussion, ein neues Gebäude zu errichten oder aber ein altes Gebäude, den Salzhof, entsprechend zu adaptieren. Die Entscheidung fiel zugunsten einer Leerstandsaktivierung in der historischen Innenstadt aus, nämlich den Salzhof seitens der Gemeinde zu kaufen und zu reaktivieren. Das ist insofern bemerkenswert, als nur wenige Parkplätze in unmittelbarer Nähe vorhanden sind. Das Gebäude war das erste Schloss und ist eines der ältesten Gebäude in der Stadt Freistadt, das eine beinahe tausendjährige Geschichte aufweist. Als Besucher:in muss man in den umliegenden Gassen oder vor den Toren der Stadt parken, wenn man mit dem Auto kommt. Aber viele Freistädter:innen gehen ohnehin zu Fuß in den Salzhof, weil sie dann nach der

---

[102] IONOS Startup Guide (2019): Coworking – neue Arbeitsform für moderne Jobs. https://www.ionos.at/startupguide/produktivitaet/coworking/ (letzte Abfrage 2.6.2024).

Veranstaltung noch etwas trinken können und nicht aufs Auto angewiesen sind, um nach Hause zu kommen. Das ist nur möglich, weil der Salzhof in dieser funktionsgemischten Struktur als wesentlicher Bestandteil für einen lebendigen Stadtkern etabliert wurde. Ursprünglich ist man davon ausgegangen, dass das Projekt dann erfolgreich ist, wenn 180 Veranstaltungen pro Jahr darin stattfinden. Der Salzhof hat einen großen Raum mit variabler Bühne und einer Kapazität von bis zu 380 Sitzplätzen, einen Raum mit 140 Sitzplätzen Kapazität und zusätzlich zwei kleinere Veranstaltungsräume. Und tatsächlich finden pro Jahr bis zu 600 Veranstaltungen statt, also im Schnitt fast zwei Veranstaltungen pro Tag.[103] Dieser enorme Erfolg konnte auch ohne Parkplätze vor der Tür erreicht werden.

Zum anderen ist im Salzhof die Landesmusikschule untergebracht worden. Pro Woche kommen ca. 1.000 Schüler:innen dorthin. Viele werden von den Eltern gebracht. Diese warten dann ungefähr eine Dreiviertelstunde, bis die Musikstunde vorbei ist. Dieser Umstand wurde als Frequenzbringer für die Innenstadt bewusst für die Geschäfte, die Kaffeehäuser und die Gastronomiebetriebe eingesetzt. Und auch diese Rechnung ist aufgegangen. Woher ist das Geld gekommen, dieses Projekt Salzhof zu realisieren? Natürlich aus Förderungsanteilen, aber die Stadt Freistadt hat damals die Sparkasse verkauft und aus diesem Verkauf wurden Mittel lukriert, die teilweise für den Salzhof und teilweise für eine aktive Bodenpolitik aufgewendet wurden. So besaß die Stadt Freistadt erhebliche Grundstücke in Innerortslagen für weitere Innenentwicklungsprojekte, die mittlerweile überwiegend an Bauwillige weiterverkauft wurden. So war es z. B. möglich, ein Hotelprojekt in Altstadtnähe auf einem ehemaligen Gemeindegrundstück anzusiedeln.

Die Einkaufsfunktion sollte nicht nur im Ortskern gehalten, sondern zudem versucht werden, diese wieder in die Ortskerne als Element der Ortskernbelebung zurückzuholen. Allerdings ist die Konkurrenz zu den Einkaufszentren am Ortsrand oder draußen am Kreisverkehr groß. Es werden wohl andere

---

103 Stadtamt Freistadt, schriftliche Auskunft vom 23.4.2024.

Impulse zu setzen und andere Warensortimente anzubieten sein als diejenigen, die von Ort zu Ort in einer globalisierten Shoppingwelt online und im Einkaufszentrum in der ewig gleichen Form anzutreffen sind. Gleichzeitig wäre zu unterbinden, dass medizinische Versorgungseinrichtungen an den Ortsrand, unter anderem auch in die Einkaufszentren, abwandern, wie dies schon in Kapitel 2 angeklungen ist. Hier gilt es jedenfalls, jede Nutzung, jede:n Nutzer:in als eine Chance und als eine Ressource zu betrachten, in den Ortskernen Funktionsmischung wiederherzustellen. Indem die Ressource „Nutzer:innen des Raumes" an den Rand abwandert, fehlt sie im Ortskern für die Ortskernbelebung. Hier braucht es viel mehr Bewusstsein, sowohl bei den politischen Entscheidungsträger:innen als auch bei den betroffenen Nutzer:innen selbst, dass sie mit ihren Standortentscheidungen ganz wesentlich dazu beitragen, ob sie selbst in einem belebten Ort wohnen oder in einem funktionsgetrennten Ort, in dem es in den einzelnen Ortsteilen und Straßenzügen wesentlich weniger Leben über den Tag verteilt gibt.

Der Architekt Roland Gruber bringt das Anliegen der Ortskernbelebung mit seiner Forderung, „aus Donuts müssen Krapfen werden"[104], auf den Punkt. Wie besprochen, wandern bisher die zentralörtlichen Funktionen ab, ebenso die Wohn- und Einkaufsfunktion. Der Ortskern entleert sich. Es entsteht sozusagen ein Donut, ein Ring aus Teig, in der Mitte ist ein Loch. Der Krapfen hat das Beste in der Mitte, die Marmeladefüllung. Und hier wäre im Sinne der Ortskernbelebung der Versuch zu unternehmen, wieder die entsprechende Fülle, also verschiedenste Raumfunktionen und deren Nutzer:innen, in die Ortskerne zu bringen. Die Rahmenbedingungen dafür sind nicht einfach, da in den letzten Jahrzehnten doch erheblich an der Entleerung der Ortskerne gearbeitet wurde – bewusst oder unbewusst.

---

[104] Gruber R., Isabettini M., Nageler P. (2022): Aus Donuts müssen Krapfen werden. In: ig kultur. https://igkultur.at/theorie/aus-donuts-muessen-krapfen-werden. (letzte Abfrage: 2.6.2024).

Eine Umkehr der Entwicklungen ist aber dennoch, zumindest teilweise, möglich. Denn allein, wenn vergegenwärtigt wird, wie rege die Bautätigkeit in den letzten zwei Jahrzehnten war, können bei einer Umlenkung der baulichen Schwerpunkte in oder um die Ortskerne auch enorme Potenziale freigesetzt werden, die Ortskerne zu stärken und auch entsprechend dieses Leitbildes mehr Funktionsmischungen vorzusehen. Zu Beginn kann ein Anheben der Wohnfunktion stehen, dann die gezielte Ansiedlung von öffentlichen Infrastrukturen, von Gastronomiebetrieben, von Vergnügungsstätten, von vielleicht auch kleinen Märkten und anderen Möglichkeiten, die eine Ergänzung des Angebots im Vergleich zum Einkaufszentrum bieten. Allerdings sind diesbezüglich die Spielräume begrenzt, denn die globalisierte Shopping-Welt wird voraussichtlich auch in Zukunft auf die Einkaufszentren fokussiert bleiben oder zumindest teilweise in den Online-Handel abwandern. Hier ist die Konkurrenz wohl zu groß. Allerdings gilt es zu verhindern, dass „ortskerntaugliche" Angebote ebenfalls in die Einkaufszentren abwandern.

Was auch zur Realisierung dieses Gestaltungsprinzips notwendig ist, sind neue Organisationsformen in der Ortskernbelebung. Denn Einkaufszentren haben ein zentrales Management, sind hochprofessionell aufgestellt, verfügen über ein entsprechendes Marketingkonzept und eine entsprechende PR. Und hier gilt es, ein ähnliches Organisationsniveau in den Ortskernen und in den Städten zu erreichen. Das ist hier allein aufgrund der diversen Grundeigentümer:innenstrukturen und der sich daraus ergebenden unterschiedlichen Interessenlagen, aber auch aufgrund der unterschiedlichen finanziellen Spielräume der einzelnen Grundeigentümer:innen und Geschäftsinhaber:innen wesentlich schwieriger.

4.2 Maßvolle Dichte

Nicht nur die Funktionsmischung ist ein wesentliches Element belebter Ortskerne, dazu gehört auch eine bestimmte, maßvolle Dichte. Leben im Ort entsteht nicht nur durch Funktionsmischung, sondern auch durch eine bestimmte Mindestgröße an Bevölkerung und/oder Arbeitsplätzen sowie eine bestimmte Mindestdichte. Damit kann gewährleistet werden, dass Einrichtungen der Daseinsvorsorge errichtet und betrieben werden können. Dazu gehören Nahversorger, die von einer Mindestkund:innenfrequenz abhängig sind. Die Mindestdichte ist notwendig, um Infrastruktur wie Straßen-, Informations-, Kanal- oder auch Fernwärmenetze effizient zu nutzen. Darüber hinaus ist eine maßvolle Dichte ein wesentliches Effizienzmaß für die Flächeninanspruchnahme.

Maßvolle Dichte und Flächeninanspruchnahme

Der weit überwiegende Teil der Bevölkerung, ca. 65% der Österreicher:innen, wünscht sich ein Einfamilienhaus als Wohnform.[105] Diese Wohnform ist als freistehendes Einfamilienhaus sehr ineffizient. Allerdings sind auch Reihenhäuser Einfamilienhäuser. Im Vergleich zu Reihenhäusern steigert die Möglichkeit bzw. der Wunsch, rund um das eigene Haus zu gehen, die Flächeninanspruchnahme sowie den Energie- und Ressourcenverbrauch in etwa auf das Doppelte. Im ländlichen Raum sind vielfach noch Neuerschließungen zu beobachten, wo die einzelne Parzelle für ein freistehendes Einfamilienhaus zwischen 700 und 1.000 Quadratmeter groß oder noch größer ist. Dazu kommen noch ungefähr 20% für die Straße dazu. Mit dem ELAS-Rechner (https://elas-calculator.boku.ac.at) können Energiebilanzen für Wohnsiedlungen sowohl im Bestand als auch im Neubau erstellt werden. Dabei werden sowohl Bau und Betrieb der Gebäude als auch der öffentlichen Infrastruktur sowie die Mobilität der Bewohner:innen berücksichtigt. In

---

[105] Die Presse (27.7.2023): Aus der Traum vom eigenen Haus? https://www.diepresse.com/13451802/aus-der-traum-vom-eigenen-haus (letzte Abfrage: 2.6.2024).

Einfamilienhausgebieten mit 1.000-Quadratmeter-Parzellen benötigt die öffentliche Hand im Wege der Infrastrukturbereitstellung mehr Energie als die privaten Haushalte einschließlich Einfamilienhausbau, Heizung, Strom und Mobilitätsenergie (u.a. für Auto und Flugreisen).[106]

Um den Bodenverbrauch der Einfamilienhäuser einzuordnen, soll folgendes Rechenbeispiel dienen: Derzeit sind in Österreich ca. 1,53 Millionen Einfamilienhäuser und weitere 300.000 Zweifamilienhäuser sowie ca. 275.000 Mehrfamilienhäuser (drei und mehr Wohnungen) vorhanden.[107] Diese werden im Jahr 2023 von ca. 4,12 Millionen Haushalten bewohnt, wobei die durchschnittliche Haushaltsgröße 2,18 Personen beträgt. Von den Haushalten sind ca. 1,57 Millionen Einpersonenhaushalte (38,3% aller Haushalte), 2,55 Millionen Haushalte beherbergen zwei oder mehr Personen.[108] Für diese Haushalte sind ca. 1,8 Millionen Ein- und Zweifamilienhäuser bereits jetzt gebaut. Wird davon ausgegangen, dass sich 65% der Österreicher:innen ein Einfamilienhaus wünschen – und dieser Wunsch nicht auf Einpersonenhaushalte zutrifft – wären ca. 1,65 Einfamilienhäuser notwendig, um jedem Haushalt mit zwei oder mehr Personen diesen Wunsch zu erfüllen. Das sind lediglich 8% mehr Einfamilienhäuser, als bereits gebaut sind. Wenn sich, wie in weiterer Folge diskutiert, mehr Haushalte für Zweifamilienhäuser entscheiden würden, wäre der Bedarf bereits rechnerisch und ohne Berücksichtigung regionaler Wanderungsbewegungen übererfüllt.

Gegen diese Annahme könnte eingewendet werden, dass Einfamilienhäuser auch von nur einer Person bewohnt wer-

---

[106] Stoeglehner G., Baaske W., Mitter H., Niemetz N., Kettl K.-H., Weiss M., Lancaster B., Neugebauer G. (2014). Sustainability appraisal of residential energy demand and supply – a life cycle approach including heating, electricity, embodied energy and mobility. Energy, Sustainability and Society 4: 24 (2014).
[107] Statistik Austria (o.J.): Gebäudebestand. https://www.statistik.at/statistiken/bevoelkerung-und-soziales/wohnen/gebaeudebestand (letzte Abfrage: 2.6.2024).
[108] Statistik Austria (o.J.): Privathaushalte. https://www.statistik.at/statistiken/bevoelkerung-und-soziales/bevoelkerung/familien-haushalte-lebensformen/privathaushalte. (letzte Abfrage: 2.6.2024).

den, u. a. nach Scheidungen oder wenn die Kinder ausgezogen sind und im Alter ein:e Ehepartner:in stirbt. Der Wunsch, bis ins hohe Alter in den eigenen vier Wänden wohnen zu bleiben, ist hoch. Um dem nachkommen zu können, wäre ein Teilen des Gebäudes innerhalb der Familie zur Vorbereitung auf das Alter eine taugliche Variante, gegebenenfalls auch die Vermietung eines Teiles des Objektes, was auch den Vorteil hat, nicht allein leben zu müssen und auch im Notfall jemanden im Haus zu haben. Damit wäre ein erhebliches Potenzial vorhanden, aus Einfamilienhäusern Zwei- und Mehrfamilienhäuser zu gestalten.

Als wesentlichster Grund für das Eigenheim wird neben der hohen Lebensqualität genannt, dass man statt Miete zu zahlen ein Investment trifft. Dieses Bedürfnis kann auch in einem Reihenhaus erfüllt werden, freistehend muss das Einfamilienhaus deswegen nicht sein. Darüber hinaus sind bei entsprechendem Design im Reihenhaus auch Qualitäten wie ein geschlossener Innenhof erreichbar, die das freistehende Einfamilienhaus nicht bieten kann. Das Investitionsbedürfnis kann im Übrigen auch mit einer Eigentumswohnung erfüllt werden.

Was würden diese Erwägungen für den Flächenbedarf bedeuten? Im Energieausweis für Siedlungen wird eine durchschnittliche, im Trend liegende Einfamilienhausparzelle mit ca. 800 Quadratmetern Grundstücksfläche angegeben, eine großzügige Reihenhausparzelle mit ca. 500 Quadratmetern.[109] Wird dies auf die 1,65 Millionen „Einfamilien-Wunschhäuser" umgerechnet, sind dies bei freistehender Bebauung ca. 1.320 Quadratkilometer Flächenbedarf, bei großen Reihenhausparzellen nur noch 825 Quadratkilometer. Gemäß ÖROK-Flächenmonitoring wird auf ca. 2.860 Quadratkilometern Siedlungsfläche in Österreich gewohnt, d.h. in Gebieten mit Wohnnutzung und in gemischt genutzten Gebieten sowie Siedlungsgebieten außerhalb des Baulandes, die ebenfalls gemischt genutzt sein können, wobei in gemischt genutzten Gebieten

---

[109] Land Niederösterreich (Hrsg., o.J.): Energieausweis für Siedlungen. http://www.energieausweis-siedlungen.at (letzte Abfrage: 13.2.2024).

nicht die gesamte Fläche der Wohnfunktion zur Verfügung steht.

Aus diesen Zahlen sind zwei Dinge ableitbar: Es braucht österreichweit keine weiteren Baulandwidmungen für freistehende Einfamilienhäuser. De facto würde der Gebäudebestand zur Deckung des Wohnbedarfs ausreichen, gäbe es keine regionalen Unterschiede. In Kombination mit Leerstand und Umnutzungspotenzialen von Leerständen ist es nicht notwendig, für zusätzliche Häuser auch tatsächlich neues Bauland zu widmen. Um den Wunsch nach einem Einfamilienhaus in Reihenhausbauweise zu erfüllen, wären bei kompakterer Siedlungsentwicklung weniger als 30% der derzeit bestehenden, für Wohnen geeigneten Siedlungsfläche notwendig, die derzeit in Österreich vorhanden ist.

Im Vergleich dazu ist die Flächennutzung im mehrgeschoßigen Wohnbau noch wesentlich effizienter, wenn die Gebäudehöhe und damit die Geschoßanzahl entsprechend steigen. Dazu ein weiteres Rechenbeispiel: Ein 3-Personen-Haushalt bewohnt eine 80-Quadratmeterwohnung, die mit Nebenflächen, Stiegenhäusern usw. im Schnitt ca. 100 Quadratmeter Geschoßfläche beansprucht. Sind die Baufläche und Gartenfläche für diesen mehrgeschoßigen Wohnbau gleich groß, läge der anteilige Bodenverbrauch bei einem sechsgeschoßigen Gebäude bei nur in etwa 33 Quadratmetern pro Wohnung bzw. 11 Quadratmetern pro Person. Auch würde in dichteren Wohnformen der Anteil der öffentlichen Hand am Gesamtenergieaufwand einer Siedlung auf Werte zwischen 10% und 15% hinunterpurzeln.[110]

Im Vergleich zum freistehenden Einfamilienhaus mit dem obigen Flächenbedarf würde eine dreiköpfige Familie nur 4,1% der Fläche beanspruchen, im Vergleich zum Reihenhaus 6,6% der Fläche. Anders ausgedrückt, würde im mehrgeschoßigen Wohnbau die österreichische Bevölkerung auf 135 Quadratkilometern Platz finden – das sind lediglich 5,7% der derzeit vorhandenen, für Wohnen geeigneten Bauflächen. Wenn über

---

[110] Stoeglehner G. et al. Sustainability appraisal.

längere Zeiträume österreichweit auf flächensparende Bebauung geachtet worden wäre, würde kein zusätzlicher Bodenbedarf für Wohnraum benötigen werden, selbst wenn der Wunsch nach einem Einfamilienhaus – als Reihenhaus ausgeführt – vollständig erfüllt worden wäre. Gleichzeitig zeigt dies, dass es viele Potenziale für Bestandstransformation gibt und der Ruf nach einem quantitativen Bodenschutzziel keine wesentliche Beeinträchtigung der räumlichen Entwicklung, sondern lediglich einen Handlungsimperativ darstellt, die Bautätigkeit umzuorganisieren und die bauliche Dichte zu erhöhen.

Maßvolle Dichte und Raumtypen
Mit maßvoller Dichte[111] soll ausgedrückt werden, dass es sowohl Mindestdichten als auch Höchstdichten gibt, die aber in den unterschiedlichen Raumtypen unterschiedlich zu behandeln sind. Das heißt, in einem Dorf ist ein anderes Dichtemaß adäquat als in einer Kleinstadt oder in einer Großstadt. Im Wesentlichen können vier Raumtypen unterschieden werden[112], die es bei der weiteren Strategiebildung zu berücksichtigen gilt. Je nachdem, welcher Raumtyp betrachtet wird, sind die Planungsgrundsätze einer nachhaltigen Entwicklung unterschiedlich zu interpretieren. Die drei wesentlichsten Planungsgrundsätze dabei sind die Herstellung von Funktionsmischung, die Herstellung einer maßvollen Dichte und die Herstellung von kurzen Wegen. Die kurzen Wege sind eine Folge aus Funktionsmischung und Dichte.

Der ländliche Raum beherbergt als häufigste Siedlungsformen landwirtschaftlich geprägte Dörfer sowie Marktgemeinden, die einen dichteren Ortskern aufweisen und auch um einen größeren Marktplatz organisiert sind. Die Kleinstadt hat

---

[111] Weiterführend siehe: Zwirschitz, L. (2022): Maßvolle Dichte – Begriffsbestimmung und raumplanerische Handlungsmöglichkeiten. Masterarbeit betreut am Institut für Raumplanung, Umweltplanung und Bodenordnung, Universität für Bodenkultur Wien von Gernot Stöglehner und Tatjana Fischer.
[112] Stöglehner G. (2023): Raum- und Siedlungstypen. In: Stöglehner G. (Hrsg.): Grundlagen der Raumplanung 1 – Theorien, Methoden, Instrumente. 2., akt. Auflage. Facultas. S. 149–168.

meist einen relativ dichten, historischen Kern mit alter Bausubstanz und verfügt im Allgemeinen über mehrere tausend Einwohner:innen. Um die Innenstadt haben sich Wohngebiete in teilweise durchaus mit dem Stadtkern vergleichbaren Dichten sowie Gewerbegebiete entwickelt. Auch die Kleinstädte waren in den letzten Jahrzehnten von einem Suburbanisierungsprozess betroffen, in dem Wohnfunktion, Einkaufsfunktion und teilweise auch öffentliche Einrichtungen bei gleichzeitigem Funktionsverlust in der Altstadt an den Rand gewandert sind. Kleinstädte können sowohl in den ländlichen als auch in den suburbanen Raum eingebettet sein.

Der suburbane Raum wird als Zwischenstadt bezeichnet oder auch wenig schmeichelhaft als „Speckgürtel" rund um die Städte. Der suburbane Raum ist durch monofunktionale Strukturen geprägt, wo relativ große Viertel bzw. Flächen der Wohnfunktion oft dem freistehenden Einfamilienhaus gewidmet sind und einander große Einkaufszentren sowie Industrie- und Gewerbegebiete abwechseln. Die Dichte ist gering, der öffentliche Verkehr deswegen meistens nicht sehr leistungsfähig und die Abhängigkeit vom motorisierten Individualverkehr, also vom Auto, sehr hoch.

Die Kernstadt repräsentiert den vierten Raumtyp, er besteht aus Mittelstädten und Großstädten. Mittelstädte beginnen in Österreich bei ca. 15.000 Einwohner:innen und enden bei 100.000 Einwohner:innen. Darüber gibt es dann noch in etwa eine Handvoll von Großstädten mit mehr als 100.000 Einwohner:innen, die auch gleichzeitig die Funktion von Landeshauptstädten bzw. der Bundeshauptstadt ausüben. Die räumliche Entwicklung der Kernstädte ist komplex, indem sich verschiedene Prozesse überlagern. Einerseits wachsen die Kernstädte insbesondere in den letzten ca. 15-20 Jahren, andererseits entspricht die räumliche Entwicklung auch dem Phänomen der Suburbanisierung, wie es bereits bei den Kleinstädten skizziert wurde, d. h. der Randwanderung von Wohnfunktionen, Betrieben und zentralörtlicher Infrastruktur.

In Bezug auf die Dichte geht aus den bisherigen Überlegungen deutlich hervor, dass es eine Mindestdichte und eine

Höchstdichte braucht: Mindestdichten, um Flächen-, Infrastruktur- und Ressourceneffizienz herstellen zu können, und Höchstdichten für die Sicherung der Lebensqualität, insbesondere von ausreichenden Grün- und Freiräumen im Wohnungsumfeld. Der Diskurs, welche Dichte nun für eine nachhaltige Raumentwicklung die richtige wäre, was also eine maßvolle Dichte wäre, dauert nun schon seit einigen Jahrzehnten an. Aber leider konnte hier noch keine abschließende Beurteilung gefunden werden.[113] Die Fachwelt ist sich noch uneins, denn die Interessenslagen und die Ansprüche der verschiedenen Raumtypen in Bezug auf die Dichte sind sehr unterschiedlich.

Insbesondere in urbanen Räumen bedeutet aus der Sicht der Immobilienverwertung mehr Dichte mehr Einkommen, sodass hier entsprechender Druck aufgebaut wird, dass die Dichte möglichst hoch ist. Nach derselben Logik bedeutet mehr Dichte auch eine hohe Infrastruktureffizienz von Straße, Schiene, Kanal, Wasserleitung, Energieversorgungseinrichtungen, aber auch die Möglichkeit, medizinische Versorgung und soziale Infrastruktur (Schulen, Kindergärten, Pflegeheime) effizienter zu betreiben. Damit treffen sich aus der Effizienz-Perspektive öffentliche und private Interessen.

In ländlichen Regionen wiederum wird eine geringere Dichte mit mehr Lebensqualität verbunden, sodass seitens großer Teile der Bevölkerung Druck auf die politischen Entscheidungsträger:innen und deren fachliche Berater:innen in Richtung geringe Dichten, insbesondere in Bezug auf Gebiete für freistehende Einfamilienhäuser mit großen Parzellen, aufgebaut und mehrgeschoßiger Wohnbau das eine oder andere Mal durchaus bekämpft wird.

Um diese Debatte weiter voranzubringen, entwickle ich hier einen Definitionsansatz für „maßvolle Dichte" für verschiedene Raumtypen und stelle diesen zur Diskussion. Eine maßvolle Dichte kann zwar auf Expert:innenebene nicht abschließend festgelegt werden, da es sich bei der Bestimmung einer maßvollen, umwelt-, sozial- und raumverträglichen Dichte um

---

113 Siehe Zwirschitz L. Maßvolle Dichte.

gesellschaftliche und politische Abwägungen verschiedener Aspekte auf der Werteebene handelt. Mit diesen Überlegungen zur maßvollen Dichte soll aber ein konstruktiver Beitrag zu einer evidenzbasierten Debatte geleistet werden.

Mindestdichte

Das Thema Mindestdichte ist in allen Raumtypen in etwa gleich zu behandeln, da hier die Mindesteffizienz in der Raumnutzung und damit verbunden der öffentlichen Infrastruktur bestimmt wird. Das Einfamilienhaus in freistehender Art und Weise erfüllt die Anforderungen an eine Mindestdichte aufgrund der bisherigen Ausführungen nicht. Hier sollten zumindest einfache verdichtete Formen wie Zweifamilienhäuser, Doppelhäuser oder Reihenhäuser angestrebt werden. Zur weiteren Erhöhung der Dichte könnte das Konzept der „Stadtvillen"[114] verfolgt werden, wo drei bis zehn Wohneinheiten in Mehrfamilienhäusern untergebracht werden.

Die Herausforderungen sind insbesondere im ländlichen und suburbanen Raum insofern ähnlich, als dass es insbesondere im Bestand gilt, die Dichte so weit zu erhöhen, dass dieses Mindestdichtemaß erreicht wird. Dies betrifft insbesondere Dorfkerne und ländliche Ortskerne, die von Bauernhöfen dominiert werden. Hier muss festgestellt werden, dass viele davon mittlerweile leer stehen oder massiv unternutzt sind, unter anderem, weil die Landwirtschaft bereits aufgegeben wurde und nur noch der Wohntrakt permanent genutzt wird. Je nach Größe des Bauernhofes können verschiedene Maßnahmen verfolgt werden, eine maßvolle Dichte zu erreichen: Kleine Bauernhöfe in geschlossener Bebauung können entweder selbst Reihenhäuser darstellen, größere Höfe zu mehreren Reihenhäusern oder zu einem Mehrfamilienhaus mit einigen Wohneinheiten weiterentwickelt werden. Beim Ausbau ist z. B. das Thema Wohnen im Stadel mittlerweile relativ beliebt. Und

---

[114] Kuzmich et al. (2011): Siedlungsformen für die Stadterweiterung. Wiener Magistratsabteilung 18 – Stadtentwicklung und Stadtplanung, Magistratsabteilung der Koordinierung der Gebietssysteme – Magistrat der Hauptstadt der SR Bratislava (Hrsg.). Werkstattberichte Nr. 115. Wien, Bratislava.

hier gibt es durchaus architektonisch sehr reizvolle Beispiele, wie Stadel, ehemalige landwirtschaftliche Nutzbauten, zu vollwertigen Wohngebäuden umgebaut wurden.

In der Tiroler Gemeinde Silz sind im landwirtschaftlich geprägten Ortskern ca. 220 Objekte vorhanden, von denen im Jahr 2005 in etwa ein Drittel schon seit Längerem leer gestanden und auch verfallen ist. Hier wurde über die Dorferneuerung ein Prozess gestartet, wo die Grundeigentümer:innen angesprochen wurden, ihnen in Zusammenarbeit mit einem Architekten Wege aufgezeigt wurden, was aus diesen alten Gemäuern und Stadeln alles entstehen kann, wenn sie entsprechend saniert und genutzt werden. Unterstützt durch kostenlose Beratungen, die Überzeugung der Dorfbewohner:innen und spezielle Maßnahmen der Wohnbauförderung wurde eine neue Belebung des Ortskerns erreicht. Im Jahre 2018 habe ich Silz mit einer Studierendenexkursion besucht. Laut Angaben der Gemeinde wurden in diesem Ortskernbelebungsprogramm über 53 Wohnungen reaktiviert, sodass für über 50 Familien keine neuen Bauparzellen gewidmet werden mussten. Dies hat mehrere Hektar Neuwidmungen von Bauland plus Erschließungen eingespart.[115]

Gemäß dem Prinzip der Funktionsmischung ist es aber auch möglich, nicht nur an die Wohnfunktion zu denken, sondern z. B. in den üblicherweise gesondert mit Straßen erschlossenen „Hintausbereichen" der ehemaligen landwirtschaftlichen Gebäude Gewerbebetriebe und Lagerflächen unterzubringen und damit eine Flächeninanspruchnahme an anderer Stelle zu vermeiden.

Darüber hinaus stellt sich in allen Raumtypen die Frage, was insbesondere mit Einfamilienhaussiedlungen passieren kann. Gerade im freistehenden Einfamilienhaus sinken mittlerweile die Haushaltsgrößen deutlich, sodass der Bedarf an Bauland und Wohnfläche pro Kopf auch in den verschiedenen Lebensphasen der Bewohner:innen nicht nur deutlich

---

[115] Knapp P. (2018): Das Projekt Ortskernrevitalisierung am Beispiel Silz. Amt der Tiroler Landesregierung (Hrsg.). Innsbruck.

schwankt, sondern auch im Steigen begriffen ist und mittlerweile Wohnflächen von 100 Quadratmetern pro Person und mehr in einzelnen Ortsteilen anzutreffen sind. Dies bedeutet im realen Leben, dass nicht das gesamte Haus regelmäßig genutzt wird, dass es aber erhalten werden muss. Dies kann die Bewohner:innen durchaus vor finanzielle Herausforderungen stellen. Hier wäre die Trennung der Häuser in Doppelhäuser oder Zweifamilienhäuser ein sinnvoller Schritt der Nachverdichtung. Diese können innerhalb der Familie entstehen, wenn freistehende Einfamilienhäuser getrennt, durch Zu-, An- und Dachgeschoßausbauten vergrößert, mit zwei Eingängen und unabhängigen und/oder gemeinsam genutzten Gartenanteilen versehen werden. Derartige Bauprojekte sind bereits jetzt insbesondere dort zu beobachten, wo der Baulandpreis hoch ist und ein Neubau für die jüngere Generation auf einer eigenen Parzelle nicht leistbar wäre. Große Bauparzellen können auch in zwei kleinere Parzellen geteilt und das Errichten eines zweiten Hauses auf ehemals einer Parzelle ermöglicht werden.

Mit diesen Maßnahmen kann Mehrgenerationenwohnen, also Kinderbetreuung durch die Großelterngeneration etc., gewährleistet werden. Große Einfamilienhäuser samt großem Garten fallen im fortgeschrittenen Alter vielfach zunehmend zur Last, insbesondere wenn der Wohnraum nur zu einem geringen Teil genutzt wird und der Garten nicht mehr selbstständig gepflegt werden kann. Das Thema der Mindestdichte ist in Kleinstädten und Kernstädten insbesondere in jüngeren Stadterweiterungsgebieten schlagend, in denen Gebiete mit freistehenden Einfamilienhäusern errichtet wurden, und wohl ähnlich zu behandeln. Gerade in dynamischen Wachstumsregionen, in denen ein Einfrieren der Baulandgrenzen jedenfalls berücksichtigt werden sollte, kann eine maßvolle Erhöhung der Dichte auch dadurch erreicht werden, indem mehrere, zusammenhängende Einfamilienhausparzellen von Bauträgern aufgekauft, die Einfamilienhäuser geschliffen und dann Mehrfamilienhäuser errichtet werden. Dies ist mittlerweile insbesondere in Wachstumsregionen mit hohen Immobilienpreisen zu beobachten. Es wäre ebenfalls ein Weg zu maßvoller Dichte, wobei die Grenze für maßvolle Dichte eingedenk der umgebenden Einfamilienhausstrukturen und der daran angepassten Erschließungen in etwa bei drei Geschoßen, eventuell noch mit einem ausgebauten Dachgeschoß, liegt.

Bezüglich der betrieblichen Nutzung (1) ist ebenfalls das Thema der Mindestdichte in allen Raumtypen relevant, insbesondere bei eingeschoßiger Bauweise von Einkaufszentren, die, sofern der Standort geeignet ist, in multifunktionale Gebiete einschließlich der Wohnfunktion weiterentwickelt werden können. Dazu wird mehr bei Innenentwicklung ausgeführt. (2) ist in Gebieten für produzierende Betriebe die Dichte ebenfalls oft sehr gering, insbesondere wenn Baulücken als Flächen für Betriebserweiterungen zwischen den einzelnen Betrieben vorgesehen werden. Damit sinkt wiederum die Flächen- und Infrastruktureffizienz: Die Zahl der Betriebe, Arbeitsplätze und damit verbundenen Kommunalsteuern ist relativ gering; die Kosten für die Erschließung sind demgegenüber relativ hoch. Daher gilt es hier, Konzepte für die etappenweise Besiedlung von Betriebsbaugebieten zu entwickeln, die auch Erweiterungen von Produktionsstandorten erlauben.

Obergrenze für maßvolle Dichte

Der ländliche Raum lässt schon bei relativ kleinen Dichten eine Obergrenze erwarten, da dies der historischen Bausubstanz alter Bauernhöfe und der geschlossenen Bebauung um die Marktplätze am ehesten entspricht. Dies trifft auch auf die Renovierung und Umgestaltung bzw. den Abriss und Neubau von alter Bausubstanzen in den Ortskernen zu. In Abhängigkeit von den vorhandenen, historischen Gebäuden wird unabhängig bei zwei- bis drei-, maximal viergeschoßigen Häusern schon der Plafond erreicht werden.

Im suburbanen Raum sind die Dichten, wie bereits festgestellt, eher gering, da das freistehende Einfamilienhaus und eingeschoßige, maximal zweigeschoßige Betriebsgebäude des Einzelhandels oder produzierender Betriebe dominieren. Mit einiger Wahrscheinlichkeit werden im suburbanen Raum auch mehrgeschoßige Wohnbauten anzutreffen sein, idealerweise um Bahnstationen. Gerade im suburbanen Raum wird eine Kernaufgabe der Raumentwicklung das „Einfangen" der Entwicklung um die Haltepunkte des leistungsfähigen, insbesondere schienengebundenen öffentlichen Verkehrs darstellen, in deren Einzugsbereichen sowohl Funktionsmischung als auch Dichte erhöht werden sollte.

International wird diese Schwerpunktbildung entlang des leistungsfähigen öffentlichen Verkehrs als „transit oriented development"[116] bezeichnet, im deutschsprachigen Raum auch als „dezentrale Konzentration"[117]. Dadurch soll eine hohe Erreichbarkeit innerhalb des suburbanen Raums und in Richtung Kernstadt sichergestellt werden, sodass die Alltagsmobilität in einer Kombination aus Zu-Fuß-Gehen, Radfahren und Nutzung des öffentlichen Verkehrs bequem abgewickelt werden kann und somit Wahlfreiheit zum Autoverkehr und zum täglichen Stau besteht. Die Mindestdichte und die Obergrenze für maßvolle Dichte werden ähnlich zum ländlichen Raum zu behandeln sein, da die historische Bausubstanz als Orientierungsmaß im Allgemeinen in zwei- bis dreigeschoßigen Dorf- oder Marktkernen strukturiert sein wird. Wird der Bedarf an Wohnungen berücksichtigt, kann das Dichtemaß insbesondere in den Siedlungskernen um Haltestellen an kleinstädtischen Dichten orientiert werden. Dabei gilt es jedenfalls, eine ausreichende Grünflächenausstattung und einen qualitätsvollen Zugang von Erholungsgebieten, z. B. durch verkehrsberuhigte, begrünte Straßen, zu berücksichtigen.

Speziell im urbanen Raum können auch stärker verdichtete Bebauungen vorgesehen werden. In den Kernstädten ist insbesondere in deren Stadtzentren das Thema der Obergrenze für maßvolle Dichte im Lichte von zu großer Nutzungsintensität sorgsam zu beurteilen, nämlich insbesondere unter den

---

[116] Curtis C., Renne J.L., Bertolini L. (Hrsg., 2009): Transit oriented development. Making it happen. Transport and mobility. Ashgate.
[117] Motzkus A.H. (2002): Dezentrale Konzentration – Leitbild für eine Region der kurzen Wege? Auf der Suche nach einer verkehrssparsamen Siedlungsstruktur als Beitrag für eine nachhaltige Gestaltung des Mobilitätsgeschehens in der Metropolregion Rhein-Main. Asgard-Verlag.

schon vorgezeichneten Bedingungen der Klimakrise. Denn es gilt hier insbesondere, nicht nur die bauliche Dichte im Blick zu haben, sondern vor allem auch die Freiraumentwicklung. Denn eine hohe bauliche Dichte steigert auch die Dichte der Nutzer:innen im Freiraum und Straßenraum, in den Parks und Plätzen, sodass hier eine Übernutzung insbesondere auch von Grünräumen stattfinden kann. Dies kann wiederum dazu führen, dass die Menschen zu Erholungszwecken in Scharen die Stadt verlassen (müssen). Vielfach können diese Fluchtbewegungen auch die Begründung eines Zweitwohnsitzes bedeuten.

Kleinstädte und Großstädte sind in ihren baulichen Strukturen und Versiegelungsgraden oft relativ ähnlich. Im Allgemeinen ist der Unterschied neben der offensichtlichen flächenhaften Ausdehnung und der Zentralörtlichkeit der Einrichtungen in der Anzahl der Geschoße und der damit erzielbaren Dichte gelegen, sodass die Menge an räumlichen Funktionen und die Zahl der Nutzer:innen in Großstädten um ein Vielfaches größer ist. In Kleinstädten besteht in der Regel der Bedarf an mehrgeschoßigen Wohnbauten, die wiederum an der baulichen Höhe der historischen Ortskerne zu orientieren wären. Im Allgemeinen wird dies in Kleinstädten bedeuten, nicht mehr als vier Geschoße, möglicherweise mit ausgebautem Dachgeschoß, zu bauen. Dabei sollte eine geschlossene Bebauung, bei der Haus an Haus grenzt, forciert werden.

Der Architekt und Stadtplaner Christopher Alexander hat mit Kolleg:innen im Buch „Eine Muster-Sprache: Städte-Gebäude-Konstruktion" Design-Prinzipien von der Standortauswahl für Städte bis zur Lage der einzelnen Räume in der Wohnung 253 Designprinzipien alle Maßstabsebenen für eine lebenswerte Stadt durchdekliniert. In Prinzip 21 weisen die Autor:innen darauf hin, dass es einen Zusammenhang zwischen der Anzahl der Geschoße eines Gebäudes und des psychischen Wohlbefinden sowie der Häufigkeit, mit der Kinder selbstständig in Freiräumen spielen, gebe. Diesen Beobachtungen folgend fordert das Autor:innenkollektiv, dass eine Höhenbegrenzung auf vier Geschoße festgelegt wird.[118]

Dasselbe Vorgehen gilt im Wesentlichen auch für die Großstädte, wobei hier in Anbetracht des hohen Baulandbedarfs die Forderung der Viergeschoßigkeit wohl nicht aufrechterhalten werden kann. Dennoch sollte in etwa beim sechsten Stockwerk Schluss sein: Eine zu große Geschoßanzahl würde einen entsprechenden Freiflächenbedarf nach sich ziehen, der allerdings dann oft nicht in ausreichendem Maße gedeckt wird. Daher sehe ich fünf bis sechs Geschoße in urbanen Zentren als Maximum für eine maßvolle Dichte an, wofür es auch ein praktisches Argument gibt: Im Sinne von Krisensicherheit (z. B. Energiesicherheit) und Nachhaltigkeit sollte es zumindest für einen gesunden, erwachsenen Menschen möglich sein, mit angemessener Anstrengung auch mit Einkauf und/oder Kindern, aber ohne Lift in die Wohnung zu kommen.

Gerade in urbanen Räumen werfen diese Überlegungen die Frage auf, ob mit dieser im Vergleich zu vielen Entwicklungen – in Wien und anderen Städten werden oft wesentlich höhere Gebäude errichtet – geringen Geschoßanzahl das derzeit zu beobachtende Stadtwachstum bewerkstelligt werden kann. Diese Erwägungen zur maßvollen Dichte bedeuten nicht, dass nicht dichter gebaut werden kann – es ist dann nicht mehr maßvoll, was andere Konsequenzen hat: insbesondere in Bezug auf den Freiraum- und Infrastrukturbedarf. Denn eine hohe Dichte kann in Kombination mit Wachstum auch im Bestand dazu führen, dass Parks neu errichtet werden müssen, Kindergärten, Schulen etc. zu klein werden, zusätzlicher Bedarf an medizinischer Versorgung und Altenbetreuung entsteht u.v.m. Gerade im Bestand können die Flächen dafür nur schwer geschaffen werden, u.a. indem Gebäude abgerissen werden. Auch wenn dies insbesondere bei der Umnutzung von Industriebrachen oder ehemaligen Bahnhöfen durchaus mög-

---

[118] Alexander C., Ishikawa S., Silverstein M., mit Jacobon M., King I.F., Angel S. (deutsche Ausgabe 1995): Eine Muster-Sprache: Städte-Gebäude-Konstruktion. Löcker Verlag.

lich ist, wäre nicht mehr von maßvoller Dichte zu sprechen. Diese Unterscheidung ist nicht nur aus einer umfassenden Planungsperspektive zur Berücksichtigung von Infrastrukturen und dem damit einhergehenden Bodenbedarf bedeutend. In weiterer Folge meiner Ausführungen werde ich argumentieren, dass eine maßvolle Dichte steuerlich privilegiert sein sollte.

Abschließend zu diesen Betrachtungen soll noch der Frage nachgegangen werden, ob Kernstädte unbegrenzt wachsen sollen, insbesondere Metropolregionen. In Wien nehmen mittlerweile auch Konflikte um Stadterweiterungsgebiete wie Rothneusiedl zu, wo sich eine Bürger:inneninitative gegen ein Stadterweiterungsgebiet gebildet hat. Von dieser wird unter anderem die Flächeninanspruchnahme landwirtschaftlich wertvollster Schwarzerdeböden ins Treffen geführt. Die Stadt Wien argumentiert, dass aufgrund des Stadtwachstums der Bedarf besteht und das Stadterweiterungsgebiet nachhaltig gebaut und mit der U-Bahn im leistungsfähigen öffentlichen Verkehr erschlossen wäre.[119]

Beide Seiten bringen grundsätzlich fachlich richtige Argumente vor. Diese sind in der planerischen Abwägung gegeneinander zu gewichten. Als weitere Entscheidungshilfe kann die schon über 120 Jahre alte Idee des britischen Stadtplaners Ebenezer Howard ins Treffen geführt werden: In seiner Gartenstadt-Idee – am Beispiel London – geht er davon aus, dass Städte eine absolute Wachstumsgrenze haben und daher statt unbegrenzten Stadtwachstums eine Neugründung von Städten im Umland, mit Bahnanschluss und maximal 30.000 Einwohner:innen stattfinden soll.[120] Diese Wachstumsgrenze wurde damals vor allem mit hygienischen und umwelttechnischen Gesichtspunkten argumentiert, da die Lebensqualität im London des 19. Jahrhunderts wegen der

---

[119] Puschautz A. (2023): Konfliktzone Rothneusiedl: Städtebau am fruchtbaren Acker. Kurier vom 9.3.2023. https://kurier.at/chronik/wien/rothneusiedl-stadtentwicklung-landwirtschaft-bodenversiegelung-zukunftshof/402358122 (letzte Abfrage: 2.6.2024).

[120] Howard E. (1902): Garden Cities of Tomorrow: Being the second edition of "To-morrow: A peaceful path to real reform". Swan Sonnenschein & Co., Ltd.

Umweltverschmutzung sehr gering war. Heute lägen die Kapazitätsgrenzen in der sozialen Infrastruktur, der Verkehrsinfrastruktur, der Verfügbarkeit ausreichender Grünräume zur Bekämpfung urbaner Hitzeinseln. Die ursprüngliche Idee der Gartenstadt hat in puncto Bodenverbrauch einen erheblichen Haken: Auch die von Howard angedachte Neugründung von Städten wäre mit erheblichem Bodenverbrauch verbunden.

Wird diese Idee zeitgemäß abgewandelt, wären im Umland von Kernstädten, insbesondere von Wien, die historischen Ortskerne und Kleinstädte des suburbanen Raumes zu stärken und der Bestand an Bauland im Sinne des „transit oriented development" bzw. der „dezentralen Konzentration" weiterzuentwickeln. Durch eine effizientere Baulandnutzung besteht rund um die Städte, auf viele Stadtumlandgemeinden aufgeteilt, ein enormes Potenzial, zehntausenden Menschen qualitätsvollen Wohn- und Arbeitsraum zu bieten. Gleichzeitig stellen diese Menschen auch ein großes Potenzial für die Innenentwicklung im städtischen Umland dar, um leerstehende, brachfallende und unternutzte Bausubstanz langfristig einer Nutzung zuzuführen. Allerdings ist derzeit der Zuzug ins städtische Umland üblicherweise ein Treiber für Bodenverbrauch, da die Neuankommenden meist – unabhängig ob im Einfamilienhaus oder Mehrfamilienhaus – im Neubau auf der grünen Wiese untergebracht werden. Hier ist ein massives Umsteuern notwendig.

Dichte und Geschoßflächenzahl

Ein wesentliches Maß in der Raumplanung für die Dichte ist die Geschoßflächenzahl, also das Verhältnis der Geschoßfläche zur Grundfläche einer Bauparzelle. Dazu ein Rechenbeispiel: Wird auf einer 1.000-Quadratmeter-Parzelle ein Wohngebäude errichtet, das 300 Quadratmeter Grundfläche und fünf Geschoße hat, so hat das Wohngebäude eine Geschoßfläche von 1.500 Quadratmetern. Wird dieser Wert durch die Grundfläche der Parzelle von 1.000 Quadratmetern dividiert, ergibt das eine Geschoßflächenzahl von 1,5. Das wäre gemäß der obigen Ausführungen auch gleichzeitig der Orientierungswert für die Obergrenze einer maßvollen Dichte in urbanen Räumen. Wird dieses Konzept der Geschoßflächenzahl weiter verwendet, kann diese nach Raumtypen gestaffelt angegeben werden. Wird in Kleinstädten von Viergeschoßigkeit ausgegangen, betrüge die Dichte-Obergrenze für maßvolle Dichte ca. 1,2. Der suburbane Raum kann aufgrund des hohen Bedarfs und des Flächeneffizienzgebotes wie die ländliche Kleinstadt betrachtet werden, d. h. eine obere Grenze der Geschoßflächenzahl von 1,2 für maßvolle Dichte. Die Obergrenze für maßvolle Dichte wäre bei Dreigeschoßigkeit im ländlichen Raum mit 1,0 gegeben.

Bei der Mindestdichte halte ich es für richtig eine Geschoßflächenzahl von 0,4 als Mindestdichte für alle Raumtypen zu definieren. Das bedeutet, dass ein Gebäude mit 150 Quadratmetern Geschoßfläche auf einer 375-Quadratmeter-Parzelle stehen würde, was der Dichte einer Reihenhaussiedlung mit merklichem Gartenanteil entspricht. Im freistehenden Einfamilienhausbereich sind die Geschoßflächenzahlen teilweise deutlich niedriger. Um tatsächlich steuernd zu wirken, sollte die Geschoßflächenzahl mit einer maximalen Parzellengröße sowie mit einer Vorgabe bezüglich Geschoßanzahl verknüpft werden. Denn bei einer 1.000-Quadratmeter-Parzelle würde eine 400 Quadratmeter große Nutzfläche sogar bei Eingeschoßigkeit wiederum zu einer Geschoßflächenzahl von 0,4 führen. Solche eingeschoßigen Gebäude würden dann vor allem im betrieblichen Bereich anzutreffen sein und wären insbesondere bei Supermärkten tunlichst zu vermeiden. Im produzierenden Bereich werden teilweise hohe Hallen benötigt, sodass dies gesondert zu betrachten ist. Hier würde die Baumassenzahl, also das Volumen des umbauten Raumes zur Grundstücksfläche, sinnvollere Ergebnisse liefern. Bereits jetzt würde der rechtliche Rahmen insbesondere in der Bebauungsplanung ausreichen, in der örtlichen Raumplanung entsprechende Regelungen zu Mindest- und Höchstdichten umzusetzen.

Zusammenfassung

Im ländlichen Raum ist m. E. maßvolle Dichte eine Mischung aus flächeneffizienten Einfamilienhäusern – also Doppelhäuser und Reihenhäusern – sowie Zwei- und Mehrfamilienhäusern, die in Anlehnung an eine üblicherweise vorzufindende bestehende bauliche Struktur maximal drei Gschoße aufweisen. In suburbanen Gemeinden wäre dies ähnlich zu betrachten, wobei insbesondere entlang von Haltepunkten des leistungsfähigen öffentlichen Verkehrs die Dichte in Kombination mit Funktionsmischung erhöht werden sollte. In Kleinstädten wäre Viergeschoßigkeit, in Großstädten Sechsgeschoßigkeit die Obergrenze für maßvolle Dichte. Das bedeutet nicht, dass darüber hinaus nicht verdichtet werden kann, es ist dann nicht mehr maßvoll und braucht besondere Vorkehrungen in Bezug auf Grün- und Freiflächenausstattung sowie Infrastruktur. Die Geschoßflächenzahl, die insbesondere für Wohnfunktion und gemischte Funktionen von Wohnen mit Dienstleistungen herangezogen werden kann und mit Vorgaben bezüglich Parzellengrößen und Geschoßanzahl ergänzt werden soll, kann in Tabelle 1 zusammengefasst werden.

	Mindestdichte	Obergrenze für maßvolle Dichte
Ländlicher Raum	0,4	1,0
Suburbaner Raum	0,4	1,2
Kleinstadt	0,4	1,2
Kernstadt	0,4	1,5

Tab. 1: Dichte und Geschoßflächenzahl nach Raumtypen

4.3 Innenentwicklung

Aus den bisherigen Ausführungen ergibt sich ein Bild, was Innenentwicklung[121] bedeutet: mit den bestehenden Flächenausdehnungen der Städte, Märkte und Dörfer auszukommen. Bei geringem Baulandbedarf kann es durchaus sinnvoll sein, die bauliche Entwicklung mit Siedlungsgrenzen einzuschnüren, wenn die äußeren Siedlungsränder noch nicht bebaut sind und auch noch keine Aufwendungen für die Infrastrukturerschließung, z. B. den Straßen- und Kanalbau, getätigt wurden.

Innerhalb dieser Baulandgrenzen gilt es, funktionsgemischte, maßvoll dichte Strukturen zu schaffen bzw. – wo noch vorhanden – zu erhalten, in denen bei hoher Nutzungsintensität die Wege zwischen den einzelnen Nutzungen wie Wohnen, Erholen, Einkaufen etc. kurz sind. Idealerweise sind derartig gestaltete kompakte Ortschaften und Siedlungskerne auch gut mit dem öffentlichen Verkehr erschlossen. Dafür sind bestimmte planerische Abwägungen wie die Verträglichkeit aneinandergrenzender Nutzungen zu treffen. So sollen keine störenden Betriebe nahe an die Wohnfunktion angesiedelt oder die richtige, maßvolle Dichte gefunden werden. Dabei ist besonders darauf zu achten, dass bei allen gewichtigen Argumenten für Flächeneffizienz und allem ökonomischem Vorteil einer dichteren Bebauung Freiräume und Grünräume nicht zu kurz kommen. Vor diesem Hintergrund wurde der Begriff der doppelten Innenentwicklung[122] geprägt, der besagt, dass auf der einen Seite die Intensität der baulichen Nutzung zunehmen soll, dass aber gleichzeitig ausreichend viele Grünräume und Freiräume entwickelt werden müssen. Dieser Spagat gelingt umso besser, je weniger Flächen für den Autoverkehr vorgesehen werden. Denn in Summe kommt in Österreich im statis-

---
[121] Siehe: Stöglehner G., Manhart V. Innenentwicklung.
[122] Siehe: Böhm J., Böhme C., Bunzel A., Kühnau C., Landua D., Reinke M. (2016). Urbanes Grün in der doppelten Innenentwicklung. Bundesamt für Naturschutz (Hrsg.). BfN-Schriften Nr. 444.

tischen Schnitt auf ca. 2 Quadratmeter Bauland 1 Quadratmeter Verkehrsfläche.[123] Das ist ein sehr ungünstiges Verhältnis.

Soll hier strategisch Land für die Menschen zurückgewonnen und nicht für Maschinen aufgewendet werden, sind andere Verkehrsformen zu propagieren. Die wesentlichste Voraussetzung dieser anderen Verkehrsformen sind Funktionsmischung, maßvolle Dichte und kurze Wege, die im Baulandbestand erreicht werden sollen – also Innenentwicklung. Das heißt, dass bauliche Strukturen geschaffen werden, in denen Zu-Fuß-Gehen und Radfahren die logische Verkehrsmittelwahl darstellen — und zwar nicht vorrangig, um einem umweltpolitischen Sendungsbewusstsein zu folgen, sondern weil es in der gegebenen Raumstruktur die schnellste, bequemste Fortbewegungsart ist, die es ermöglicht, den Alltag gut zu organisieren. Diese Strukturen sind gleichzeitig jene, die gut mit öffentlichem Verkehr erschlossen werden können. Damit wären hier die richtigen räumlichen Voraussetzungen geschaffen.[124]

Und wenn es dann auch noch gelingt, den Autoverkehr aus dem öffentlichen Straßenraum zurückzudrängen – wohlgemerkt nicht gänzlich zu verdrängen –, würden sehr lebenswerte Städte und Orte entstehen. Persönlich durfte ich dies bei einer Exkursion mit Studierenden nach Barcelona erfahren, wo das Superblock-Konzept darauf beruht, dass zwar die Autos nicht aus dem Straßenraum verbannt werden, es jedoch für Dauerparken keine oberirdischen Stellplätze gibt. Die Autos müssen dann in Tief- oder Hochgaragen untergebracht werden. Zufahren ist möglich. Der Straßenraum wird mit Fußgänger:innen und Radfahrer:innen geteilt und die Lebensqualität ist in diesen Gebieten sehr hoch – dies entspricht dem Konzept der Begegnungszonen. Interessant zu beobachten war, dass in all

---

[123] Zahlenbasis siehe: Österreichische Raumordnungskonferenz (2023): Flächeninanspruchnahme in Österreich nach Kategorien (2022). https://www.oerok.gv.at/raum/daten-und-grundlagen/ergebnisse-oesterreich-2022 (letzte Abfrage: 2.6.2024).

[124] Stoeglehner G., Abart-Heriszt L. (2022): Integrated spatial and energy planning in Styria – A role model for local and regional energy transition and climate protection policies. Renewable and Sustainable Energy Reviews 165, 112587.

diesen Gebieten die Erdgeschoßzonen mit Geschäften belegt sind. Es gibt hier kaum Leerstand. Der für die Superblock-Idee und deren Umsetzung leitend zuständige Stadtplaner berichtete uns, dass die Geschäftsleute Verfechter:innen der Idee sind. In Barcelona wurden oder werden die von den Autos zurückgewonnenen Straßenflächen dafür aufgewendet, Grün in die Stadt zu bringen, Aufenthaltsräume zu schaffen und hier das Wohnzimmer in den öffentlichen Raum zu erweitern. Damit gewinnen alle. Das ist auch der Kern oder das Anliegen der sogenannten doppelten Innenentwicklung.

Ein ähnliches Prinzip wurde auch in Tokio umgesetzt, einer der größten Metropolregionen der Welt. Hier ging die Stadtverwaltung sogar einen Schritt weiter – man muss bereits seit dem Jahre 1962 eine private Garage nachweisen, will man ein Auto anmelden. Das sind erhebliche Eingriffe, aber zum Vorteil für alle Menschen, die diesen Stadtraum benutzen. Im Großraum Tokio mit ca. 37 Millionen Einwohner:innen wäre eine Verkehrsorganisation anders gar nicht vorstellbar. Nur ca. 12 % des Personenverkehrs in Tokio wird mit dem Auto zurückgelegt, sodass die Luftqualität trotz der Größe der Metropole sehr gut und auch die Verkehrssicherheit hoch ist.[125]

Was bedeutet Innenentwicklung in Bezug auf die bauliche Struktur?[126] Im Wesentlichen sind eine Handvoll einfacher, baulicher Maßnahmen notwendig, mit denen Innenentwicklung vorangetrieben werden kann. Das Wichtigste ist, dass – sofern die Flächen nicht für Grünflächen benötigt werden – leerstehende Bauparzellen einer Bebauung zugeführt werden. Dies wäre schon Maßnahme eins, die den vorher genannten Prinzipien folgen sollte: Funktionsmischung bei geeigneter Lage geschoßweise zuzulassen und eine maßvoll dichte Bebauung, abgestimmt auf die Umgebung umzusetzen.

---

125 Lill F. (2023): Verkehr: Lernen von Tokio. Frankfurter Rundschau vom 31.8.2023. https://www.fr.de/panorama/verkehr-lernen-von-tokio-und-chaos-vermeiden-92492667.html#:~:text=Wer%20ein%20Auto%20anmelden%20will,auch%20einen%20festen%20Parkplatz%20gäbe. (letzte Abfrage: 2.6.2024).
126 Siehe: Stöglehner G., Manhart V. Innenentwicklung.

In den baulichen Bestand kann weiters dadurch eingegriffen werden, indem z. B. leerstehende Gebäude, die keinen intakten baulichen Kern mehr aufweisen, abgerissen und durch Neubauten ersetzt werden. Die dritte Möglichkeit besteht in der Ergänzung von Gebäudeteilen, also Zu-, Um- und Ausbau. Hier werden vielleicht nur Teilabrisse erfolgen, andere Gebäudeteile neu gebaut oder es wird saniert. Diesbezüglich sind wesentliche Entwicklungsmöglichkeiten in den Ortskernen des ländlichen Raumes gegeben. Denn dies wäre ein Modell, um leerstehende landwirtschaftliche Gebäude oder Gebäudeteile neu zu nutzen, hier Wohnraum oder im Bedarfsfalle auch Raum für Betriebe zu schaffen.

Als vierte Maßnahme kommt die klassische Aufstockung infrage, indem entweder Vollgeschoße oder ein ausgebautes Dachgeschoß ergänzt werden. In urbanen Räumen gilt es zu prüfen, ob der Nutzungsdruck auf die Grünflächen in Folge einer Vielzahl von Dachgeschoßausbauten nicht zu stark anwächst und ob damit weitere Verdichtung sinnvoll ist. Wenn eine maßvolle Dichte noch Spielraum für Entwicklung zulässt, kann diese Maßnahme in allen Siedlungsformen, auch im Einfamilienhausbereich, vorgenommen werden.

Last but not least ist die Fragestellung gegeben, ob Gebäude oder Bauplätze nicht auch dadurch intensiver genutzt werden können, indem ein bestehendes Gebäude, eine bestehende bauliche Struktur mit geringer Dichte abgerissen und in höherer Dichte wiedererrichtet wird. Das heißt, man könnte z. B. ein freistehendes Einfamilienhaus durch Reihenhäuser oder auch einen alten, über längere Zeiträume leerstehenden Bauernhof durch eine Reihenhausanlage oder ein Mehrfamilienhaus bzw. gegebenenfalls durch Betriebe ersetzen. Dadurch kann im ländlichen Raum durch Innenentwicklung Ortskernbelebung betrieben werden.

Ein Beispiel dafür ist die niederösterreichische Gemeinde Strass im Strassertale, in der ich gemeinsam mit dem Land Niederösterreich eine Weiterbildungsveranstaltung für Raumplanungsexpert:innen zur Innenentwicklung mitveranstalten durfte. In deren Zuge wurden wir vom damaligen

Bürgermeister durch den Ort geführt, um Innenentwicklungsprojekte vor Ort kennenzulernen. In der Gemeinde werden seit vielen Jahren leerstehende Bauernhöfe von der Gemeinde gekauft oder direkt an Bauwillige vermittelt. Teilweise werden sie saniert, teilweise bereits von der Gemeinde angekauft, geschliffen und weiterverkauft, um z. B. Reihenhaussiedlungen oder verdichtete Flachbauten errichten zu können, die sich gut in die bestehende Bausubstanz einfügen. So konnten in den letzten Jahren insgesamt 51 Reihenhäuser, 8 Doppelhäuser sowie weitere 21 Wohneinheiten errichtet werden.[127]

Allerdings besteht gerade in stagnierenden oder schrumpfenden Räumen die Herausforderung weniger in der baulichen Veränderung, sondern in der Frage, mit welchen Nutzungen die Ortskerne mit Leben erfüllt werden können. Dabei sind insbesondere die Konkurrenzsituationen zu bestehenden, an den Rand gewanderten Einrichtungen, Infrastruktureinrichtungen wie Schulen, Kindergärten, Ärztezentren und der Einkaufsfunktion als Rahmenbedingung zu betrachten, wie im Kapitel „belebte Ortskerne" schon ausgeführt wurde. Die eigentliche Herausforderung in der Innenentwicklung liegt also nicht in der Auswahl einer geeigneten baulichen Möglichkeit, sondern in der Frage, wie Grundeigentümer:innen dazu bewogen werden können, einerseits ihre Objekte der Innenentwicklung zur Verfügung zu stellen, und anderseits Nutzer:innen motiviert werden können, ihren Bedarf nach Wohnraum oder – wo dies ohne erhebliche Nutzungskonflikte möglich ist – für Unternehmensentwicklung in die Ortskerne zu verlagern.

Viele Städte und Dörfer sehen sich mit der Schwierigkeit konfrontiert, dass viele Grundeigentümer:innen nicht im Ort wohnen, die Liegenschaften z. B. geerbt wurden und dann eigentlich keine Ideen bestehen, wie diese Liegenschaften verwertet werden können. Hier sind grundsätzlich große Unterschiede zwischen wachsenden und schrumpfenden oder stagnierenden Regionen gegeben. In wachsenden Regionen ist üblicherweise der Baulandpreis so hoch, sodass sich hier zumindest mittel- bis

---

[127] Schriftliche Auskunft der Gemeinde Strass im Strassertale vom 23.4.2024.

längerfristig ein Verwertungsinteresse durch Verkauf entwickelt. Dann betreten neue Akteur:innen die Bühne der Innenentwicklung, die Liegenschaften entweder selbst nutzen oder ökonomisch verwerten, d. h. einer Nutzung zuführen wollen.

In Schrumpfungs- oder Stagnationsregionen ist der Markt für solche Objekte nachfrageseitig überschaubar. Gerade hier glauben Gemeinden oft, zum Erhalt der Bevölkerungszahl Gebiete für freistehende Einfamilienhäuser an den Ortsrändern widmen zu müssen. Bauen auf der grünen Wiese ist einfacher als Bauen im Bestand, obwohl Kauf und Sanierung eines Objektes mit einiger Wahrscheinlichkeit sogar günstiger als der Neubau desselben Objektes auf der grünen Wiese ist – einfach deswegen, weil die Primärstrukturen, die Wände, die Decken, das Dach nicht mehr neu errichtet werden müssen, sondern weil durch Umbaumaßnahmen im Bestand das Auslangen gefunden werden kann. Das trifft insbesondere auf die Althaussanierung zu. Wenn aber die Nachfrage in solchen Gemeinden gering ist und dann auch noch preisgünstig Baugründe für Einfamilienhäuser angeboten werden, darf es nicht verwundern, wenn die bauwillige Bevölkerung auf die grüne Wiese zieht, anstatt die Ortskerne zu beleben. Es wird dann oft gar nicht in Erwägung gezogen, ein leerstehendes Objekt im Ortskern zu revitalisieren, obwohl dieses ein mindestens so hohes Potenzial bieten würden, eine hohe Lebensqualität für die Bewohner:innen sicherzustellen.

Gleichzeitig sind diese bestehenden Gebäude schon erschlossen, die Infrastruktur ist vorhanden. Straße, Kanal wurden schon für die ehemaligen Nutzer:innen gebaut und brauchen nicht neu errichtet zu werden. Dies sind erhebliche Kostenfaktoren für Gemeinden und werden entgegen der landläufigen Meinung nicht in ausreichendem Maße an die neu Zuziehenden oder Bauwilligen weitergegeben.

Müsste die Infrastruktur tatsächlich von den Privaten vollständig finanziert werden, wäre der Neubau aufgrund der Infrastrukturkosten, die nur teilweise durch die Anschlussgebühren getragen werden, wesentlich unattraktiver. Vor diesem Hintergrund gibt es z. B. unverständliche gebührenrechtliche

Maßnahmen. So werden in NÖ bei einer Bestandssanierung und Wohnraumerweiterung ebenfalls Infrastrukturgebühren verlangt, die zwar niedriger sind als bei einer Neuerschließung, aber die auf der Ausgabenseite keine Entsprechung finden. Die Erschließung wurde seitens der Gemeinde unter Einhebung entsprechender Gebühren schon bezahlt und ist in den laufenden Abschreibungen der Gemeinden enthalten. Diese Kosten werden nicht mehr durch diese Maßnahmen der Innenentwicklung erhöht. Die Kosten für die Gemeinden werden ausschließlich dann höher, wenn Neubaugebiete erschlossen werden und gleichzeitig damit angestoßen wird, dass die Ortskerne weiterhin und in größerer Intensität leer stehen.

Gerade in schrumpfenden Gemeinden oder auch in Stagnationsgemeinden, was die Bevölkerungsanzahl anlangt, tritt jedes neue Baugebiet zum Bestand um die Bewohner:innen in Konkurrenz. Die Siedlungsdichte sinkt für alle. Auf den Ort bezogen heißt das: Die Flächeneffizienz sinkt, der Bodenverbrauch steigt und auch die Infrastrukturaufwendungen wachsen in Hinblick auf die Finanzen aber auch auf den Energie- und Ressourcenverbrauch an.

Innenentwicklung braucht Kümmerer:innen[128], die mit Eigentümer:innen gemeinsam erarbeiten, wie sie ihre Objekte für sich selbst, aber auch im Sinne der Gemeinschaft einen positiven Nutzen stiftend entwickeln und sinnvollen Nutzungen zuführen können. Die wichtigsten Fragen sind hier individuell: Was ist mein Bedarf? Wie viel Fläche braucht es? Wie viele Zimmer muss z. B. eine Wohnung, ein Haus haben? Wie steht eine sinnvolle Größe mit den finanziellen Spielräumen der Nutzer:innen im Zusammenhang? Oft werden Gebäude nicht nachgenutzt oder stehen leer, weil die richtigen Ideen fehlen und es schwierig sein kann, eine Baustelle auf Distanz zu organisieren und ein Haus in weiterer Folge auf Distanz zu bewirtschaften, wenn man als Eigentümer:in nicht im Ort wohnt. Nicht immer mangelt es an den finanziellen Ressourcen, um diese Gebäude zu sanieren oder in Nutzung zu bringen.

---

[128] Siehe: Stöglehner G., Manhart V. Innenentwicklung.

Dafür braucht es entsprechende Bauherr:innenmodelle, die eine Begleitung von der Planung über die Baustellenorganisation und -überwachung, die Inwertsetzung bzw. Vermietung, Verpachtung von den Objekten bis hin zum Verwalten der Liegenschaften einschließt. Die öffentliche Hand könnte auch entsprechende Dienstleistungen mit dem Ziel anbieten, dass die Liegenschaften saniert, adaptiert zu leistbaren Preisen künftigen Nutzer:innen zur Verfügung gestellt werden.

Diese Idee ist nicht neu und hat schon in den 1980er-Jahren in Steinbach an der Steyr dazu geführt, dass der Ortskern wiederbelebt werden konnte und junges Leben, sowohl Wohnbevölkerung als auch Betriebe, in alte Gemäuer eingezogen ist.[129] Das Beispiel Steinbach an der Steyr zeigte schon Ende der 1980 Jahre auf, dass das Zusammenwirken von Entwicklungsprozessen mit intensiver Bürger:innenbeteiligung, viele Lebensbereiche ansprechenden Initiativen und örtlicher Raumplanung Innenentwicklung forcieren kann. Innenentwicklung ist aber nicht nur eine Angelegenheit von Gemeinden und Hausbesitzer:innen. Diese Angelegenheit betrifft jede:n, denn im Endeffekt bestimmt jede:r kollektiv mit den laufenden Alltagsentscheidungen – d.h. wo wir einkaufen, unseren Kaffee trinken, Mittagessen gehen – wie belebt ein Ortskern tatsächlich ist.

Die Lebendigkeit eines Orts- oder Stadtkerns determiniert, wie viel Einkommen ein Ort als Grundvoraussetzung generiert, um ihn mit seinen baulichen Strukturen zu erhalten. Gleichzeitig sind nicht nur Privatpersonen gefordert, zur Innenentwicklung beizutragen, sondern auch Unternehmer:innen. Gerade im gewerblichen Bereich ist der Bedarf nach einem Neubau genau zu prüfen. Nicht jedes Unternehmen – u.a. im Dienstleistungsbereich – muss auf die grüne Wiese. Viele sind in Ortskernen und in bestehenden Bauten (noch) untergebracht bzw. (wieder) ansiedelbar. Es gilt, Leerstand zu nutzen, anstelle anderswo neu zu bauen.

---

[129] Humer G., Sieghartsleitner K. (2002): Gemeinsam gewinnen. Der Steinbacher Weg. Ein Modell für die Lokale Agenda 21. Neuauflage 2002. Herausgegeben von: Oö. Verein für Entwicklungsförderung, Bundesministerium für Land- und Forstwirtschaft, Umwelt und Wasserwirtschaft (BMLFUW).

4.4 Bestandstransformation

Wenn es darum geht, Häuser neu zu errichten oder umzubauen, ist die Bedarfsfrage sowohl für Unternehmen als auch für Private am wichtigsten. Im persönlichen Umfeld ist zu erwägen, wie sich die weiteren Lebensphasen entwickeln werden. Die Raumansprüche sind in den verschiedenen Lebensphasen sehr unterschiedlich. Soll nicht jede Lebensphase mit einem Umzug verbunden sein, spielt die Wandelbarkeit der Objekte, die man bewohnt oder die man auch selbst schafft, eine wesentliche Rolle und wirkt auf die persönliche Flächeninanspruchnahme. Diese Wandelbarkeit ist mittlerweile Thema in der Architektur, wo es darum geht, dass von Vornherein ein Verändern der Wohnungsgrundrisse mitgedacht wird, indem vereinzelte Zimmer verschiedenen Wohnungen durch einfaches Zumauern oder Öffnen von Türen zugeschlagen werden können. Im Mehrfamilienhaus wirkt das Eigentum diesbezüglich wahrscheinlich limitierend. Miet- oder Genossenschaftswohnungen können flexibler und wandelbarer gestaltet werden.

Ein klassisches Beispiel dazu: Ein Pärchen zieht zusammen, gründet einen gemeinsamen Hausstand. Die realistisch notwendige Flächeninanspruchnahme beläuft sich auf eine 2- bis 3-Zimmer-Wohnung in der Größenordnung von 65 bis 80 Quadratmetern. Kommt das erste Kind, dann besteht durchaus noch die Möglichkeit, in der Wohnung zu bleiben. Wenn ein zweites Kind erwartet wird, steht à la longue ein Umzug ins Haus. Oft wird in diesen Phasen ein Einfamilienhaus gebaut. Allerdings braucht man diese große Quadratmeteranzahl der Einfamilienhäuser nur in relativ kurzen Lebensphasen, nämlich im Zeitraum von plus, minus 15 bis 20 Jahren.

Wird in einem freistehenden Einfamilienhaus gewohnt, ist die Wandelbarkeit über verschiedene Lebensphasen gering. Die gebaute Struktur ist immer die gleiche. Die Anzahl der Bewohner:innen ändert sich und ab einer bestimmten Lebensphase wird ein relativ großes Haus mit 130 bis 200 Quadratmetern Wohnfläche von einem Paar oder vielleicht sogar alleine bewohnt. Die Wohnfläche pro Person steigt auf 65 bis 100 Quadratmeter und mehr, die aber dann auch erhalten, betreut, geheizt werden will. Dies stellt einerseits einen enormen Kostenfaktor dar, speziell dann, wenn man in die Pensionsphase eintritt und das Familieneinkommen im Vergleich zu einem aktiven Erwerbseinkommen im Allgemeinen deutlich sinkt. Andererseits steigt im fortschreitenden Alter die persönliche Herausforderung, die Pflege und Erhaltung des Hauses zu leisten.

Soll in einer langfristigen Perspektive geplant werden, ist es sinnvoll, wenn die Hauszuschnitte nicht zu groß gewählt werden oder schon von vorneherein eingeplant wird, dass ein Gebäude in zwei Wohneinheiten geteilt werden kann und die zweite Wohneinheit dann entweder von einem Kind und dessen Familie bewohnt wird oder auch vermietet werden kann. Welche Möglichkeiten tatsächlich eröffnet werden, wird durch die baulichen Strukturen bestimmt. Wird Wandelbarkeit der Bausubstanz nicht von Beginn an mitgedacht und mitgeplant, ist sie später nur mit viel Aufwand herstellbar. Dafür sind wenige einfache Gedanken anzustellen, z. B. wie geteilt werden kann, wo Nassräume, Bäder, WCs und gegebenenfalls ein zweiter Eingang vorgesehen werden können. Dies muss nicht gleich realisiert und gebaut werden. Wohnungen mit mehreren und kleineren Zimmern anstelle weniger, großer Zimmer bieten mehr Möglichkeiten, Kinderzimmer oder Home-Office-Arbeitsplätze unterzubringen.

4.5 Entsiegelung und Begrünung

Im Zusammenhang mit dem Bodenverbrauch wird mittlerweile in Regierungsprogrammen und einschlägigen Strategien darauf verwiesen, dass Entsiegelung einen wertvollen Beitrag zur Reduktion des Bodenverbrauchs leisten könne. Dies halte ich in mehrerlei Hinsicht nur in Ausnahmefällen für tauglich, um dem Bodenverbrauch entgegenzutreten. Eine versiegelte Fläche zu entsiegeln, bedeutet einen sehr hohen Aufwand, unter anderem durch den Abriss von Gebäuden, das Ausgraben von Fundamenten und das Abtragen von Asphalt- und Betondecken. Dann ist eine biologisch produktive Bodenschicht zu ergänzen. In Kapitel 3 wurde bereits dargestellt, dass Bodenneubildung ein sehr langwieriger Prozess ist. Damit in kurzen Abschnitten eine voll funktionsfähige, biologisch produktive Fläche entsteht, ist ein erheblicher, energie- und ressourcenaufwendiger menschlicher Eingriff notwendig.

Aus diesen Gesichtspunkten ist es aus Sicht des Bodenschutzes wichtig, in erster Linie dafür zu sorgen, dass Böden nicht neu versiegelt und nicht neu beansprucht werden. Damit ist Entsiegelung immer nur im speziellen Kontext als taugliche Maßnahme zu sehen, aber nicht für den Bodenschutz. Entsiegelung hat eine große Bedeutung im Sinne der doppelten Innenentwicklung, dass also grüne Infrastruktur, Bäume, Parks, Liegeflächen, Spielwiesen, Wasserelemente usw. in die gebaute Umwelt eingebracht werden. Dadurch wird das Klima reguliert, Spiel-, Sport- und Erholungsflächen werden für die Bewohner:innen bereitgestellt und es entsteht langfristig wieder Lebensraum für Tiere und Pflanzen.

Entsiegelung darf daher nicht als Vorwand oder als Ausgleichsmaßnahme für die Erschließung von neuem Bauland oder für das Errichten von Infrastrukturmaßnahmen geltend gemacht werden. Entsiegelung ist in erster Linie ein Mittel, die Lebensqualität in der baulichen Struktur anzuheben.

Ein gutes Beispiel ist die Stadt Tulln. Die Stadtverantwortlichen haben ab 2020 ihr Stadtentwicklungskonzept erneuert und beschlossen, dass sie vor allem auf Innenentwicklung setzt. Für Wohnen, öffentliche Infrastrukturen und Dienstleistungen einschließlich Handel werden keine neuen Baulandwidmungen mehr ausgesprochen. Lediglich für den produzierenden Bereich wurde eine Baulanderweiterung vollzogen. Vor allem aber wurde auch Bauerwartungsland wieder zurückgenommen und man hat sich entschlossen, dass die Stadt Tulln nur sehr moderat wachsen soll, indem dem Wachstum nicht durch neue Baulandausweisungen in der Raumentwicklung nachgegeben wird, sondern indem in der Innenstadt Innenentwicklung stattfindet. So werden Wohnungen in der Innenstadt und in deren unmittelbarer Nähe geschaffen, die dann auch sehr gut mit öffentlichem Verkehr erschlossen sind und wo auch für die Erholung wie entlang der Donau durch den Donauradweg attraktive Freizeitangebote entstehen.

Dazu gehört auch, dass im Sinne der doppelten Innenentwicklung der Nibelungenplatz von einem großen Parkplatz mit über 200 Stellplätzen für Autos in einen aufwendig begrünten öffentlichen Raum zurückgebaut wird.[130] An diesem Vorhaben sticht nicht nur hervor, dass dies derzeit eines der größten Entsiegelungsprojekte in Österreich ist, sondern dass es in einem Beteiligungsprozess mit der Bevölkerung einschließlich einer Volksbefragung entstanden ist. Hier wurden der Bevölkerung drei Varianten zur Abstimmung vorgelegt: eine Variante mit einem großen Parkplatz, einem kleineren Grün- und Freiraum; eine Variante mit einem mittleren Parkplatz und einem mittleren Grün- und Freiraum; und eine Variante mit einem kleineren Parkplatz und einem großen kleineren Grün- und Freiraum.

Und hier hat sich die Bevölkerung mit einer absoluten Mehrheit von 60 % für die Variante „großer Grün- und Freiraum" entschieden, die noch ca. 50 Parkplätze aufweist, die versiegelungsoffen gestaltet und als Veranstaltungsplatz genutzt werden können. Tulln geht auch einen zukunftsfähigen Weg in der Innenstadtentwicklung, indem das Einkaufszentrum direkt am Hauptplatz angesiedelt wurde, sodass es mit den anderen Geschäften rund um den Platz in Austausch steht. Die Verkehrslösung sieht vor, dass der Hauptplatz verkehrsberuhigt und mit einem unterirdischen Parkdeck ausgestattet ist. Oberirdisch gibt es nur eine Fahrbahn für bestimmte Verkehrswege, eine Begegnungszone, in der der Lieferverkehr abgewickelt wird, und enorm viel Leben auf dem Stadtplatz, weil dieser zu einem großen Teil den Fußgeher:innen und Radfahrer:innen zur Verfügung steht. Darüber hinaus hat die Stadt Tulln auch beschlossen, dass bei größeren Parkplätzen nach fünf PKW-Stellplätzen jeweils ein Baum zu pflanzen ist. Unter diesen

---

130 Siehe weiterführend: Stadt Tulln (o.J.): Umgestaltung des Nibelungenplatzes. https://www.tulln.at/aktuelles/nibelungenplatz-beteiligungs-und-planungsprozess (letzte Abfrage: 2.6.2024).

Gesichtspunkten kann die Stadt Tulln als ein Best-Practice-Beispiel für Innenentwicklung gelten.

Dies ist keine Maßnahme gegen den Bodenverbrauch, sondern eine Maßnahme, um die Lebensqualität in der Stadt zu erhöhen und die Klimawandelanpassung voranzutreiben. Nur in Einzelfällen, wenn sehr große, schon bebaute Flächen brachliegen und es keinen adäquaten Bedarf in der Region gibt, um diese Flächen und deren Gebäude und Infrastruktur weiter zu nutzen, ist ein Rückbau mit Entsiegelung möglicherweise sinnvoll. Aber hier ist nicht die Entsiegelung das Mittel erster Wahl, sondern es gilt, in erster Linie darüber nachzudenken, wie diese schon versiegelten Flächen wieder in Nutzung gebracht werden können und welche Baulandbedarfe auf diesen Flächen gedeckt werden können. Je nach Lage und Vornutzung dieser Fläche sind Entwicklungsoptionen sehr unterschiedlich zu beurteilen.

Ich gehe davon aus, dass in den nächsten Jahren Flächen für Nachnutzungen frei werden, die jetzt noch als Supermärkte oder Einkaufszentren genutzt werden, wo insbesondere durch neue Entwicklungen im Onlinehandel mehr Leerstand wahrscheinlich ist. Die Frage wird daher zu stellen sein, was in künftig (teilweise) leerstehenden Einkaufszentren passieren soll und mit welchen innovativen Lösungen, die stark von der Lage des brachfallenden Einkaufszentrums abhängig sind, keine weitere Konkurrenz zur Innenentwicklung geschaffen wird.

Die Einkaufszentren leben jetzt davon, dass sich Nutzer:innen dort nur relativ kurze Zeit, wenige Stunden pro Woche oder pro Monat, aufhalten. Damit besteht aber auch nicht der Anreiz oder die Notwendigkeit, bei diesen auf die Einkaufsfunktion fokussierten Raumstrukturen eine hohe Aufenthaltsqualität für permanente Nutzungen rund um die Uhr, also rund um den Tag, rund um die Woche, rund um das Jahr zu schaffen. Soll das gelingen, dann ist in solchen Strukturen jedenfalls auch die Entsiegelung und die Schaffung von neuem Grünraum ein wesentlicher Bestandteil für eine erfolgreiche Weiterentwicklung dieser baulichen Strukturen im Sinne einer nachhaltigen Raumentwicklung.

5 Die Bedarfsfrage im Bodenschutz

Raumplanungsexpert:innen wissen seit langem: Die wichtigste Frage in der Raumplanung ist die Bedarfsfrage. Denn die Frage, ob ein bestimmtes Siedlungs-, Betriebs- oder Industriegebiet, eine Bahnlinie oder Straßenverbindung benötigt wird, determiniert alle weiteren Umweltauswirkungen einschließlich den Bodenverbrauch. Demgemäß gehört es zum Stand der Technik in der örtlichen Raumplanung der Gemeinden, die Bedarfsfrage nach Bauland zu stellen, einen Baulandbedarf abzuschätzen und der Aufsichtsbehörde über die örtliche Raumplanung – d.h. den Ländern gegenüber – nachzuweisen.

Grundsätzlich gibt es zwei Voraussetzungen, damit eine Baulandwidmung erteilt werden kann: (1) die Baulandeignung, deren Feststellung sich an Umweltbedingungen und Umweltbelastungen, räumlichen Gegebenheiten wie Naturgefahren sowie der Wirtschaftlichkeit der Erschließung zu orientieren hat; (2) die Erforderlichkeit des Baulandes, die durch eine Projektion der räumlichen Entwicklung auf Basis von Zukunftsszenarien ermittelt wird. Anders ausgedrückt, wird ein Baulandbedarf berechnet, ist das Grünland dazu da, diesen Bedarf zu decken, d. h. in Bauland umgewidmet und bebaut zu werden. Interessant dabei ist, dass landauf, landab auch schrumpfende oder stagnierende Gemeinden einen Baulandbedarf errechnen, sodass auch dort immer wieder Grünland in Bauland umgewidmet werden kann und wird.

Ähnliches gilt bei Schienen- und Straßenbau. Sobald geklärt wurde, dass aus gesamtgesellschaftlicher Betrachtung eine bestimmte Verkehrsverbindung benötigt wird, ist die Flächeninanspruchnahme definiert. Lediglich bei den Standortvarianten und der technischen Ausgestaltung kann noch ein Einfluss auf die Größe des Bodenverbrauchs genommen werden. Die großen Eckpfeiler des Bodenverbrauchs sind aber durch die Entscheidung für den Bau einer Verkehrsinfrastruktur bereits eingeschlagen, wie folgendes Rechenbeispiel verdeutlicht: Die Luftlinie zwischen Wien und Salzburg beträgt knapp 250 km, die Autobahn A1 ist etwa 300 km lang oder um einen Faktor

1,2 länger; bei der kurvigeren, über den Wechsel führenden Autobahn A2 zwischen Graz und Wien beläuft sich der Faktor zwischen ca. 150 km Luftlinie und knapp 200 km Fahrtstrecke auf ca. 1,33. Werden diese Faktoren als Bandbreite der Differenz von Straßenlänge und Luftlinie angenommen, kann bei einer Autobahnverbindung zwischen zwei beliebigen Orten abgeschätzt werden, dass die Bandbreite des Bodenverbrauchs als Luftlinie mal 1,2 bis 1,33 und mal Straßenbreite errechnet werden kann – und zwar unabhängig davon, ob die Straße im Detail geplant wurde oder nicht. Bei einer zweispurigen Autobahn beläuft sich die Straßenbreite (ohne Böschungen, Dämme etc.) entsprechend zwei Fahrspuren, Pannenstreifen sowie Mittelstreifen und zwei Fahrtrichtungen in etwa auf 25 m. Ein Kilometer Luftlinie zwischen zwei Orten mit einer Autobahn zu überbrücken, benötigt daher ca. 3 bis 3,3 Hektar Fläche, die weitestgehend versiegelt sind. Damit ist der Bodenverbrauch auf strategischer Ebene determiniert, ohne ein Projekt im Detail durchplanen zu müssen.

Auch für viele weitere potenzielle Projekte reichen derartige Abschätzungen, um die Größenordnung des Bodenverbrauchs für strategische Entscheidungen zu ermitteln. Aber sind sie auch entscheidungsrelevant? Egal um welche Art des Bodenverbrauchs es sich handelt, wird er oft – wie im Konzept der persistenten Umweltprobleme beschrieben – damit legitimiert, dass genau dieser Bodenverbrauch im Verhältnis zur Größe des Gesamtbodenverbrauchs noch akzeptabel wäre – auch im Lichte der erwarteten gesellschaftlichen und volkswirtschaftlichen Nutzen, seien dies Verkehrsentlastungen, leistbarer Wohnraum oder Flächen für Betriebe und Arbeitsplätze. Dieses Muster ist in unterschiedlichsten Kontexten erkennbar, bei Industrie- und Gewerbegebieten, Ein- und Mehrfamilienhausgebieten, Einkaufszentren, Schulzentren u. v. m. Der Bodenverbrauch wird im Allgemeinen als raumverträglich „kleingerechnet", sodass er vielfach nur als Randthema in raumplanerischen Entscheidungen vorkommt.

Diese Ausführungen zeigen aber auch deutlich, dass die Bedarfsfrage vom falschen Ende aus aufgezäumt wird: derzeit auf der Verursachendenseite. Auf der Betroffenenseite, d. h. auf der Seite des Bodens, wird die Frage, wie viel Grünraum, wie viel land- und forstwirtschaftliche Produktionsflächen für die Ernährungssicherheit, Rohstoffbereitstellung und Energiegewinnung eigentlich gebraucht werden, nicht gestellt. Dies trifft sowohl für öffentliche Debatten als auch für raumplanerische Diskurse zu, obwohl diese Fragen in verschiedenen Forschungsprojekten unterschiedlicher Disziplinen zur Landnutzung und zum Bodenschutz durchaus gestellt und zumindest teilweise modellhaft beantwortet wurden.[131] Dieses Wissen ist aber in den Alltag raumplanerischer Entscheidungen noch nicht vorgedrungen.

So wie in Bezug auf die Energiewende ein öffentliches Bewusstsein herrschen muss, dass der Strom nicht aus der Steckdose kommt, sondern durch – in Zukunft – ausschließlich erneuerbare Energieformen wie Wind, Wasserkraft und Photovoltaik gewonnen werden muss, muss auch in Alltagsentscheidungen präsent sein, dass reich gefüllte Supermarktregale kein Garant für langfristige Ernährungssicherheit sind. Ein Gutteil dieses Übermaßes ist importiert. Auf die Flächen, auf denen die importierten Lebensmittel hergestellt werden, greift eine größer werdende Weltbevölkerung zu. Damit wird es immer dringlicher, die Frage zu stellen und auch zu beantworten, wie viel Fläche des Grünraums für eine gedeihliche, nachhaltige gesellschaftliche Entwicklung in der Zukunft benötigt wird, um die Ernährungssouveränität zumindest in Krisenzeiten genauso sicherzustellen wie Lebensräume für Fauna und Flora sowie die Flächen für die Energie- und Ressourcenwende. Erst durch die Beantwortung dieser Bedarfsfrage nach biologisch produktiven Flächen kann eingeschätzt werden, ob und wann der Bodenverbrauch für Bauland und Infrastruktur bedrohliche Ausmaße annimmt oder bereits angenommen hat und wie

---

[131] Weiterführend siehe: Jandl R., Tappeiner U., Foldal C.B., Erb K-H. (Hrsg., 2024): APCC Special Report: Landnutzung und Klimawandel in Österreich. Springer. https://link.springer.com/book/10.1007/978-3-662-67864-0 (letzte Abfrage: 2.6.2024).

Krisensicherheit, Adaptionsfähigkeit und Resilienz von Gesellschaft und Wirtschaft sichergestellt werden können.

5.1 Bodenbedarf für Ernährungssicherheit

Wie groß der Bodenbedarf für die Ernährungssicherheit ist, hängt wesentlich von den Ernährungsgewohnheiten ab. Je mehr Fleisch und tierische Produkte konsumiert werden, desto höher ist der Flächenbedarf für die Ernährung. Derzeit ist der Selbstversorgungsgrad bei den flächenzehrenden tierischen Produkten weit höher als der Inlandsbedarf, während bei Obst, Gemüse und Getreide die Selbstversorgung nicht hergestellt werden kann. Alleine dieser Umstand gäbe Anlass zur Hoffnung, dass durch eine Ernährungsumstellung das Thema Bodenbedarf aus dem Blickwinkel der Ernährungssicherheit – wie oben angeklungen – trotz des erheblichen Ausmaßes des Bodenverbrauchs gar nicht so schlimm wäre. Ob dem tatsächlich so ist, soll nun anhand einiger Rechnungen zum Bodenbedarf für die Agrarproduktion untersucht werden.

Die erste Schwierigkeit besteht darin, Flächenverbrauchszahlen für die Lebensmittelproduktion bei unterschiedlichen Ernährungsweisen zu finden. Dabei klaffen die Zahlen erheblich auseinander: Die Stadt Wien gibt für eine sich in klassischer Mischkost mit durchschnittlichem Fleischkonsum ernährende Person einen Bodenbedarf von ca. 3.000 Quadratmetern an, wobei 45 % aus dem Inland und 55 % aus dem Ausland kommen.[132] Für Deutschland wurden etwas mehr als 2.000 Quadratmeter angegeben.[133] Dieser letztgenannte Wert korrespondiert in etwa mit den Ergebnissen eines im Jahr 2020 vorgelegten Projektberichts, der für Österreich die Flächenverbrauchszahlen für verschiedene Ernährungsweisen

---

[132] Stadt Wien (o.J.): Das WeltTellerFeld. www.welttellerfeld.at (letzte Abfrage 10.3.2024).
[133] Albert Schweitzer Stiftung für unsere Mitwelt (2021): Studie zu Ernährung, Flächenbedarf und Klima. https://albert-schweitzer-stiftung.de/aktuell/studie-ernaehrung-flaechenbedarf-klima (letzte Abfrage 10.3.2024).

ermittelt[134]: 1.832 Quadratmeter für derzeit übliche Mischkost, 1.266 Quadratmeter für reduzierten Fleischkonsum gemäß einer Empfehlung für gesunde Ernährung, 1.069 Quadratmeter für vegetarische Kost und 629 Quadratmeter für vegane Ernährung. Die Flächenwerte basieren auf dem durchschnittlichen Kalorienbedarf pro Kopf. Sie berücksichtigen den Anteil des Biolandbaus in Österreich derzeit nicht.

Im Biolandbau sinken die Erträge, wodurch ein Aufschlag für die im Jahre 2022 ca. 706.000 Hektar im Biolandbau bewirtschafteten Fläche oder 28 % der landwirtschaftlich bewirtschafteten Fläche[135] zu berücksichtigen ist. In einer Schweizer Studie, die 2021 veröffentlicht wurde, werden die Ertragseinbußen des Biolandbaus in einem 12-Jahres-Versuch in einer sechsjährigen Fruchtfolge aus Winterweizen, Körnermais, Ackerbohnen, Winterweizen und zweimal Gras-Klee-Mischung bei normalem Pflügen mit 22 % und bei reduzierter Bodenbearbeitung mit 34 % angegeben, allerdings bei entsprechend positiven Effekten auf Umwelt und Klima.[136] Eine früher erschienene Studie gibt die Produktionsverluste durch Biolandbau in unseren Breiten mit durchschnittlich 20 % an, wobei durch optimierte Bewirtschaftungsformen und in Abhängigkeit der Feldfrüchte die Ernteverluste auf 8–13 % zurückgehen, aber auch höher als die 20 % liegen können.[137] Damit wird der Flächenbedarf der Ernährung um die 20 % Ertragseinbußen auf

---

134 Schlatzer M., Lindenthal T. (2020): Einfluss von unterschiedlichen Ernährungsweisen auf Klimawandel und Flächeninanspruchnahme in Österreich und Übersee (DIETCCLU). Endbericht von StartClim2019.B in StartClim2019: Weitere Beiträge zur Umsetzung der österreichischen Anpassungsstrategie, Auftraggeber: BMLFUW, BMWF, ÖBf, Land Oberösterreich. https://www.fibl.org/fileadmin/documents/de/news/2020/startclim_endbericht_2012.pdf (letzte Abfrage 2.6.2024).
135 Bundesministerium für Land- und Forstwirtschaft, Wasserwirtschaft und Regionen (o.J.): Biologische Landwirtschaft in Zahlen. https://info.bml.gv.at/themen/landwirtschaft/bio-lw/zahlen-fakten/Biozahlen.html (letzte Abfrage: 2.6.2024).
136 Wittwer R., Bender F.S., et al. (2021): Organic and conservation agriculture promote ecosystem multifunctionality. Science Advances 34(7). https://www.science.org/doi/10.1126/sciadv.abg6995 (letzte Abfrage: 2.6.2024).
137 Seufert V., Ramankutty N., Foley J. (2012): Comparing the yields of organic and conventional agriculture. Nature. 485. 229–32. 10.1038/nature11069.

den im Biolandbau bewirtschafteten Flächen korrigiert, was einem Zuschlag von 5,6% gemessen an den gesamten Flächen bedeutet. Darüber hinaus wird noch ein Sicherheitszuschlag von weiteren 5% berücksichtigt, um Ertragsschwankungen zwischen Produktionsjahren abzubilden und gegebenenfalls Lagerhaltung betreiben zu können. Somit ergibt dies Hunderterstellen gerundet für Mischkost 2.000 Quadratmeter, für Mischkost mit reduziertem Fleischkonsum 1.400 Quadratmeter, für vegetarische Ernährung 1.200 Quadratmeter sowie für vegane Kost 700 Quadratmeter Flächenbedarf.

Für eine derzeit übliche Mischkost bräuchte es für die 9,17 Millionen in Österreich lebenden Personen bei einer vollständigen Selbstversorgung somit ca. 1.834.0000 Hektar landwirtschaftliche Produktionsflächen, bei reduziertem Fleischkonsum 1.284.000 Hektar und bei vegetarischer Ernährung 1.100.000 Hektar. Bei einem Szenario, in dem alle in Österreich lebenden Personen dem Konsum tierischer Produkte entsagen und sich ausschließlich vegan ernähren, würde Österreich 642.000 Hektar landwirtschaftliche Produktionsflächen benötigen, die aber durch vollständigen Verzicht auf tierische Produkte praktisch ausschließlich Ackerland, Gemüse- und Obstbauflächen darstellen würden. Auf Basis dieser Berechnung läge alles im grünen Bereich, da Österreich über 2,6 Millionen Hektar landwirtschaftliches Grünland verfügt, die sich jeweils zur Hälfte auf Acker- und Grünland aufteilen.

Was in diesen Berechnungen noch nicht berücksichtigt ist, sind die Verluste an Lebensmitteln in der Produktionskette oder als Lebensmittelabfall. Weltweit wird in etwa ein Drittel der produzierten Lebensmittel weggeworfen, wobei sich Industrieländer und Entwicklungsländer bezüglich der Mengen nicht wesentlich unterscheiden.[138] Allerdings fallen die Abfälle in unterschiedlichen Phasen der Wertschöpfungskette an. Bei Getreide in Europa ist der überwiegende Teil des Abfalls

---

138 Stadt Wien (o.J.): Lebensmittelabfälle: Zahlen, Daten, Fakten. https://www.wien.gv.at/umweltschutz/abfall/lebensmittel/fakten.html (letzte Abfrage 2.6.2024).

(ca. zwei Drittel) auf die Konsument:innen zurückzuführen, etwa ein Drittel geht insgesamt in Landwirtschaft, Verarbeitung, Transport und Handel verloren. Bei dem weniger haltbaren Obst und Gemüse landen ca. 45 % der Lebensmittel im Müll, während diese Werte bei Fleisch (22 %) und Milchprodukten (12 %) geringer ausfallen.[139]

In der Flächenbedarfsberechnung bedeutet dies, dass derzeit noch einmal die Hälfte der Fläche zuzurechnen ist, da die der vorherigen Berechnung zugrunde gelegten pro-Kopf-Flächenbedarfswerte nur den tatsächlichen Nahrungsmittelbedarf, aber keine Lebensmittelabfälle berücksichtigen. Wenn ein Drittel der Produktion weggeworfen wird, muss die Produktionsfläche samt Lebensmittelverschwendungsfläche als Ausgangsbasis genommen werden. D. h. von 3.000 Quadratmeter Produktionsfläche pro Person bei derzeitigen Ernährungsgewohnheiten mit viel Fleischkonsum wird ein Drittel der Produkte weggeworfen, 2.000 Quadratmeter pro Person werden konsumiert und dienen der Ernährung. Somit sind die Zahlen mit Lebensmittelverschwendung:
– 2,75 Millionen Hektar bei derzeit üblicher Mischkost mit hohem Fleischkonsum;
– 1,93 Millionen Hektar bei Ernährung mit moderatem Fleischkonsum;
– 1,65 Millionen Hektar bei vegetarischer Ernährung;
– 0,96 Millionen Hektar bei veganer Ernährung.

Wird dies mit den rund 2,6 Millionen Hektar landwirtschaftliche Produktionsfläche verglichen, sind die Zahlen wie folgt zu interpretieren: Werden der Kalorienbedarf der Bevölkerung sowie der Lebensmittelverlust durch Abfälle entlang der Produktions- und Konsumkette berücksichtigt, könnte Ernäh-

---

[139] FAO (2011): Global food losses and food waste – Extent, causes and prevention. Rome. https://www.fao.org/4/mb060e/mb060e00.pdf (letzte Abfrage 2.6.2024).

rungssouveränität bei den derzeitigen Ernährungsgewohnheiten auf den bestehenden Flächen knapp nicht erreicht werden.

Bei einer Reduktion der Lebensmittelabfälle wäre Ernährungssouveränität allerdings in greifbarer Nähe. Ist daher alles in Ordnung? Mitnichten, denn die derzeitige Ernährungsbereitstellung ist bei weitem nicht die einzige Landnutzung, die auf die Agrarflächen zugreift. Es zeigt nur, dass noch nicht alles verloren ist und trotz der überbordenden Bauland- und Infrastrukturentwicklung der letzten Jahrzehnte noch – zumindest eingeschränkte – Handlungsspielräume zur Lösung des Problems Bodenverbrauch und zur Erhöhung der agrarischen Ressourcenproduktion bestehen.

An dieser Stelle sei darauf hingewiesen, dass das Ergebnis dieser Berechnung in den aktuellen Agrarstatistiken nicht direkt abgelesen werden kann, da dieser Berechnung der Kalorienbedarf der Bevölkerung zugrunde gelegt ist, nicht aber die aktuelle landwirtschaftliche Produktion oder deren konkrete Verwendung. So werden z. B. derzeit schon mehr als die Hälfte der Lebensmittel (ca. 55 %) importiert.[140] Lebensmittel werden aber auch exportiert oder als Futter für Haustiere verwendet.

5.2 Bodenbedarf durch die Klimakrise

Der Bodenbedarf durch die Klimakrise ist mannigfaltig: Extremwetterereignisse wie Hochwässer, Hagel, Stürme oder Dürren schränken die Produktionskapazität landwirtschaftlicher Flächen ein. Diese Flächen werden zwar weiterhin einer land- und forstwirtschaftlichen Produktion zur Verfügung stehen, allerdings müssen hinkünftig regelmäßige Ernteeinbußen und -ausfälle einkalkuliert werden. Dies bedeutet anders ausgedrückt, dass zur Herstellung von Nahrungsmitteln mehr Fläche als bisher notwendig sein wird. Des Weiteren ist zu erwägen, dass sich die Wuchsbedingungen für Pflanzen verändern werden, sodass sich derzeit traditionelle Anbauregionen

---

140 Siehe Stadt Wien (o.J.): WeltTellerFeld

für bestimmte Feldfrüchte verschieben und einerseits Ackerbau in höheren Lagen möglich sein wird, andererseits aber gerade die jetzigen Kornkammern Österreichs von Wassermangel betroffen sein werden.

Diese Zusammenhänge wurden in der BEAT-Studie[141] mit sehr beunruhigenden Ergebnissen aufgearbeitet: Durch ein Ansteigen der Jahresmitteltemperaturen und eine Veränderung der Niederschlagsbedingungen werden mit großer Wahrscheinlichkeit die Bodenbonität und die Ertragsfähigkeit der Böden in weiten Teilen des Bundesgebietes insbesondere in den derzeit ertragreichsten Lagen substanziell zurückgehen, während in einigen alpinen Lagen und im Voralpenraum das Ertragspotenzial zunehmen wird, was aber die Ertragseinbußen nicht ausgleichen kann. Die Reduktion der Ertragsfähigkeit der Böden kann in einzelnen Regionen bis zu 48 % betragen, der Österreichschnitt wird in dieser Studie mit 19 % angegeben. Damit wäre aus dem Thema Ertragseinbußen der Flächenbedarf für Ernährungssicherheit mit einem Zuschlag von 19 % gemäß der zitierten Studie zu berücksichtigen.

Der Biolandbau hat vielerlei positive Auswirkungen in Bezug auf Biodiversität und Umweltschutz und mindert Treibhausgasemissionen im Vergleich zu konventionellem Landbau.[142] Auch die Anpassung an die Klimakrise gelingt im Biolandbau besser und durch den vermehrten Humusaufbau steigt

---

[141] Haslmayr H.P. et al. (2018): BEAT – Bodenbedarf für die Ernährungssicherheit in Österreich. Erweiterte Zusammenfassung des Forschungsprojekts Nr. 100975. Finanziert aus Mitteln des Bundesministeriums für Nachhaltigkeit und Tourismus. Agentur für Gesundheit und Ernährungssicherheit (AGES). https://dafne.at/content/report_release/aa85879d-af0f-4273-a1e2-b7f1 d7178d41_1.pdf (letzte Abfrage: 2.6.2024).
[142] Siehe dazu z. B.: Schlatzer M. und Lindenthal, T. (2020): Einfluss von unterschiedlichen Ernährungsweisen auf Klimawandel und Flächeninanspruchnahme in Österreich und Übersee (DIETCCLU); Wittwer R., Bender F.S., et al. (2021): Organic and conservation agriculture promote ecosystem multifunctionality.

die Speicherung von Kohlenstoff im Boden.[143] Darüber hinaus ist auch zu bedenken, dass selbst im konventionellen Landbau eine vollständige Energie- und Ressourcenwende, d.h. auch der Ausstieg aus den mit fossilen Energieträgern produzierten Düngemitteln, Auswirkungen auf die landwirtschaftliche Produktion haben wird. Wird angenommen, dass eine Umstellung auf Biolandbau aus Sicht des Klimaschutzes nicht nur wünschenswert ist, sondern auch tatsächlich vollzogen wird, müssen weitere Zuschläge berücksichtigt werden. Eingedenk des bereits jetzt schon erheblichen Bio-Anteils in Österreich von fast 28 % der bewirtschafteten Flächen wird hier mit einem weiteren Steigen des Flächenbedarfs durch vollständigen Umstieg auf Biolandbau auf den verbleibenden 72 % konventionell bewirtschafteten Flächen um 14,5 % gerechnet. Insgesamt bedeutet dies Zuschläge für Ernährungssicherheit von 33,5 % aus dem Titel Klimakrise bzw. Anpassung daran.

Damit steigen die benötigten agrarischen Produktionsflächen für eine krisensichere Selbstversorgung mit Lebensmitteln im Lichte der Klimakrise auf ca. 3,75 Millionen Hektar landwirtschaftliche Produktionsfläche. Für die Ernährung reicht die landwirtschaftliche Fläche bei den derzeitigen Ernährungsgewohnheiten nicht mehr aus, moderater Fleischkonsum ist aber weiterhin möglich. Die Zahlen lauten wie folgt (Werte in Klammern: keine weitere Umstellung auf Biolandbau):
– 3,75 (3,27) Millionen Hektar bei derzeit üblicher Mischkost mit hohem Fleischkonsum;
– 2,62 (2,29) Millionen Hektar bei Ernährung mit moderatem Fleischkonsum;
– 2,25 (1,96) Millionen Hektar bei vegetarischer Ernährung;
– 1,31 (1,15) Millionen Hektar bei veganer Ernährung.

---

143 Siehe dazu z. B.: Schlatzer M. und Lindenthal, T. (2018): 100% Biolandbau in Österreich – Machbarkeit und Auswirkungen Auswirkungen einer kompletten Umstellung auf biologische Landwirtschaft in Österreich auf die Ernährungssituation sowie auf ökologische und volkswirtschaftliche Aspekte. Endbericht. https://www.muttererde.at/wp-content/uploads/2019/09/FiBL_gWN_-Bericht_-100P-Bio_Finalversion_21Mai18.pdf (letzte Abfrage: 2.6.2024).

5.3 Bodenbedarf für Biodiversität

Neben der Klimakrise ist der Verlust der Artenvielfalt eine der größten Umweltkrisen unserer Zeit. Wildlebende Tiere und Pflanzen brauchen Lebensräume, sodass das Thema Bodenverbrauch unmittelbar mit der Biodiversitätskrise verbunden ist. Nicht zuletzt deswegen werden verschiedene Gebiete für den Lebensraum- und Artenschutz eingerichtet, insbesondere Naturschutzgebiete, Nationalparks sowie Natura-2000-Gebiete, die auf Basis von EU-Recht etabliert werden.

Eine neue Regelungskulisse wird durch die EU-Verordnung zur Wiederherstellung der Natur geschaffen. Über diese Regelung wurde im November 2023 eine Grundsatzeinigung zwischen EU-Parlament und EU-Mitgliedstaaten erzielt. Ende Februar stimmte das Parlament dem ausformulierten Verordnungsentwurf zu, die EU-Umweltminister folgten im Juni 2024.[144]

Dieses neue sogenannte EU-Renaturierungsgesetz soll für alle Ökosysteme einen günstigen Erhaltungszustand erreichen und zwingt die Mitgliedstaaten dazu, entsprechende Wiederherstellungspläne für die Natur vorzulegen und umzusetzen. Der Begriff der Ökosysteme ist weit definiert und umschließt landwirtschaftliche Ökosysteme, Waldökosysteme, Gewässerökosysteme sowie Ökosysteme innerhalb der Siedlungsräume, für die ein Erhalt und ein moderater Ausbau von Grünflächen und Baumbestand vorgesehen ist.

Wie viel Fläche die Wiederherstellung dieser Ökosysteme beanpruchen wird, z.B. für Anteile der Landschaftselemente an landwirtschaftlichen Ökosystemen, ist in den nationalen Wiederherstellungsplänen festzulegen und steht daher noch nicht fest. Wie dies für verschiedene Ökosystemtypen erfolgen kann, zeigt eine Studie für die Schweiz auf, in der konkrete Flächenbedarfe für einzelne Ökosystemtypen ermittelt wur-

---

144 European Council (17.06.2024): Nature restoration law: Council gives final green light. https://www.consilium.europa.eu/en/press/press-releases/2024/06/17/nature-restoration-law-council-gives-final-green-light/#:~:text=Today%20the%20Council%20formally%20adopted,need%20of%20restoration%20by%202050. (letzte Abfrage: 18.06.2024).

den. Die Bandbreite des Flächenbedarfs für Biodiversität liegt bei 13% für lichte Wälder und 20% für Naturwälder sowie 12% bis 20% des Ackerlandes der jeweils land- und forstwirtschaftlich bewirtschafteten Gesamtfläche. Diese Flächen sollen in biologischer Landwirtschaft oder mit anderen Methoden, die auf chemisch-synthetische Stoffe verzichten, bewirtschaftet werden.[145]

Diese Bedarfsermittlung unterscheidet sich nicht maßgeblich von naturschutzfachlichem Wissen, das von Kaule bereits Anfang der 1990er-Jahre publiziert wurde, sodass die Wissensbasis als über einen langen Zeitraum stabil betrachtet werden kann.[146] Die Flächenanteile sind: 5% für Naturschutzgebiete, 5% für Kleinstrukturen in agrarisch geprägten Räumen sowie 10-30% Flächen mit Nutzungsauflagen. Die erste Kategorie scheint in Österreich weitgehend erfüllt zu sein, zumal es verschiedene Schutzgebietskategorien gibt. Die letzte Kategorie wäre ebenfalls als weitgehend erfüllt zu betrachten, da bereits jetzt ca. 28% der Agrarflächen im Biolandbau bewirtschaftet werden. Im Klimawandelszenario ist bereits eine Umstellung auf biologischen Landbau berücksichtigt, sodass sich hier kein weiterer Flächenbedarf ergibt.

Luft nach oben besteht bei den Kleinstrukturen in der Agrarlandschaft. Vielerorts sind ausgeräumte Agrarlandschaften zu beobachten, in denen sich Äcker an Äcker reihen, ohne ausreichende Landschaftselemente wie Feldraine oder Hecken. Dies schadet der Biodiversität erheblich, bietet Angriffsfläche für Bodenerosion, ist für das Kleinklima ungünstig und erhöht

---

[145] Guntern J., Lachat T., Pauli D., Fischer M. (2013): Flächenbedarf für die Erhaltung der Biodiversität und der Ökosystemleistungen in der Schweiz. Kurzfassung. Forum Biodiversität Schweiz der Akademie der Naturwissenschaften Schweiz (SCNAT), Bern. https://portal-cdn.scnat.ch/asset/a78ae18e-19f0-5911-a1d1-9692516ea387/Flaechenbedarf_Kurzversion_D.pdf?b=2620c3f4-83fd-5d11-aa6e-6696b976b3b4&v=406dff1b-5bcb-573a-acdd-4a57c29f322f_0&s=P55SKkzai5nArxeuOWxBg5VO7UW88FCu6gCQdSjdVe-q SuLmfGXRFbepPU37jD3muOMqzuATK_qzluTjJrx4KdcRuAqP-f929KSc PO7nDMeNkiSOWXRQjA-1mwl798vjI916pvw1YQvVXIL7bfsVtB8lZL885lI Jo2vCjZzQpgk (letzte Abfrage: 3.3.2024).

[146] Kaule G. (1991). Arten- und Biotopschutz. 2. Überarbeitete und erweiterte Auflage. Verlag Eugen Ulmer Stuttgart, S 373ff.

den Aufwand für die Klimawandelanpassung. Der Biodiversitätsaspekt gilt auch für intensiv genütztes Grünland. So wird intensiv genutztes Grünland ca. alle vier bis sechs Wochen gemäht, sodass auch hier die Lebensraumfunktionen leiden.[147] Daher werden diese 5 % Kleinstrukturen als zusätzlicher Flächenbedarf für Biodiversität der gesamten Agrarflächen, d. h. der 2,6 Millionen Hektar Acker- und Grünland angenommen, also insgesamt 130.000 Hektar zusätzlich zu den schon geschützten Bereichen in der Agrarflur.

Darüber hinaus sind die Mengengerüste laut Kaule auch im Wald anwendbar. Dies bedeutet auch im Wald in etwa 200.000 Hektar Kleinstrukturen sowie Waldflächen mit Nutzungsauflagen in der Größenordnung von 400.000 bis 1,2 Million Hektar. Im Waldentwicklungsplan sind knapp 7 % der Waldflächen mit Wohlfahrtsfunktion ausgewiesen, sodass die geforderten mindestens 10 % nicht erfüllt werden. Laut Waldbericht 2023 sind ca. 530.000 Hektar Wald als Natura 2000 Gebiete geschützt. Grundsätzlich nimmt der Waldanteil in Österreich seit Jahrzehnten – laut Waldbericht 2023 im Ausmaß von ca. 6 Hektar pro Tag bzw. 22 Quadratkilometern pro Jahr – konstant zu.[148] Damit wird auch das Thema Biodiversität im Wald künftig verstärkt zu diskutieren sein, da intensiv genutzte Wirtschaftswälder bezüglich Artenvielfalt Verbesserungsbedarf aufweisen. Gleichzeitig steht dieser Waldzuwachs – wie auch die für Bauland und Infrastruktur genutzte Fläche – ebenfalls in Konkurrenz um Flächen für die Ernährungssicherheit.

---

[147] Global Nature Fund (2018): Biodiversity Fact Sheet. Tierhaltung. https://www.globalnature.org/bausteine.net/f/8789/LIFEFoodBiodiversity_FactSheet_Milch_online.pdf?fd=0 (letzte Abfrage: 2. 6. 2024).

[148] Bundesministerium für Land- und Forstwirtschaft, Regionen und Wasserwirtschaft (2023): Österreichischer Waldbericht 2023. S. 7.

5.4 Bodenbedarf für die Bioökonomie

Die Bioökonomie ist als eine Wirtschaftsform definiert, mit deren Hilfe in allen Lebens- und Wirtschaftsbereichen fossile durch nachwachsende Rohstoffe ersetzt werden.[149] In der Energiewende werden mit Bioökonomie in erster Linie jene ca. 7% der fossilen Ressourcen[150] anvisiert, die derzeit nichtenergetisch als Rohstoffe für verschiedene industrielle und wirtschaftliche Sektoren verwendet werden, insbesondere in der chemischen Industrie und Pharmaindustrie – Stichwort Bioplastik, das immer öfter u.a. als Verpackungsmaterial oder in Gebrauchsgegenständen Anwendung findet. Dazu kommen die bisher schon bestehenden stofflichen Nutzungen der Biomasse abseits der Ernährung wie z.B. in der Papier-, Bau- oder Möbelindustrie. Die Bioökonomie umfasst dabei nicht nur Produktionsprozesse zur Umstellung der Rohstoffbasis, sondern auch Effizienzstrategien sowie die Mehrfachnutzung von Rohstoffen, damit der Lebenszyklus der Nutzung von Biomasse möglichst viele Stufen und verschiedene Anwendungen über längere Zeiträume hinweg beinhaltet. Ein Beispiel wäre die Nutzung von Holz in der Bauindustrie, dann die Weiterverarbeitung von Altholz nach Gebrauch zu Rohstoffen für die chemische Industrie in sogenannten Bioraffinerien, daraufhin die energetische Nutzung in Biomassekraftwerken und schlussendlich die Verwendung der Asche als Dünger.

Die intensive Forschung zur Bioökonomie und ihren Produkten ist noch ziemlich jung, sodass die Umstellung der stofflichen Ressourcenbasis auf nachwachsende Rohstoffe noch mit vielen Unsicherheiten verbunden ist. Demgemäß ist es noch schwierig, einen Flächenbedarf für die Bioökonomie anzugeben. In einer Studie mit dem Titel „Safe our Surface (SOS)"

---

[149] Grossauer G., Stöglehner G. (2020): Bioeconomy—Spatial Requirements for Sustainable Development. Sustainability 2020, 12(5), 1877. https://doi.org/10.3390/su12051877 (letzte Abfrage: 2.6.2024).

[150] Bundesministerium für Klimaschutz, Umwelt, Energie, Mobilität, Innovation und Technologie (2023). Energie in Österreich. Zahlen, Daten, Fakten. https://www.bmk.gv.at/themen/energie/publikationen/zahlen.html (letzte Abfrage: 10.3.2024).

aus dem Jahr 2012 wurde der Bedarf für die Herstellung von Kohlenstoffpolymeren aus Biomasse für das Jahr 2005 sowie in Szenarien bis 2050 abgeschätzt, der je nach verwendeter Biomasse eine Bandbreite von 11,5 bis 15,1 Millionen Tonnen Trockenmasse ausweist, während für die Ernährung mit derzeitigen Ernährungsgewohnheiten insgesamt ca. 12,6 Millionen Tonnen Trockenmasse an Biomasse aufgewendet werden. Durch Recycling könne der stoffliche Biomassebedarf auf ca. 7,8 bis 9,8 Millionen Tonnen reduziert werden.[151] Obwohl diese Zahlen aus 2012 schon relativ alt sind und keine Flächenbedarfe enthalten, ist das Verhältnis von Biomassebedarf für Ernährung und Rohstoffproduktion interessant, das in den Recycling-Szenarien bei etwa 3:2 bis 5:4 liegt.

Die österreichische Bioökonomiestrategie aus 2019 weist eine den Unsicherheiten entsprechend große Bandbreite von 0,9 bis 3,8 Millionen Hektar Flächenbedarf[152] aus, wobei ein erheblicher Teil der benötigten Biomasse im Wald produziert werden kann. Gleichzeitig wird in dieser Strategie auch darauf hingewiesen, dass Ernährungssicherheit und Biodiversitätsschutz und der damit verbundene Bodenbedarf prioritär zu behandeln sind. Des Weiteren wird darauf hingewiesen, dass eine rein produktionsseitige Bioökonomiewende aufgrund der Flächenbedarfe nicht möglich sein wird und daher sowohl Effizienzmaßnahmen der Produktion als auch echte Einsparungen von Rohstoffeinsatz durch Suffizienz – also ein bescheideneres, weniger materialintensives Konsumverhalten – notwendig sein werden.

Anhand der dargestellten Informationen soll nun der Flächenbedarf der Bioökonomie mit Hilfe der vorliegenden,

---

[151] Lauk C., Schriefl E., Kalt G., Kranzl L., Wind G. (2012): Save our Surface, Teilbericht 6: Bedarfs- und Produktionsszenarien von Nahrungsmitteln, Futtermitteln und stofflich sowie energetisch genutzter Biomasse in Österreich bis 2050. https://www.umweltbuero-klagenfurt.at/sos/wp-content/uploads/Teilbericht_Lauk%20et%20al_24052012_Finalversion.pdf (letzte Abfrage: 2.6.2024).

[152] Bundesministerium für Nachhaltigkeit und Tourismus, Bundesministerium für Bildung, Wissenschaft und Forschung, Bundesministerium für Verkehr, Innovation und Technologie (2019): Bioökonomie. Eine Strategie für Österreich. https://boku.ac.at/fileadmin/data/H99000/H99500/Biooekonomie/Dateien/AT_Biooekonomiestrategie.pdf (letzte Abfrage: 10.3.2024).

durchaus lückenhaften Zahlen weiter eingegrenzt werden: 2012 lag der nichtenergetische Bedarf fossiler Energieträger als Energiemenge gemessen bei ca. 76,5 Petajoule (PJ), stieg zwischenzeitlich auf bis zu 90 PJ und liegt 2022 wieder bei ca. 75,4 PJ oder 7% des Endenergiebedarfs.[153] Daher kann davon ausgegangen werden, dass die Ausgangszahlen der Projektionen des Substitutionsbedarfs weitgehend gleich geblieben sind. In Anbetracht der Nachhaltigkeitsdiskurse wird in dieser Abschätzung davon ausgegangen, dass die Effizenz der Prozesse und die Recyclingrate möglichst optimiert werden. Damit wird das flächeneffizientere Verhältnis der Ernährungsfläche zur Bioökonomie-Produktionsfläche von 3:2 (aus Save our Surface, SOS) angewendet, sodass der Flächenbedarf der Bioökonomie mit zwei Drittel des Ernährungsbedarfs (für die derzeit bestehende Mischkost, d.h. 2.000 Quadratmeter pro Person) angenommen wird. Da seit 2012 der Rohstoffbedarf nicht gestiegen ist, geht die Bevölkerungszahl von ca. 8,43 Millionen Menschen im Jahre 2012 in die Abschätzung ein. Damit wäre der Flächenbedarf, um den stofflichen Einsatz fossiler Energieträger zu substituieren, bei ca. 1,124 Millionen Hektar, d.h. etwas über dem unteren Ende der Flächenbedarfsbandbreite gemäß Bioökonomiestrategie anzusetzen.

Wie kann dieser Bedarf nun gedeckt werden? Grundsätzlich kommen dafür sowohl landwirtschaftliche als auch forstwirtschaftliche Produktion in Frage. Wie in der Bioökonomiestrategie vorgesehen, wird zunächst der Wald bzw. Holz als Ressource betrachtet: Derzeit werden ca. 89% des Holzzuwachses geerntet, d.h. 11% des jährlichen Zuwachses erhöhen den Holzvorrat der 4,015 Millionen Hektar Wald.[154] Vereinfachend würde dies eine Flächenreserve von ca. 442.000 Hektar für Ressourcenbereitstellung im Wald bedeuten, wenn die Nutzung

---

[153] Bundesministerium für Klimaschutz, Umwelt, Energie, Mobilität, Innovation und Technologie (2023). Energie in Österreich. Zahlen, Daten, Fakten. https://www.bmk.gv.at/themen/energie/publikationen/zahlen.html (letzte Abfrage: 10.3.2024).
[154] Bundesministerium für Land- und Forstwirtschaft, Regionen und Wasserwirtschaft (2023): Österreichischer Waldbericht 2023.

von Holz in Bauwirtschaft, Papierindustrie, Energiegewinnung etc. konstant bleiben würde. Wird diese Flächenreserve des Waldes vom Bedarf an Biomasse abgezogen, müssten mindestens weitere 682.000 Hektar Flächenbedarf im Agrarland gedeckt werden.[155] Allerdings bestehen auch hier Unsicherheiten, wie sich die Produktionsbedingungen im Wald unter Klimawandelbedingungen entwickeln. Unter anderem wird auch der Bedarf an Schutz- und Bannwäldern zur Naturgefahrenvorsorge steigen. Dies würde den Bedarf an landwirtschaftlicher Fläche weiter erhöhen, kann hier aber nicht quantifiziert werden und fließt in diese Abschätzung daher nicht ein.

5.5 Bodenbedarf und Bodenschutzziele

Werden nun die Teilergebnisse der vorangegangenen Berechnungen zu einem Gesamtszenario zusammengefasst, kann folgendes Gesamtergebnis erzielt werden: Ausgangsbasis ist das Ernährungsszenario mit den bestehenden Ernährungsgewohnheiten, d. h. einem Basisflächenbedarf von 2,75 Millionen Hektar (inklusive der Lebensmittelabfälle). Unter Berück-

---

[155] In Anbetracht der höchst unterschiedlichen, von angebauten Pflanzen, Bewirtschaftungsweisen und Standortbedingungen abhängigen Erträge wird für diese Abschätzung vereinfachend davon ausgegangen, dass der Ertrag in Tonnen Trockenmasse pro Hektar im Schnitt auf land- und forstwirtschaftlichen Flächen ungefähr gleich hoch ist. Die Biomasseproduktion von ca. 14 Millionen Tonnen Trockenmasse ist in den bäuerlichen Wiesen und Feldern sowie im Wald ungefähr gleich hoch (Guggenberger 2012, Trockenmasse- und Nährstofferträge auf den landwirtschaftlichen Flächen in Österreich. In: Guggenberger, T., Hofer, O., Fahrner, W., Sucher, B., Wiedner, G. und Bader, R. (2012): Fachatlas Landwirtschaft - Entwicklung landwirtschaftlicher Geodaten im Geographical Grid System Austria. Veröffentlichungen HBLFA Raumberg-Gumpenstein, Band 49. S 171. https://raumberg-gumpenstein.at/jdownloads/Forschungsberichte/GGS/3_2015_fachatlas_landwirtschaft_forschungsbe richt_kapitel8.pdf, letzte Abfrage: 2. 6. 2024), wobei es mehr Wald als landwirtschaftliche Flächen gibt und damit der Hektar-Ertrag des Waldes unterhalb des Ertrages an Trockenmasse der landwirtschaftlichen Flächen liegt. Die vereinfachende Annahme, dass der Trockenmasse-Ertrag gleich hoch wäre, ist deswegen gerechtfertigt, da bei entsprechenden Produktionsanpassungen in Abhängigkeit der Standortbedingungen unterschiedlichste Erträge und auch Ertragssteigerungen im Einzelfall erzielt werden können. Es wäre aber auch denkbar, dass der Flächenbedarf im Agrarland nach oben korrigiert werden müsste.

sichtigung der Folgen der und des Anpassungsbedarfs an die Klimakrise erhöht sich dieser Bedarf auf ca. 3,75 Millionen Hektar. Im Vergleich dazu muten die zusätzlich notwendigen Kleinstrukturen für den Biodiversitätsschutz auf den Agrarfluren des Bundesgebietes von insgesamt ca. 130.000 Hektar relativ gering an. Ein zusätzlicher Bodenbedarf von mindestens 682.000 Hektar ist durch die Bioökonomiewende zu kalkulieren, die ebenso wie die Energiewende mittel- bis langfristig unumgänglich ist. Unter Berücksichtigung dieser Ansprüche ergibt sich ein Bodenbedarf von 4,56 Millionen Hektar, also das ca. 1,75-Fache der derzeit noch vorhandenen Agrarfluren.

Insgesamt kann der Bodenbedarf für biologisch produktives Acker- und Grünland für eine nachhaltige, auf erneuerbaren Ressourcen basierende und die Umwelt schützende Raumnutzung je nach Ernährungsform wie folgt angegeben werden:
– 4,56 Millionen Hektar bei derzeit üblicher Mischkost mit hohem Fleischkonsum;
– 3,44 Millionen Hektar bei Ernährung mit moderatem Fleischkonsum;
– 3,06 Millionen Hektar bei vegetarischer Ernährung;
– 2,12 Millionen Hektar bei veganer Ernährung.

Ausreichend Agrarfluren mit Flächenreserve für weitere Aspekte stehen also nur bei vollständig veganer Ernährung aller Österreicher:innen zur Verfügung. Nun können Stellschrauben genutzt werden, um den Flächenbedarf nach unten zu drehen, d. h. durch eine entsprechende Ernährungsweise, weniger Lebensmittelverschwendung oder eine Intensivierung der Landwirtschaft auf Kosten von Biodiversität und Klimaresilienz. Allerdings ist es mit sehr großer Wahrscheinlichkeit unmöglich, die derzeitigen Ernährungs- und Konsumgewohnheiten aufrecht zu erhalten. Allenfalls wären ein sehr moderater Fleischkonsum oder vegetarische Ernährung in Reichweite, wenn die Lebensmittelabfälle massiv reduziert werden. Lediglich vegane Ernährung ginge sich für alle gut aus. Allerdings wäre dafür der Anteil der Ackerflächen weiter zu steigern, was sowohl aus Gründen der Bewirtschaftbarkeit als auch der natürlichen Wuchsbedingungen an Grenzen stößt. Die Berechnungen zeigen aber auch: Lebensmittel im großen Stil wegzuwerfen bedeutet auch, Flächen zu verschwenden. Wenn die Agrarflächen für die Ernährungssicherheit und alle weiteren Landnutzungsansprüche ausreichen soll, müssen wir den Boden schützen und seine Produkte effizient nutzen.

Gleichzeitig ist das Thema Bodenbedarf nicht nur mit Fragen der Ernährung und Gesundheit verwoben, sondern auch mit den tatsächlichen Entwicklungen der Klimakrise und der Biodiversität sowie mit der praktizierten Bewirtschaftung in der Land- und Forstwirtschaft. Als Szenarien mit mehr oder weniger Spekulationsgehalt wären denkbar: Es würde nicht zur Gänze auf Biolandbau umgestellt; flächeneffizientere Produktionsformen könnten gewählt werden, die allerdings mit großer Wahrscheinlichkeit ressourcenintensiver und umweltschädigender wären als die derzeitige landwirtschaftliche Praxis; oder ertragreichere sowie klimaresilientere Pflanzen könnten in Zukunft entwickelt werden. Eine Schweizer Studie geht davon aus, dass in Europa die landwirtschaftliche Produktion durch Intensivierung gesteigert und so ca. 22–29 % der Agrarfläche eingespart werden könnten.[156] Dass dies umweltfreundlich sein könnte, steht im Widerspruch zu den oben dargestellten Grundlagen des Naturschutzes, Klimaschutzes und Bodenschutzes. Selbst wenn diese Intensivierung umweltfreundlich funktionieren sollte, wäre die Flächenbilanz der Ernährung zwar nicht mehr so dramatisch, Fleischkonsum aber immer noch weitgehend gestrichen. Es könnten aber auch im Zuge der Bioökonomiewende die Ressourcenausbeute aus Biomasse und so die Systeme Ernährung, Ressourcenproduktion sowie Energiebereitstellung aus Biomasse optimiert werden.

Egal aus welcher Perspektive das Problem Bodenverbrauch betrachtet wird, eine Schlussfolgerung liegt bei allen Unsi-

---

[156] Schneider J.M., Zabel F., Schünemann F., Delzeit R., Mausser W. (2022): Global cropland could be almost halved: Assessment of land saving potentials under different strategies and implications for agricultural markets. PLoS ONE 17(2): e0263063. https://doi.org/10.1371/journal.pone.0263063 (letzte Abfrage: 2.6.2024).

cherheiten immer nahe: Je mehr biologisch produktiver Boden vor Bebauung geschützt wird, desto größer sind die Zukunftschancen und Handlungsoptionen für uns, unsere Kinder und Enkelkinder. Dies schließt ein, auch unter Bedingungen der Klima- und Biodiversitätskrisen die Ernährungssicherheit herzustellen bzw. zu verbessern. Derzeit ist Selbstversorgung bei vielen Lebensmitteln nicht vorhanden, sodass Ernährungssicherheit nur durch Nahrungsmittelimporte gewährleistet werden kann.

Aber alleine durch den Bau der umstrittenen dritten Start- und Landepiste am Flughafen Wien-Schwechat würde Ackerfläche in einem Ausmaß dauerhaft verloren gehen, auf der jährlich Brotgetreide für die Stadt Salzburg, also für ca. 150.000 Einwohner:innen produziert werden könnte. Die Agrarflur muss auch vor der Ausbreitung des Waldes geschützt werden. Bei Ernährungsszenarien mit Fleischkonsum des überwiegenden Teils der Bevölkerung, welche die derzeitigen Ernährungsgewohnheiten widerspiegeln, wären zur Gewährleistung der Ernährungssicherheit weder weiterer Bodenverbrauch für Bauland und Infrastruktur noch weiteres Flächenwachstum des Waldes möglich. Platz für die Bioökonomiewende gäbe es nur im Wald. Diese Szenarien wären de facto nur unter endgültiger Aufgabe des Anspruchs der Selbstversorgung und Ernährungssouveränität realisierbar. Eine nachhaltige gesellschaftliche Entwicklung ist bei bestehenden Ernährungsgewohnheiten schlicht nicht möglich. Gesündere Ernährung mit geringerem (oder keinem) Fleischkonsum ist also ein wesentlicher Beitrag zur Zukunftsfähigkeit der Gesellschaft. Es ist daher zu hoffen, dass dieser Weg von möglichst vielen aus individuellen gesundheitlichen Gründen beschritten wird.

Darüber hinaus sind noch weitere Treiber für den Flächenbedarf des Grünlandes zu berücksichtigen: Die Bevölkerungsprognose der ÖROK für 2051 geht von einem Wachstum auf 9,64 Millionen Menschen oder um ca. 5 % aus.[157] Bei den Ernäh-

---

[157] ÖROK (o.J.): ÖROK-Regionalprognosen 2021–2051: Bevölkerung. https://www.oerok-atlas.at/oerok/files/summaries/65.pdf (letzte Abfrage 10.3.2024).

rungsszenarien inkl. Lebensmittelabfällen würden daher Flächenbedarfe in einer Bandbreite von 187.500 Hektar bei derzeitigen Ernährungsgewohnheiten bis 65.600 Hektar bei veganer Ernährung hinzukommen.

Die Schlussfolgerungen aus diesen Berechnungen sind für die gängige Praxis der Raumplanung – die auf Bewirtschaftungsformen der Landwirtschaft, Ernährungsgewohnheiten oder Lebensmittelverschwendung aufgrund ihrer rechtlichen Rahmenbedingungen keinen Einfluss hat bzw. dafür einfach auch nicht gemacht ist – ernüchternd: Der Bodenverbrauch für Bauland und Infrastruktur hat ein längst nicht mehr tolerierbares Ausmaß angenommen.

In der Funktionsweise von Raumplanung ist angelegt, dass räumliche Voraussetzungen für Lebensstile und Wirtschaftsweisen geschaffen werden, die dann in anderen Lebens- und Gesellschaftsbereichen umzusetzen sind. In diesem Zusammenhang ist die Unterscheidung von Ordnungs- und Entwicklungsfunktion der Raumplanung bedeutend. In der Ordnungsfunktion kann im System Raumplanung durch die Festlegung von Raumnutzungen und Widmungen gesteuert werden, wo und in welchem Ausmaß Bauland und Grünland sowie Infrastrukturen anzusiedeln sind. Damit kann Grünland effektiv geschützt werden, weil Baulandnutzung im Grünland verboten oder stark eingeschränkt ist. Die Entwicklungsfunktion kommt überall dort ins Spiel, wo Möglichkeiten der Raumnutzung eröffnet werden, aber Dritte für deren Realisierung benötigt werden. In schrumpfenden Gemeinden kann noch so viel Bauland ausgewiesen werden, wenn kein Bedarf besteht, werden keine Wohn- oder Betriebsgebäude errichtet werden. Demgemäß können Szenarien wie die oben dargestellten Ernährungsszenarien zwar in eine Bedarfsberechnung für Grünland einfließen, sie wirken aber über eine bloße Bewusstseinsbildung hinaus nicht in Gesellschaft und Wirtschaft.

Was aber deutlich gezeigt werden kann, ist, dass die Gesellschaft nicht nur Bedarf an Bauland und Infrastruktur hat, sondern auch an erheblichen Mengen landwirtschaftlicher Flächen. Um mit den vorhandenen landwirtschaftlichen Flächen auszukommen, sind massive gesellschaftliche Anstrengungen vonnöten, die durch eine Koordination verschiedener Politikbereiche und durch individuelle Entscheidungen zu Lebensstilen und Wirtschaftsweisen umzusetzen sind. Für die Raumplanung ergeben die Berechnungen eine substanzielle Schlussfolgerung: An einem Netto-Null-Flächenverbrauch – und zwar möglichst rasch umgesetzt – führt kein Weg vorbei.

Darüber hinaus sind nicht nur Quantitäten der Agrarfluren einschließlich Biodiversitätsflächen wirksam vor Bauland- und Infrastrukturentwicklungen zu schützen, sondern auch die Qualität der Agrarfluren ist bedeutend: Größere, zusammenhängende landwirtschaftlich gut bewirtschaftbare Ackerböden mit guten Ertragswerten und höherer Anpassungsfähigkeit an die Klimakrise sind besonders zu schützen, wie etwa tonreiche Böden der nördlich der Alpen gelegenen Molassezone, welche die Folgen der Klimakrise besser verkraften als andere Böden. Dies gilt auch für Böden im niederschlagsreichen nördlichen Voralpenraum des Salzburger Flachgaus, des Innviertels, der alpinen Täler sowie für den Bodenseeraum.[158]

Aber diese Schlussfolgerung zeigt auch schon das Spannungsfeld mit der derzeit gängigen räumlichen Entwicklung auf: Die großen, wachsenden Zentralräume liegen historisch bedingt in den ertragreichen landwirtschaftlichen Gegenden. Ein weiteres Wachstum dort wirkt sich damit umso stärker auf die hier skizzierten Problemlagen in Punkto Ernährungssicherheit, Anpassung an die Klimakrise und Biodiversitätskrise sowie Energie- und Bioökonomiewende aus. Denn der Bedarf an biologisch produktiven Böden trifft auf den nach wie vor nicht ausreichend kanalisierten Bedarf an Bauland und Infrastruktureinrichtungen.

Umso wichtiger ist – ausgehend vom Netto-Null-Bodenverbrauchsprinzip – die Umsteuerung der räumlichen Entwicklung in Richtung der diskutierten Grundpfeiler einer nachhaltigen Raumentwicklung: funktionsgemischte, maßvoll Dichte,

---

[158] Haslmayr H.P. et al. (2018): BEAT – Bodenbedarf für die Ernährungssicherheit in Österreich.

belebte Ortskerne, Innenentwicklung, Bestandstransformation sowie Entsiegelung zur Klimawandelanpassung. Je stärker und schneller diese Grundsätze umgesetzt werden, desto mehr Möglichkeitsräume werden für die künftige gesellschaftliche und wirtschaftliche Entwicklung sowie Gestaltungsspielräume für künftige Generationen aufrecht erhalten.

Bedeutet Netto-Null-Bodenverbrauch, dass nichts mehr gebaut werden könnte? Nein, definitiv nicht. Der Fokus der baulichen Entwicklung soll aber insbesondere im Bauland auf Bestandstransformation und Baulückenschluss gelegt werden. Dies bedeutet, mit den bestehenden Baulandgrenzen auszukommen, indem bestehende Nutzungen verändert und intensiviert werden, Leerstände, d. h. (partiell) leerstehende, bereits bebaute Parzellen, sowie Baulandreserven, das sind als Bauland gewidmete, aber noch unbebaute Flächen, einer widmungsgemäßen Nutzung zugeführt werden. Falls z. B. für eine Betriebsansiedlung weiteres Bauland benötigt wird, wäre eine Fläche gleicher Größe an anderer Stelle in Grünland zurückzuwidmen. Dabei ist es – in Anbetracht des kumulativen Charakters des Bodenverbrauchs – nicht notwendig, dass die Rückwidmungsfläche in einem Stück vorliegt, sie kann also auf mehrere Teilflächen in einem bestimmten räumlichen Kontext aufgeteilt werden. Das Rückwidmungspotenzial ist relativ hoch. Laut den im Dezember 2023 veröffentlichten Zahlen zum Baulandmonitoring der Österreichischen Raumordnungskonferenz, belaufen sich die Baulandreserven ohne Leerstand, also die gewidmeten, noch nicht genutzten Bauflächen auf 21 % aller Baulandwidmungen oder ca. 670 Quadratkilometer. Im Vergleich dazu nehmen alle betrieblichen Nutzungen ca. 435 Quadratkilometer in Anspruch.[159] Die Baulandreserven sind also eineinhalb Mal so hoch wie alle Betriebsflächen Österreichs zusammengenommen. Es besteht viel Nutzungspotenzial im

---

[159] ÖROK (2023): Flächeninanspruchnahme und Versiegelung in Österreich (2022). https://www.oerok.gv.at/raum/daten-und-grundlagen/ergebnisse-oesterreich-2022 (letzte Abfrage: 10.3.2024).

Bestand, ohne die Baulandgrenzen auch nur einen Millimeter ins Grünland verschieben zu müssen. Bei ungebremstem Bodenverbrauch könnte mit den Baulandreserven einschließlich Infrastrukturprojekten jedoch nur ca. 15 Jahre lang das Auslangen gefunden werden. Bei Realisierung des 2,5-Hektar-Ziels (siehe oben) würden die Baulandreserven bereits für etwa 75 Jahre ausreichen. Es zeigt aber auch: Jedes Etappenziel auf dem Weg jenseits des Netto-Null-Bodenverbrauchsziels verlangsamt das Problem, löst es aber nicht.

Bei großen Infrastrukturprojekten, die mit einem hohen Bodenverbrauch einhergehen und damit auf der Erfüllung der Bodenschutzziele lasten, wäre die Bedarfsfrage sehr intensiv zu stellen. Dazu einige Beispiele: Wie oben dargestellt, verfügt Österreich im internationalen Vergleich bereits über eines der dichtesten Straßennetze, sodass der Bedarf an neuen Straßenprojekten grundsätzlich in Frage gestellt werden muss. Flächen wie Rohstoffabbauflächen oder Flächen für erneuerbare Energieanlagen haben einen sehr hohen gesellschaftlichen Mehrwert. Werden derartige Projekte realisiert, können die benötigten Flächen mit den bestehenden Baulandreserven gegengerechnet werden, wie an folgendem Beispiel gezeigt wird: Eine Windkraftanlage hat eine Flächeninanspruchnahme je nach Bauart für Fundament (ca. 300 Quadratmeter, die tatsächlich versiegelt sind) sowie nicht versiegelte Lager-, Manipulations- und Kranaufstellflächen von bis zu 4.500 Quadratmetern. Auf Basis meiner energieraumplanerischen Berechnungen kann der Bedarf an weiteren Windrädern bis zum vollständigen Erreichen der Klimaziele auf ca. 2.000 Windkraftanlagen geschätzt werden. Diese würden also ca. 9 Quadratkilometer Fläche oder 1,3 % der Baulandreserven benötigen.

Bei anderen Infrastruktureinrichtungen wäre zu überlegen, wie hier durch Nutzungskombinationen Bodenverluste möglichst gering gehalten werden, z.B. durch partielle Überplattungen von Autobahnen, Schnellstraßen oder Schienenanlagen, sodass geeignete Teilstücke bei entsprechenden Standortvoraussetzungen für betriebliche Nutzungen oder, wie die Donauplatte im 21. Wiener Gemeindebezirk zeigt, auch für

Wohnen genutzt werden könnten. Hier wären gerade in Zentralräumen weitere Flächenreserven vorhanden, die als Entwicklungspotenziale auf bereits genutzten und vielfach auch versiegelten Flächen Verwendung finden könnten.

Ein weiteres Beispiel der Nutzungskombination wären Freiflächen-Photovoltaikanlagen (FPV). Werden intelligente Anlagenkonzepte mit Nutzungsmischung verfolgt, sind diese kaum mit Flächeninanspruchnahme verbunden: In Agri-PV-Anlagen werden Stromproduktion und landwirtschaftliche Produktion, insbesondere Ackerbau oder Sonderkulturen im Obst,- Weinund Gemüsebau, teilweise auch mit Viehhaltung kombiniert. Ein in Geras (Niederösterreich) realisiertes Anlagenkonzept mit vertikal aufgeständerten Solarzäunen benötigt unter 3 % der Gesamtfläche für die Anlage selbst, 10 % der Anlagenfläche stehen unter den Modulreihen als Biodiversitätsflächen zur Verfügung und knapp 90 % werden weiterhin ackerbaulich genutzt. Eine weitere Kombinationsmöglichkeit ist – insbesondere in ausgeräumten Agrarlandschaften – Biodiversitätsflächen unter den FPV-Anlagen, wo durch die Stromproduktion die Anlage und Pflege dieser Biodiversitätsflächen finanziert werden kann. Des Weiteren könnten Retentionsanlagen zum Hangwasser- und Hochwasserrückhalt in FPV-Anlagen integriert werden.

Schlussendlich kann auch die Zeitkomponente bei der Gestaltung von Mehrfachnutzungen berücksichtigt werden, insbesondere bei der Gewinnung mineralischer Rohstoffe, indem die Nachnutzung von Rohstoffgewinnungsflächen – die bisher auch schon in Planungsprozessen Berücksichtigung findet – nicht nur auf die Einzelfläche bezogen wird, sondern in einen regionalen Gesamtkontext zur Reduktion des Bodenverbrauchs unter dem Gesichtspunkt der Mehrfach- und Folgenutzung, z.B. zuerst Schottergrube, dann Bodenaushubdeponie, dann Freiflächen-Photovoltaikanlage mit Biodiversitätsflächen, eingebettet wird.

Zusammenfassend kann die Bedarfsfrage im Bodenschutz wie folgt interpretiert werden: Derzeit wird die Bedarfsfrage in erster Linie aus dem Blickwinkel des Bedarfs an Bauland und

Infrastruktur gestellt. Hier gilt es, mit Nachdruck die Bedarfsfrage an Grünland zu verfolgen. Wie oben dargestellt, verfügt Österreich bereits jetzt über zu wenig Acker- und Grünland für die Ernährungssicherheit, was in erster Linie durch Nahrungsmittelimporte insbesondere bei Obst und Gemüse sowie Futtermittelimporte für die Tierzucht wettgemacht wird. Damit eignet sich die österreichische Bevölkerung Boden in anderen Ländern an, wobei die Fläche global betrachtet erst vielfach durch Rodung von Regenwäldern verfügbar wird. Selbst unter den Bedingungen der sich verschärfenden Klimakrise und dem gesellschaftlich zwingenden Bedarf an der Energie- und Ressourcenwende können noch Zukunftsszenarien entwickelt werden, wo durch Ernährungsumstellung sowie Energie- und Ressourceneinsparung ausreichend Flächen bilanziell zur Verfügung stehen.

„Bilanziell" bedeutet, dass weiterhin mit Nahrung, Energie und Ressourcen Handel betrieben werden kann, aber insgesamt nur das heimische Bodenangebot als Produktions- und Konsumgrenze angesehen wird. Dieses Prinzip – auf alle Staaten ausgedehnt – bedeutet eine ausgeglichene Bodenbilanz auf globaler Ebene. Die Kernschlussfolgerung lautet daher, dass für eine zukunftsfeste und nachhaltige Gesellschafts- und Wirtschaftsentwicklung über die bereits entsprechend gewidmeten Flächen keine weitere Netto-Inanspruchnahme für Böden zu Bauland- und Infrastrukturzwecken stattfinden darf. Der Netto-Null-Bodenverbrauch ist – im Einklang mit der EU-Bodenstrategie – möglichst rasch umzusetzen. Eine umfassende Bodenstrategie, soll sie zukunftsfähig, nachhaltig und wirksam sein, hat daher diese Grundprämisse zu erfüllen. Aus welchen Elementen sie bestehen kann und soll, wird im folgenden Kapitel diskutiert.

6 Grundelemente einer wirksamen Bodenstrategie

Wie aus den bisherigen Ausführungen deutlich wird, bedarf es einer umfassenden Bodenstrategie, um Böden wirksam zu schützen. Diese Bodenstrategie hat unterschiedliche Aspekte zu berücksichtigen. Grün- und Freiräume stellen ein wertvolles Gut dar, die der Ernährungssicherung, dem Klimaschutz, der Klimawandelanpassung und dem Biodiversitätsschutz dienen. Der Bedarf an biologisch produktiven Böden ist derzeit höher als die in Österreich vorhandenen Flächen – was nur durch den Import von Biomasse für Nahrungs- und Futtermittel sowie sonstige Rohstoffe aus dem Ausland ausgeglichen werden kann. Damit müssen gesellschaftliche und wirtschaftliche Anstrengungen unternommen werden, um die Ressourceneffizienz so weit zu steigern, dass unter Berücksichtigung von Klimawandelbedingungen Ernährungssicherheit gewährleistet und die Ressourcenbasis für die Wirtschaft erneuerbar bereitgestellt werden kann. Diese Anstrengungen greifen in alle Lebens- und Wirtschaftsbereiche ein.

Eine Bodenstrategie muss einerseits Raumplanung direkt ansprechen, andererseits aber auch in Funktionsweisen und Verhaltensmuster in jenen Gesellschafts- und Wirtschaftsbereichen eingreifen, die Bauland- und Infrastrukturbedarf in großem Maße hervorrufen. Und zwar sofort, zeitgleich und aufeinander abgestimmt. Denn in Anbetracht der Größe der miteinander verwobenen Problemlagen Bodenschutz, Klimaschutz und Biodiversitätsschutz ist dringendes politisches und gesellschaftliches Handeln erforderlich. Die gute Nachricht dabei ist: Was zur Lösung eines dieser Probleme beiträgt, dient vielfach auch der Lösung der weiteren Probleme. Im Folgenden werden Grundprinzipien und Handlungsweisen dargestellt, die im Sinne von No-regret-Strategien umgesetzt werden können. „No-regret" bezeichnet dabei Strategien, die keine signifikanten negativen Auswirkungen haben und zugleich auch dann positive Nutzen in verschiedenen Bereichen zeitigen, selbst wenn das diagnostizierte Problem in der vorhergesenen Intensität nicht eingetreten ist oder die Wirksamkeit zur Lösung des ursprünglichen Problems weniger hoch als angenommen war.

Ein Beispiel dafür wäre, dass Maßnahmen der Innenentwicklung, Funktionsmischung und maßvollen Dichte nicht nur Bodenverbrauch eindämmen, sondern auch erneuerbare Energieversorgung erleichtern und damit zum Klimaschutz beitragen, Wahlmöglichkeiten zum Autoverkehr schaffen und so zu mehr Zu-Fuß-Gehen, Radfahren und zum Benutzen des öffentlichen Verkehrs führen können. Dies unterstützt auch gesündere Lebensstile, weil mehr aktive Mobilität stattfinden und somit Bewegung in den Alltag integriert werden kann. Überdies erleichtert es die Bewältigung des Alltags zwischen Familien- und Berufsleben, Versorgung und Freizeit, weil Wegzeiten und Weglängen kürzer sind, mehr Wege kombiniert, mit dem öffentlichen Verkehr, zu Fuß und mit dem Fahrrad zurückgelegt und damit auch Mobilitätskosten eingespart werden können. Diese Maßnahmen dienen daher gleichsam verschiedenen Zieldimensionen wie u.a. den Bodenverbrauch zu reduzieren, mehr Platz für Grün im öffentlichen Raum zu schaffen und damit Lebensqualität zu erhöhen, Erdgeschoßzonen als Einzelhandelsstandorte zu attraktivieren und so mehr Wirtschaftsleben in die Ortskerne zu bringen, Energiewende und Klimaschutz zu unterstützen, aktive Mobilität zu fördern, gesünder zu leben, den Alltag besser zu bewältigen und Mobilitätskosten einzusparen. Selbst wenn die Wirksamkeit der Maßnahmen nun nicht in allen Zieldimensionen die erwarteten Ergebnisse bringt, rechtfertigt die Wirksamkeit in Teilen davon die Gesamtstrategie. Ein Grundprinzip bei der Formulierung von diesen sogenannten No-regret-Strategien ist daher, dass Maßnahmen möglichst mehreren Zwecken dienen. Unter dieser Prämisse werden nun die einzelnen Elemente einer wirksamen Bodenstrategie dargestellt.

6.1 Zielklarheit: Netto-Null-Bodenverbrauch

Eine Grundbedingung von Resilienz, also von Krisensicherheit ist, dass die Ernährungs- und Rohstoffbasis aus den Flächen und mit den Böden bereit gestellt werden kann, über die eine Gesellschaft Verfügungsmacht ausübt. Dies ist im Wesentlichen das eigene Staatsgebiet, das durch Handel (oder, wie wir derzeit in mehreren Weltregionen beobachten müssen, durch kriegerische Akte) erweitert werden kann, indem das energetische und stoffliche Hinterland vergrößert wird. Wenn Handel notwendig ist und aufgrund von unterschiedlichen Produktionsbedingungen in den Herkunftsländern der Produkte – z.B., weil aufgrund der Wuchsbedingungen Gemüsesorten in südlicheren Ländern besser gedeihen – auch sinnvoll sein kann, besteht Krisenanfälligkeit dann, wenn Lieferketten aufgrund von natürlichen, politischen, technischen oder ökonomischen Ereignissen unterbrochen werden können. Aus dem Blickwinkel der Resilienz ist zu fragen, unter welchen Bedingungen und über welche Zeiträume Vollversorgung der Bevölkerung mit Nahrung und Rohstoffen aufrecht erhalten werden kann. Aus diesem Gesichtspunkt, ebenso wie aus den Perspektiven von Boden-, Klima- und Naturschutzaspekten, ist bereits jetzt zu wenig Fläche vorhanden, um ohne Umstellung von Lebensstilen und Wirtschaftsweisen alle Ansprüche unter Klimakrisenbedingungen aufrechterhalten zu können.

Daher ist ein Netto-Null-Bodenverbrauchsziel unabdingbar. Dieses Ziel wäre in die Staatsziele aufzunehmen. Derzeit ist der Boden im „Bundesverfassungsgesetz über die Nachhaltigkeit, den Tierschutz, den umfassenden Umweltschutz, die Sicherstellung der Wasser- und Lebensmittelversorgung und die Forschung" im Rahmen des umfassenden Umweltschutzes genannt. Allerdings legt dieses Gesetz in §3 zum umfassenden Umweltschutz fest, dass dieser „insbesondere in Maßnahmen zur Reinhaltung der Luft, des Wassers und des Bodens sowie zur Vermeidung von Störungen durch Lärm" bestehe. Streng genommen sind damit lediglich Maßnahmen zur Reduktion, Reinigung und Sanierung von Schadstoffeinträgen von dieser Definition erfasst. Die rechtliche Vorbereitung für ein umfassendes quantitatives Bodenschutzziel kann daraus aber nicht abgeleitet werden. Hier besteht noch eine gesetzliche Lücke auf Verfassungsebene.

Eine verfassungsmäßige Verankerung des Netto-Null-Bodenverbrauchsziels wäre auch dahingehend begrüßenswert, als dass dieses Bodenschutzziel parteiübergreifend außer Streit gestellt werden sollte. Das grundsätzliche Hinterfragen, ob Bodenschutzziele überhaupt notwendig wären, oder die lasche Formulierung der Ziele, damit de facto „eh nichts passiert", sind im Lichte der gesellschaftlichen Herausforderungen wie Klimakrise, Biodiversitätskrise, Ernährungssicherheit oder den Bedarf nach Energie und biogenen Rohstoffen für die industrielle Produktion der Zukunft schlichtweg unverantwortlich. Umso bedauerlicher ist es, dass die im Rahmen der Österreichischen Raumordnungskonferenz 2021 begonnenen Arbeiten an einer Österreichischen Bodenstrategie – damals wurden die Debatten noch mit dem Ziel begonnen, den Bodenverbrauch um 80 % auf 2,5 ha pro Jahr bis 2030 zu reduzieren[160] – nicht zu einem greifbaren quantitativen Bodenschutzziel geführt haben.

Für die Umsetzung jeder Politik und jeder Strategie sind Zielklarheit und das Bekenntnis „von oben" zu den Zielen unabdingbare Erfolgsfaktoren.[161] Daher wäre es zwingend erforderlich, dass sich alle politischen Handlungsebenen, d.h. Bund, Länder und Gemeinden, quer über das Spektrum der politischen Parteien hinter die Ziele eines quantitativen Bodenschutzes – also des Netto-Null-Bodenverbrauchs – stellen, da dieser für die Ernährungssicherheit, die Bekämpfung der Klimakrise und der Biodiversitätskrise sowie die Ressourcensicherheit in der Bioökonomie eine Grundvoraussetzung darstellt. Auf der

---

[160] Bundesministerium für Land- und Forstwirtschaft, Regionen und Wasserwirtschaft (2021): Köstinger: Umsetzungspakt für „1. Österreichweite Bodenschutzstrategie". https://info.bml.gv.at/service/presse/regionen-raumentwicklung/2021/koestinger-umsetzungspakt-oesetreichweite-bodenschutzstrategie.html (letzte Abfrage: 10.3.2024).

[161] Stoeglehner G., Brown A.L., Kornov L. SEA and planning (2009): 'ownership' of strategic environmental assessment by the planners is the key to its effectiveness. Impact Assessment and Project Appraisal 27/2:111-20.

Maßnahmenebene, die den Weg zu diesem Ziel beschreibt und weiter unten diskutiert wird, können einzelne Maßnahmen in Anbetracht ihrer Auswirkungen auf verschiedene Bevölkerungs- und Wirtschaftsbereiche je nach ideologischer Ausrichtung der Parteien durchaus unterschiedlich betrachtet oder in den Prioritäten gewichtet werden.

6.2 Sozialpflichtigkeit des Grundeigentums

Eigentum ist bereits aufgrund des Staatsgrundgesetzes stark geschützt, wie Artikel 5 proklamiert: „Das Eigentum ist unverletzlich." Enteignung ist zwar möglich, benötigt aber wie im Rechtsstaat üblich, eine klare gesetzliche Basis. Mit Eigentum werden umfassende Rechte begründet, insbesondere das Recht auf Besitz, Nutzung sowie der Erzielung von Erträgen aus dieser Nutzung sowie das Recht, das Eigentum durch Verkauf, Schenkung oder Vererbung zu übertragen. Wenngleich zahlreiche Rechtsmaterien darauf abzielen, Eigentumsrechte an Grund und Boden aus öffentlichen Interessen zu beschneiden, sind relativ wenige Pflichten zur Nutzung des Eigentums an Grund und Boden unmittelbar definiert. So determiniert Raumplanung Nutzungsmöglichkeiten, allerdings erst bei Nutzungsänderung.

Solange eine zum Zeitpunkt der raumplanerischen Festlegung bereits aufrechte Nutzung weiter ausgeübt wird und keine Nutzungsänderung festgelegt wird, greift das Prinzip des Bestandsschutzes – es darf also alles so bleiben, wie es ist. Insbesondere im Widmungsbestand – wie oben angesprochen – kann aus verschiedensten Gründen, einschließlich Baulandpreisspekulation, eine widmungskonforme Nutzung von Bauland weitestgehend sanktionslos unterbleiben. Hier sollte mit einer Sozialpflichtigkeit, die mit der Baulandwidmung einhergehen und auch für den Bestand gelten muss, angesetzt werden, denn eine klare Definition von Sozialpflichtigkeit des Grundeigentums im Verfassungsrang besteht in Österreich derzeit nicht. Das Allgemeine Bürgerliche Gesetzbuch (ABGB) formuliert diesbezüglich, dass Eigentum grundsätzlich nur in einer Art und Weise zu nutzen ist, dass Dritte nicht beeinträchtigt werden oder Festlegungen des öffentlichen Interesses nicht verletzt werden, wobei insbesondere „die Eigentümer benachbarter Grundstücke bei der Ausübung ihrer Rechte aufeinander Rücksicht zu nehmen [haben]" (§364 Abs. 1 ABGB). Die Regeln zum Grundstückseigentum stellen in erster Linie darauf ab, dass Nachbarn sich nicht durch verschiedenste Umweltwirkungen wie Wärme, Geruch, Geräusch, Erschütterung, Abwässer, Rauch oder Entzug von Licht und Luft gegenseitig beeinträchtigen.

Eine Sozialpflichtigkeit in dem Sinne, wie es eine umfassende Bodenstrategie benötigt, ist mit diesen Regelungen im Rechtsbestand nicht vorgesehen, würde aber bedeuten, Grund und Boden im Sinne der Raumordnungsziele und -grundsätze und den daraus folgenden Planfestlegungen der überörtlichen und örtlichen Raumordnung zu nutzen bzw. zeitgerecht einer Nutzung zuzuführen. Mit der Sozialpflichtigkeit wäre darauf abzustellen, dass das öffentliche Interesse an der Verfügbarkeit von Bauland umgesetzt werden kann. Dies ist eine wesentliche Voraussetzung dafür, dass Grund und Boden im Sinne der öffentlichen Interessen genutzt wird, wie sie in der Raumplanung festgelegt und konkretisiert werden. Die öffentliche Hand disponiert im Vertrauen darauf, dass die Grundstücke widmungskonform genutzt werden, indem gewidmetes Bauland tatsächlich bebaut wird. Dafür geht einerseits die öffentliche Hand in Vorleistung, indem Straßen, Kanäle, Wasserleitungen gelegt werden, andererseits sind auch private Unternehmen und Genossenschaften insbesondere bei der Energieversorgung tätig. Diese Infrastrukturen rechnen sich nur, wenn das Bauland auch wirklich verfügbar ist. Andererseits dient eine widmungsgemäße Bebauung einer flächeneffizienten Siedlungs- und Infrastrukturentwicklung, weil nur das unmittelbar benötigte Bauland ohne Baulandreserven erschlossen werden müsste, und wäre damit ein Beitrag zum Bodenschutz. Die Erfahrung zeigt – bei fast einem Viertel ungenutztem, gewidmetem Bauland –, dass der private Bodenmarkt nur teilweise in der Lage ist, für Baulandverfügbarkeit zu sorgen. Wichtige

Maßnahmen, um Bauland (auch im Bestand) verfügbar zu machen, könnten in weiterer Folge mit der Sozialpflichtigkeit des Grundeigentums begründet werden.

Darüber hinaus wäre die Sozialpflichtigkeit auf Ebene der Bewusstseinsbildung ein wichtiger Hinweis für die Grundeigentümer:innen, dass mit den erteilten Nutzungsrechten auch eine Nutzungspflicht einhergeht. Wie oben dargestellt, werden mit Baulandwidmungen enorme Geldwertgewinne lukriert, ein leistungsloses Einkommen für Grundeigentümer:innen, an dem die öffentliche Hand beteiligt werden sollte. Denn nur durch die Handlungen der öffentlichen Hand kommen diese Wertzuwächse überhaupt zustande, einerseits durch die Baulandwidmungen, andererseits durch die Infrastrukturausgaben für die Erschließung der Grundstücke, mit denen Widmungen einhergehen und die durch Aufschließungsbeiträge durch Bauwerber:innen bei Weitem nicht gedeckt werden können. Als Gegenleistung können die öffentliche Hand, die Gesellschaft und damit wir alle erwarten, dass die ohnehin durch die Formulierung von öffentlichen Zielvorstellungen zur Raumentwicklung begünstigten Grundeigentümer:innen auch im Sinne ebendieser Zielvorstellungen handeln. Dabei ist es unerheblich, ob die öffentliche Hand selbst das Bauland nutzt, oder Private dies tun.

Wohnbauland wird gewidmet, um den Wohnbedarf der Bevölkerung zu decken, unabhängig von der Eigentumsform. Wichtig ist nur, dass die Einsicht entsteht, dass Baulandwidmungen nicht aufgrund von privaten Interessen vergeben werden, sondern dass immer ein höheres, öffentliches Interesse an der Umsetzung einer Baulandnutzung besteht. Sei es, um leistbaren Wohnraum zu schaffen, Bildungseinrichtungen, Gesundheitseinrichtungen und andere soziale Infrastrukturen für die Bevölkerung bereitzustellen, betriebliche Entwicklungen voranzutreiben und damit die Versorgung mit Gütern und Dienstleistungen sowie den Arbeitsmarkt zu stärken oder auch die Energiewende und damit den Klimaschutz durch erneuerbare Energieprojekte umzusetzen u. v. m. All das kann nur realisiert werden, wenn die dafür vorgesehenen Flächen auch tatsächlich gemäß den raumplanerischen Zielvorstellungen genutzt werden.

6.3 Raumplanerische Maßnahmen umsetzen

Im Lichte des heimischen Bodenbedarfs für Ernährungssicherheit, für Biodiversität, für die Bioökonomie sowie für die Klimawandel-Anpassung benötigten Flächen ist ein Erreichen dieses Netto-Null-Bodenschutzziels bis zum Jahr 2050 schlichtweg zu spät. Das heißt, quantitative Bodenschutzziele wären sofort und mit einem Zielpfad in Richtung Netto-Null-Bodenverbrauch zu beschließen und umzusetzen. Ein quantitatives Bodenschutzziel, 2,5 Hektar pro Tag an Bodenverbrauch zuzulassen – was auf ganz Österreich und ein Jahr gerechnet neun Quadratkilometer oder einer Reduktion auf ca. 20 % des derzeitigen zusätzlichen jährlichen Bodenverbrauchs entspricht – besteht in der österreichischen Politik seit 2002 und hat Eingang in mehrere Regierungsprogramme unterschiedlicher Parteienkonstellationen gefunden.

In der Realität wurden in Bezug auf die Reduktion des Bodenverbrauchs allerdings kaum Fortschritte erzielt. So war zwar vor rund einem Jahrzehnt der Bodenverbrauch noch um einiges höher als jetzt, aber seit vielen Jahren ist von einer substanziellen Reduktion des Bodenverbrauchs nicht zu sprechen. Ganz im Gegenteil, es wird munter weiter verbaut, weiter Boden in Anspruch genommen, sodass bezweifelt werden kann, dass mit dem bestehenden System und dem Drehen an ein paar kleinen Schräubchen das Auslangen gefunden werden kann.

Am Beginn des Prozesses zur Verhandlung einer „Österreichischen Bodenstrategie" bestand, wie oben erwähnt, noch die Ambition, das 2,5-Hektar-Ziel zu verankern und zu operationalisieren. Davon war bei der Vorlage des Schlussdokuments keine Rede mehr, wobei dieses Dokument ohnehin an Unverbindlichkeit kaum noch zu übertreffen und damit dem Bodenschutz wenig dienlich ist. Es wurden quasi als Speisekarte sinnvolle Maßnahmen als potenziell machbar aufgezählt, was grundsätzlich nicht falsch ist. Da es sich aber um weitestgehend altbekanntes Wissen handelt, ist es auch nicht wirklich hilfreich. Da das quantitative Bodenschutzziel nicht aufgenommen wurde, kam im Juni 2023 kein Beschluss dieses Papiers im Rahmen der Österreichischen Raumordnungskonferenz zustande.[162] Schlussendlich haben die Landesraumordnungsreferent:innen der Bundesländer sowie Gemeinde- und Städtebund das Papier außerhalb der Österreichischen Raumordnungskonferenz und ohne ein quantitatives Bodenschutzziel beschlossen, was vom Bundesminister für Land- und Forstwirtschaft, Regionen und Wasserwirtschaft, Norbert Totschnig, begrüßt wurde.[163]

Damit setzt sich eine Geschichte in der Raumordnung fort: Die Willigen werden vom System nicht in der Umsetzung einer nachhaltigen Raumentwicklung behindert, von den Unwilligen und Unwissenden werden keine konformen Entscheidungen eingefordert. Da nicht einmal die Zielvorstellungen klar formuliert werden, wird eine Geschichte des Scheiterns fortgesetzt, gesellschaftliche Probleme wie insbesondere den Bodenschutz zu lösen, obwohl diese Probleme durchaus im jeweils eigenen Wirkungsbereich gelöst werden könnten. Denn Bodenschutzziele wie ein Netto-Null-Bodenverbrauchsziel oder ein 2,5-Hektar-Ziel umzusetzen und dafür z. B. unnötigen Bodenverbrauch zu verbieten, wäre in der Ordnungsfunktion der Raumplanung grundsätzlich möglich.

Aufbauend auf den Grundpfeilern einer nachhaltigen Raumentwicklung wird nun dargestellt, welcher Beitrag mit dem System der nominellen Raumplanung zur Erreichung des Netto-Null-Bodenverbrauchsziels geleistet werden kann, also welche Maßnahmen bereits jetzt von Ländern und Gemeinden

---

[162] Putschögl M (20.6.2023): Beschluss der Bodenstrategie neuerlich vertagt. https://www.derstandard.at/story/3000000175495/beschluss-der-boden-strategie-neuerlich-vertagt. (letzte Abfrage: 9.3.2024).

[163] Siehe dazu: Bundesministerium für Land- und Forstwirtschaft, Regionen und Wasserwirtschaft (2024): Beschluss der Bodenstrategie durch Raumordnungs-Tagung. https://info.bml.gv.at/themen/regionen-raumentwicklung/raumentwicklung/beschlussbodenstrategie.html. (letzte Abfrage: 9.3.2024).

innerhalb der nominellen Raumplanung (in weiterer Folge: kurz Raumplanung genannt) ergriffen werden können, um den Bodenverbrauch einzuschränken.

Überörtliche Raumplanung
Jedes quantitative Bodenschutzziel, unabhängig davon, ob es das geforderte Netto-Null-Bodenverbrauchsziel ist oder eine Zwischenetappe auf diesem Weg dorthin, wie etwa das 2,5-Hektar-pro-Tag-Ziel, benötigt eine Aufteilung dieses Flächenkontingents auf die verschiedenen Regionen und Gemeinden. Dabei ist das Spannungsfeld zwischen wachsenden, stagnierenden und schrumpfenden Gemeinden aufzulösen. Die wachsenden Gemeinden machen aufgrund der vorangegangenen Entwicklungen einen weiteren Baulandbedarf geltend, während die schrumpfenden Gemeinden in der Hoffnung, sich in wachsende Gemeinden zu verwandeln, ebenfalls auf mehr Bauland pochen. Denn in vielen schrumpfenden Gemeinden ist zu beobachten, dass trotz leerstehender Gebäude im Ortskern an den Ortsrändern Einfamilienhausgebiete entstehen. Das ist im Sinne einer nachhaltigen räumlichen Entwicklung insofern verwerflich, als dass die zuziehende oder umziehende Bevölkerung dann eher ein flächenzehrendes Einfamilienhaus am Ortsrand baut, als ein leerstehendes Objekt im Innerortsbereich zu erwerben und zu sanieren. Gerade in schrumpfenden Gemeinden bedeutet dies mehr Leerstand im Zentrum bei gleichzeitigem Bodenverbrauch in Randlagen der Ortschaften.

Daher ist es zwingend erforderlich, dass die für die Regionalplanung und die Landesplanung zuständigen Länder tätig werden und – wenn dies auf Bundesebene weiterhin scheitert – zumindest eigene quantitative Bodenschutzziele einschließlich eines regionalen bzw. lokalen Verteilungsschlüssels rechtlich verbindlich beschließen. Diese Kontingentierungen auf Regionen und dann letztlich auch innerhalb der Region auf Gemeinden- bzw. auf Ortschaften ist sowohl mit den Bedarfsfragen als auch mit der Infrastrukturausstattung der Gemeinden in Einklang zu bringen. Allerdings wurden bei den Diskussionen um die Bodenstrategie erhebliche Vorbehalte der Länder gegen ein quantitatives Bodenschutzziel vorgebracht. Letztlich ist auch ein Beschluss der Bodenstrategie ohne quantitatives Bodenschutzziel durch Länder und Gemeinden erfolgt, sodass eine Realisierung dieser Forderung zumindest kurzfristig nicht realistisch ist. Aber vielleicht übernimmt ein Bundesland oder eine Region mit hohem Bewusstsein für den Bodenschutz in näherer Zukunft die Vorreiterrolle, um derartige Mechanismen zu implementieren.

Wie können Regionen nun flächeneffizienter wachsen? Für Stadt-Umland-Regionen ist auf internationaler Ebene unter dem Titel „Transit Oriented Development"[164] schon länger diskutiert, dass aufgrund der Engpässe im Verkehrssystem nur mehr bestimmte Gebiete in Haltestelleneinzugsgebieten eines leistungsfähigen öffentlichen Verkehrs entwickelt werden sollten und insbesondere der öffentliche Verkehr sowie die Möglichkeiten des Zufußgehens und Radfahrens in Abstimmung mit der Siedlungsentwicklung ausgebaut werden. Die wachsende Bevölkerung erhöht dabei den Gestaltungsspielraum, da neuer Wohnraum an günstigen Standorten konzentriert werden kann. Beispielsweise darf um Wien im Lichte der täglichen Staus insbesondere im Berufsverkehr hinterfragt und angezweifelt werden, ob denn überhaupt noch kurz- bis mittelfristig ohne aufwendigen Infrastrukturausbau weiterer Spielraum im Verkehrssystem gegeben ist.

Das „Transit Oriented Development" unterscheidet grundsätzlich noch nicht zwischen Bestandsentwicklung und Bauen auf der grünen Wiese und wäre daher mit Innenentwicklungsstrategien zu kombinieren, um den Bedarf an zusätzlichen Wohneinheiten und Betrieben innerhalb der bestehenden Siedlungs- und Baulandgrenzen zu decken. Speziell in Gemeinden mit geringer oder keiner Wachstumsdynamik oder sogar mit schrumpfender Dynamik ist die Frage zu stellen, welches Bauland sinnvollerweise, speziell an den Ortsrändern wieder in Grünland zurückgewidmet werden kann, um funktionsfähige, agrarisch gut bewirtschaftbare Flächen weiter zu

---

[164] Curtis C., Renne J.L., Bertolini L. (Hrsg., 2009): Transit Oriented Development.

erhalten. Diese Baulandreserven an den Ortsrändern werden derzeit meist noch landwirtschaftlich genutzt und sollten auch in Zukunft dieser Raumfunktion zur Verfügung stehen.

Ein wesentlicher Aspekt einer flächensparenden Raum- und Siedlungsentwicklung und deren Steuerung auf regionaler Ebene sind Siedlungsgrenzen auf Ortschaftsebene. Überörtliche Siedlungsgrenzen, die in den Regionalplänen festgelegt werden, können von den Gemeinden nicht überschritten werden. Dieser Planungsinhalt hat sich schon in der Vergangenheit zur Eindämmung von Bodenverbrauch bewährt, wurde aber in erster Linie in wachsenden oder sogar stark wachsenden Gebieten, wie z.B. im Umland von Wien in Niederösterreich, angewendet. Üblicherweise wurden dabei aber auch nur besonders sensible Bereiche vor Verbauung geschützt. Kaum wurden je Siedlungsgrenzen 360 Grad um Ortschaften in den Plänen ausgewiesen.

Im Sinne einer Netto-Null-Bodenverbrauchsstrategie wäre dies zwingend erforderlich und würde bedeuten, dass Siedlungsgrenzen jedenfalls 360 Grad um alle Ortschaften, die eine Baulandwidmung aufweisen, festgelegt werden. Diese Siedlungsgrenzen können entweder tatsächlich als Grenze, als Linie in einem Plan festgelegt werden oder durch Vorrangflächenausweisungen des Grünlandes zustande kommen. Indem eine Vorrangfläche für Landwirtschaft, den Schutz der Biodiversität oder für das Naturgefahrenmanagement direkt an eine Baulandgrenze herangeführt wird, würden ebenso Siedlungsgrenzen entstehen. Dies wären sehr wirksame Maßnahmen gegen den Bodenverbrauch, denn um die Entwicklung des Bestandes, um Innenentwicklung voranzutreiben und die Prinzipien einer nachhaltigen räumlichen Entwicklung umzusetzen, ist es wesentlich, dass die nicht nachhaltigen, nicht erwünschten räumlichen Entwicklungen unterbunden werden. Durch Siedlungsgrenzen kann dies sehr wirkungsvoll erfolgen. Hier ist insbesondere die Raumplanung mit ihrer Ordnungsfunktion angesprochen, mit der bestimmte Nutzungen sehr wirksam unterbunden oder auf das unbedingt notwendige Ausmaß eingeschränkt werden können. Aber auch die Entwicklungsfunktion der Raumplanung für Innenentwicklung wird unterstützt, weil das Schließen von Möglichkeiten der Außenentwicklung auch gleichzeitig bedeutet, dass Optionen der Innenentwicklung vorangetrieben werden müssen. Damit können negative räumliche Entwicklungen wie Funktionstrennung und Baulandentwicklungen in geringer Dichte hintangehalten werden, weil aufgrund des reduzierten Angebots an Bauland die Nutzer:innen zu mehr Effizienz gezwungen sind.[165]

Diese Strategie unterstützt, dass Entwicklungen nach den genannten Prinzipien der räumlichen Entwicklung nicht im größeren räumlichen Kontext, sondern auch auf der einzelnen Parzelle stattfinden. So ist z.B. die Wahrscheinlichkeit wesentlich höher, dass eine Einkaufsfläche, die bisher ebenerdig errichtet wurde, im ersten Stock oder darüber auch noch für Büroflächen oder Wohnungen aufgestockt und ausgebaut wird. Für eine umfassende Nachhaltigkeit sind solche Projekte dann zu befürworten, wenn sie zentral gelegen sind.

Ein wesentlicher Aspekt der baulichen Entwicklung sind Betriebsbaugebiete, die in erster Linie für Industrie- und Gewerbebetriebe der produzierenden Sektoren und untergeordnet für Dienstleistungsbetriebe gedacht sind. Hier ist durch mögliche Emissionen oder durch die Lenkung des Güterverkehrs eine gewisse räumliche Funktionstrennung möglicherweise weiterhin gerechtfertigt, sodass die räumliche Nähe hier in einen größeren Kontext zu setzen ist. So ist zumindest im Ort die Erreichbarkeit zu Fuß, mit dem Fahrrad oder regional mit dem öffentlichen Verkehr sicherzustellen, was ein möglichstes Heranrücken an bestehende Strukturen bedeutet und auch hier vor allem die Nutzungsintensivierung und Bestandstransformation innerhalb der bestehenden Baulandgrenzen zu erreichen ist. Auch hier gilt im Sinne von Netto-Null-Bodenverbrauch, dass Neuwidmungen für Betriebe zwar möglich, aber durch Rückwidmungen von Bauland an anderer Stelle zu kompensieren sind. Um hier die Entwicklungsfunktion innerhalb einer Region zu

---
[165] Stöglehner G., Manhart V. Innenentwicklung.

gewährleisten und die besten Standorte auszuwählen, die nicht nur auf Gemeindeebene halbwegs vernünftige Lagen darstellen, sondern die vor allem auch in einem internationalen Standortwettbewerb durch eine gute Infrastrukturausstattung konkurrenzfähig sein können, ist es angeraten, interkommunale Betriebsansiedlungen (INKOBA)[166] zu organisieren. Derzeit werden interkommunale Betriebsbaugebiete überwiegend durch Neuwidmungen ins Leben gerufen. Diese wären auf Standorte des Bestandes, die weiterentwickelt und weiter vermarktet werden sollen, verstärkt auszudehnen, da durch Betriebsaufgaben oder Betriebsumsiedlungen Leerstände entstehen und sich Möglichkeiten auftun, um zu einer flächeneffizienteren Bebauung und zu einer Steigerung der Nutzungsintensität innerhalb der gewidmeten und interkommunal organisierten Betriebsbaugebiete zu gelangen.

Ein Beispiel für interkommunale Betriebsbaugebiete stellt die Region Freistadt dar, wo sich alle 27 Gemeinden des Bezirks Freistadt zusammengefunden haben, um Betriebsbaugebiete ab einer Größe von 5.000 Quadratmetern gemeinsam zu entwickeln und zu vermarkten. In diesen über einen Gemeindeverband organisierten interkommunalen Betriebsbaugebieten werden die Infrastrukturkosten für die Erschließung der Gebiete gemeinschaftlich finanziert. Es werden dann über Vereinbarungen innerhalb des Gemeindeverbandes die Einnahmen, die mit den Betriebsbaugebieten verbunden sind, auf alle Gemeinden des Bezirks aufgeteilt. Das heißt, auch jene Gemeinden, die über keine Betriebsbaugebiete verfügen, können an den Kommunalsteuereinnahmen der derzeit sieben Standortgemeinden mit Betriebsbaugebieten partizipieren. Dafür ist ein Verteilungsschlüssel der Kostenbeiträge genauso wie der Ausschüttungen vereinbart, der sich an der Einwohner:innenzahl der Verbandsgemeinden orientiert. Die Standortgemeinden erhalten dann noch einen Zuschlag aus den Ausschüttungen.[167]

---

[166] Land Oberösterreich (o.J.): Interkommunale Betriebsansiedlungen (INKOBA). https://www.land-oberoesterreich.gv.at/237130.htm (letzte Abfrage: 17.3.2024).

[167] Homepage der Interkommunalen Betriebsansiedlung Region Freistadt: https://inkoba-freistadt.at (letzte Abfrage: 2.6.2024).

Dieses Beispiel ist aus drei Gründen bemerkenswert.[168] Durch die intensive Kooperation der Gemeinden können innerhalb der Region die raumordnungsfachlich bestgeeigneten Standorte für Betriebsbaugebiete ausgewählt werden, die mit Infrastruktur gut erschlossen sind und auch in einem internationalen Standortwettbewerb um Unternehmen bestehen können. Dadurch, dass die Gemeinden nicht jede für sich durch Baulandausweisungen für Betriebe in einen Standortwettbewerb treten, kann diese Initiative den Bodenverbrauch reduzieren.

Zum Zweiten werden alle Betriebsstandorte mit Vertragsraumordnung ausgestattet, wo auch bereits die Preisniveaus mit den Grundeigentümer:innen im Verkaufsfalle vereinbart sind. Das heißt, bevor die Widmung überhaupt eingeleitet wird, ist die Verfügbarkeit gesichert und schon der Verkaufspreis der Grundstücke bekannt. Und nicht nur die Erschließungskosten, sondern auch der Grundstückspreis selbst können gemeinsam an die ansiedlungswilligen Unternehmen kommuniziert werden. Durch die Vorbereitungen nicht nur im Rahmen der Raumordnung, sondern auch durch die Sicherung der Grundstücke kann eine rasche Nutzbarkeit für die Betriebe gewährleistet werden, was auch einen Standortvorteil darstellt.

Zum Dritten zeigt die Aufteilung von Infrastruktur, Kostenbeiträgen der Gemeinden und der dann zu erwartenden Kommunalsteuern, wie räumliche Ungleichheiten zwischen den Gemeinden regional gemildert werden können. In der Region Freistadt sind insbesondere die nördlichen und östlichen Gebiete mit Infrastruktur weniger gut erschlossen. Sie sind auch nicht mehr so gut von Zentralräumen aus erreichbar und waren in den letzten Jahrzehnten vom Bevölkerungsrückgang insbesondere durch Abwanderung gekennzeichnet.

---

[168] weiterführend siehe: Stöglehner G., Haselsberger B., Narodoslawsky M. et al. (2010): Durchführbarkeit von nachhaltigen Energiesystemen in INKOBA Parks. Projektendbericht.

Mit der Verteilung der interkommunalen Betriebsbaugebiete sollte auch ermöglicht werden, dass die Bevölkerung dieser schrumpfenden Gemeinden zumindest in Tagespendel-Distanz einen Arbeitsplatz findet und so Möglichkeiten hat, in der Heimatgemeinde zu verbleiben und hier auch den Lebensunterhalt zu bestreiten. Für den Gemeindeverband in Freistadt ist diese Rechnung aufgegangen. Die zur Gründung des Gemeindeverbandes im Jahre 2003 ausgegebenen Ziele, regional 1.000 Arbeitsplätze zu schaffen und eine Million Euro Kommunalsteuern einzunehmen, wurden bereits 2021 erreicht. Dieser Erfolg hat positive Auswirkungen auf die gesamten interkommunalen Kooperationen in der Region. Derzeit beschäftigen laut Website des Gemeindeverbandes 38 Unternehmen ca. 1.400 Beschäftigte an den zehn INKOBA-Standorten in den sieben Standortgemeinden und erbringen für die Gemeinden (Stand 2023) ca. 1,82 Millionen Euro Kommunalsteuern. Das sind mehr als 10 % der in der gesamten Region eingenommenen Kommunalsteuern.

Mit diesem Beispiel soll aufgezeigt werden, dass die Art und Weise, wie Gemeinden Steuereinnahmen aus Baulandentwicklungen lukrieren können, einen wesentlichen Einfluss darauf hat, wie raumplanerische Entscheidungen getroffen werden. Dieser Ansatz kann in mehrere Richtungen weiterentwickelt werden, unter anderem zu interkommunalen Wohngebieten. Hier wäre es bedeutsam, ähnliche Herangehensweisen nicht nur für Betriebsbaugebiete, sondern auch für Wohnbauland zu finden, wo dann nicht Kommunalsteuereinnahmen aus betrieblicher Nutzung, sondern Ertragsanteile für die Wohnbevölkerung in einem neuen Schlüssel aufgeteilt werden. Mit diesen Mitteln können hochwertige Wohnquartiere infrastrukturell erschlossen werden und durch die interkommunale Kooperation in allen Gemeinden Zugang zu verschiedensten (sozialen) Infrastrukturen finanziert werden. De facto bedeutet dies die Neuorganisation des Finanzausgleichs, im Beispiel Freistadt über einen Gemeindeverband. Für diesen interkommunalen bezirksweiten Finanzausgleich hat die INKOBA-Region Freistadt übrigens den Erdreich-Preis 2022 des Klimaschutzministeriums für Bodenschutz in der Kategorie „Flächensparen – effizienter und sparsamer Umgang mit Flächen" und den Nachhaltigkeitspreis „Austrian SDG-Award 2023" erhalten.[169]

Diese Initiative der gemeindeübergreifenden Betriebsansiedlungen dient der Aufrechterhaltung der Lebensqualität der Bevölkerung und reduziert die Gefahr der Abwanderung. In Bezug auf das Thema Bodenverbrauch hat die interkommunale Kooperation Entwicklungsbedarf. Denn auch im Mühlviertel in der Region Freistadt sowie in vielen anderen interkommunalen Betriebsbaugebieten finden die Entwicklungen überwiegend auf der grünen Wiese statt. Durch die Konzentration auf wenige Standorte trägt das zwar immer noch zu einer höheren Flächeneffizienz als in Einzelbetriebsansiedelungen in den jeweiligen Gemeinden bei. Allerdings kann damit ein Netto-Null-Bodenverbrauchsziel nicht erreicht werden. Der INKOBA-Verband Freistadt widmet sich neuerdings auch der Leerstandsaktivierung in den Stadtkernen von Freistadt und Pregarten.[170] Derartige Initiativen sind mittlerweile zunehmend zu finden, können aber die Trendwende in Bezug zur Flächeninanspruchnahme im großen Stile noch nicht herbeiführen.

In diesem Sinne ist es daher besonders wichtig, dass nicht nur Grünlandflächen, sondern auch Industrie- und Gewerbebrachen sowie weitere leerstehende Objekte in interkommunale Betriebsansiedlungen verstärkt mit eingeschlossen werden und diese stärker als bisher für die Entwicklung des Bestandes genutzt werden. Dabei kann auf die positiven Erfahrungen der bisherigen Gebiete für die Bestandsentwicklung aufgebaut werden. Wird auf Bestandsentwicklung fokussiert, besteht überdies der Vorteil, dass wesentliche Teile der Infrastrukturkosten eingespart werden können, weil Erschließungskosten im Bestand üblicherweise gar nicht oder nur

---

[169] https://www.brachflaechen-dialog.at/erdreich-preis22-gewinner (letzte Abfrage: 2.6.2024).
[170] https://www.wirtschaftsregion-freistadt.com/single-project (letzte Abfrage: 2.6.2024).

aus der Ertüchtigung der bestehenden Infrastruktur in einem geringeren Ausmaß anfallen.

Zusammenfassend kann also festgestellt werden, dass die Aufgaben der überörtlichen Raumplanung zur Erreichung eines Netto-Null-Bodenschutzziels sowie der jeweiligen Etappenziele zunächst in einer regional differenzierten Ermittlung des Bedarfs an Wohnungen, Betrieben und öffentlichen Einrichtungen liegen soll. Weiters müssen als wesentliche Maßnahme Siedlungsgrenzen definiert werden, die von den Gemeinden bei den Baulandwidmungen nicht überschritten werden dürfen. Darüber hinaus sind Vorrangflächen des Grünlandes entsprechend darzustellen, damit in ausreichender Menge Böden für die Ernährungssicherheit, den Biodiversitätsschutz, die Klimawandelanpassung und die Bioökonomie im Lichte von regionalen Produktionszielen und Bodenschutzzielen zur Verfügung stehen. Abschließend wären Instrumente der überörtlichen Raumplanung auch dafür einzusetzen, die interkommunale Kooperation zu stärken und die Einnahmen der Gemeinden aus Baulandwidmungen entsprechend fair in einem regionalen Schlüssel aufzuteilen und so allen Gemeinden entsprechende Spielräume für Infrastrukturinvestitionen zur Sicherung der Lebensqualität der Bevölkerung zu ermöglichen.

Örtliche Raumplanung

Der örtlichen Raumplanung kommt im bestehenden Raumplanungssystem die zentralste Rolle in der Gestaltung der Raumentwicklung zu. Einerseits ist dies darin begründet, dass überörtliche Raumplanung sich in einigen Bundesländern gar nicht auf alle Gemeinden erstreckt, denn die Praxis der Landesplanung und Regionalplanung ist zwischen den Bundesländern sehr unterschiedlich.

Solange daher nicht auf überörtlicher Ebene quantitative Bodenschutzziele sowie weitere Maßnahmen vorhanden sind, also so wie jetzt, ist daher die Gemeinde im Rahmen der örtlichen Raumplanung und insbesondere im Rahmen des örtlichen Entwicklungskonzeptes dazu angehalten, realistische

Baulandprognosen vorzulegen und in diesen Baulandprognosen auch zu berücksichtigen, dass flächeneffizienter gebaut werden soll und daher möglichst wenig zusätzliches Bauland ausgewiesen wird. Solange aber das Thema der Baulandverfügbarkeit im Bestand nicht zufriedenstellend gelöst ist und die Instrumente der Baulandmobilisierung im Rahmen der Vertragsraumordnung nur bei Neuwidmungen greifen, werden Gemeinden auch in Zukunft auf die Neuausweisung von Bauland angewiesen sein, um ihre räumliche Entwicklung und die darin definierten Zielvorstellungen umsetzen zu können.

Viele Gemeinden verfügen, da sie nicht von einem regionalen Raumordnungsprogramm erfasst sind, nicht über die Vorgaben von überörtlichen Siedlungsgrenzen. Das kann zwar als Freiheitsgrad interpretiert werden, der von vielen Bürgermeister:innen und deren Vertretungen verteidigt wird, etliche Bürgermeister:innen würden sich aber hier durchaus konkretere Vorgaben wünschen, weil damit auch dem Druck der Grundeigentümer:innen, zusätzliche Baulandwidmungen zu vergeben, mit Verweis auf eine überörtliche Planungsfestlegung des Landes leichter standgehalten werden kann.

Denn viele Bürgermeister:innen bzw. Gemeinderät:innen wissen, dass Baulandwidmungen nicht nur positive Effekte haben, sondern entsprechende Eingriffe in die Gemeindeentwicklung darstellen und auch vielfach mit Kosten verbunden sind, die nicht leicht finanziert werden können. Wenn die überörtliche Raumplanung keine konkreten Vorgaben macht, sind die Gemeinden in der örtlichen Raumplanung gefordert, nach rechtlicher Möglichkeit des jeweiligen Landesgesetzes Siedlungsgrenzen und Grünlandflächen im örtlichen Entwicklungskonzept festzulegen, die von Bebauung und Infrastrukturmaßnahmen freizuhalten sind. Darüber hinaus können Grünzüge oder Freihalteflächen dargestellt und auch festgelegt werden, ob Flächen von Bauland in Grünland zurück gewidmet werden, weil z. B. seit Längerem kein Bedarf besteht oder auch die Grundeigentümer:innen kein Interesse an einem Verkauf oder an einer widmungsgemäßen Nutzung des bereits gewidmeten Baulandes haben.

Im Flächenwidmungsplan wird durch die Festlegung von Widmungen wesentlich darüber entschieden, ob Funktionsmischung im obigen Sinne umgesetzt werden kann. In Bezug auf die Festlegung einer maßvollen baulichen Dichte sind die Bundesländer in ihren Regelungen sehr unterschiedlich. In einigen Bundesländern können Dichtefestlegungen bereits im Flächenwidmungsplan getroffen werden. In anderen Bundesländern ist dafür in erster Linie der Bebauungsplan zuständig. Eine wesentliche Maßnahme sowohl für die Energieraumplanung, also die Unterstützung von Klimaschutz und Energiewende mit raumplanerischen Mitteln, als auch für den Bodenschutz wäre es, im Sinne einer integrierten Flächenwidmungs- und Bebauungsplanung schon vor der Umwidmung eine Ortsidee in 3D zu entwickeln und durch Kombination der beiden Instrumente oder durch zeitnahe Verordnung knapp hintereinander die entsprechenden Festlegungen zu treffen.[171] Derzeit ist dies so explizit nur in den Kärntner und Salzburger Raumordnungsgesetzen vorgesehen.

Oft werde ich gefragt, ob Rückwidmungen von Bauland in Grünland notwendig wären. Dies ist insbesondere an den Siedlungsrändern absolut zu bejahen, wenn dadurch kompaktere Raum- und Siedlungsstrukturen erhalten werden können. Vielfach besteht bei politischen Entscheidungsträger:innen große Angst davor, dass damit hohe Entschädigungszahlungen verbunden wären. Dies ist zwar in den Bundesländern unterschiedlich geregelt und vielfach im Einzelfall zu beurteilen, aber nicht jede Rückwidmung führt auch zwangsläufig zu einer Entschädigungszahlung. Ganz im Gegenteil – es werden sehr viele Rückwidmungen ohne Entschädigungsleistungen abgewickelt werden können. Vielfach können auch hier partizipative Prozesse und Bewusstseinsbildung, dass Baulandentwicklungen nicht nur mit Vermögenszuwächsen, sondern auch mit Nachteilen wie Erhaltungspflichten oder Infrastruk-

---

[171] Stöglehner, G., Erker, S., Neugebauer, G. (2014): Energieraumplanung. Materialienband. Geschäftsstelle der Österreichischen Raumordnungskonferenz (ÖROK, Hrsg.), ÖROK Schriftenreihe Nr. 192, Wien.

turaufwendungen verbunden sein können, Einverständnis und Zustimmung bei Grundeigentümer:innen herbeiführen, sodass einvernehmlich rückgewidmet werden kann. Hilfreich ist, wenn finanzielle Anreize bestehen, indem das Horten von Bauland etwas kostet.

Mit den raumplanerischen Festlegungen auf Ebene des örtlichen Entwicklungskonzeptes, des Flächenwidmungsplans und des Bebauungsplans sind klare Eingriffe in die Nutzungsmöglichkeiten von Grund und Boden im öffentlichen Interesse verbunden. Dies dient aber auch dem privaten Interesse, da Nachbarschaftsstreitigkeiten damit hintangehalten werden können. Insbesondere in Bezug auf eine maßvolle Dichte ist der Bebauungsplan besonders wertvoll, weil festgelegt werden kann, in welchem Ausmaß z. B. leerstehende Flächen oder große Gärten durch zusätzliche Bebauungen genutzt werden können oder in welchem Ausmaß Gebäude erweitert oder aufgestockt oder weitere Formen der Verdichtung umgesetzt werden können.

Durch die Klarheit und Tiefe der Vorgaben und die unmittelbare Verbindlichkeit für Bürger:innen sowie Unternehmen und die öffentliche Hand als Bauträgerin von Infrastruktureinrichtungen, Wohnbauten etc. ist die örtliche Raumplanung auch für das Thema quantitativer Bodenschutz und Reduktion des Bodenverbrauchs zentral. Nicht nur das Ausmaß und die Standorte des Baulandes sowie deren Nutzungsintensität werden in der örtlichen Raumplanung festgelegt, sondern auch die Bedarfe an öffentlicher Infrastruktur, insbesondere an Straßen, Parkplätzen, Radwegen, Fußwegen und öffentlichem Verkehr.

Darüber hinaus werden aber auch Festlegungen getroffen, wo öffentliche Infrastruktur im sozialen Bereich, also Kindergärten, Schulen, Altenheime, medizinische Versorgung im Detail ihre Standorte finden sollen, was sowohl über die Flächeninanspruchnahme als auch über die Standortqualitäten für diese öffentlichen Nutzungen, aber auch über die Erreichbarkeit dieser Anlagen und Einrichtungen entscheidet. Damit lastet auf den Entscheidungsträger:innen der örtlichen Raumplanung in den 2.093 österreichischen Gemeinden eine erhebliche Verantwortung für die Zukunftsfähigkeit unserer Gesellschaft im Lichte von Bodenverbrauch, Klimakrise, Biodiversitätskrise, aber auch der wirtschaftlichen und gesellschaftlichen Entwicklung. Dass diese Verantwortung nicht in ausreichendem Maße wahrgenommen wird, kann am Zustand des Raumes und an der Geschwindigkeit der Baulandentwicklung und Verbauung landauf, landab, abgelesen werden. Damit hier eine Neuausrichtung der Raumplanung im Sinne der Bodenschutzziele, insbesondere eines Netto-Null-Bodenverbrauchs stattfinden kann, sind verschiedene Handlungsfelder zu bedienen.

Handlungsfelder innerhalb der Raumplanung
Handlungsfeld 1 sind klarere Vorgaben, entweder auf gesetzlicher Ebene oder durch eine starke, flächendeckende Regionalplanung, die die oben geforderten Mindestinhalte jedenfalls erfüllt. Zu diesen Vorgaben gehören Flächenkontingente für Baulandwidmungen auf regionaler bzw. lokaler Ebene im Sinne von quantitativen Bodenschutzzielen und der langfristigen Netto-Null-Bodenverbrauchsziele.

Als Handlungsfeld 2 ist Bodenpolitik notwendig. Dafür gibt es verschiedene Möglichkeiten, die von den Gemeinden selbst wahrgenommen werden können. Andere wiederum erfordern weitere gesetzliche Vorgaben, wie weiter unten ausgeführt wird.

Das Handlungsfeld 3 adressiert die Ausbildung von Gemeinderät:innen, um sie auf die verantwortungsvolle Aufgabe der örtlichen Raumplanung vorzubereiten. Bereits in der Komplexität des Regelungssystems Raumplanung ist angelegt, dass viel Expert:innenwissen notwendig ist, um in Österreich Raumplanung zu betreiben. Dies wirft die Frage auf, inwieweit die zuständigen Planungsbehörden, insbesondere die Gemeinderät:innen, die die Planungsbehörde der Gemeinde bilden, für solche wichtigen, langfristig wirksamen und gesellschaftlich sehr bedeutenden Entscheidungen ausreichend qualifiziert sind. Als gewählte Repräsentant:innen des Volkes sind nur die wenigsten einschlägig vorgebildet. Daher werden die Entscheidungsträger:innen von Ortsplaner:innen, also von universitär ausgebildeten Fachleuten, beraten und begleitet. Darüber hinaus braucht es Ausbildungsprogramme für Gemeinderät:innen, um für die Themen einer nachhaltigen räumlichen Entwicklung und für eine Reduktion des Bodenverbrauchs zu sensibilisieren und so zukunftsfestere Entscheidungen herbeizuführen, als dies bisher oft zu beobachten war.

Darüber hinaus sind die Gemeinden dem Aufsichtsrecht der Länder unterworfen und erhalten im Rahmen der aufsichtsbehördlichen Genehmigungsverfahren qualifizierte Stellungnahmen. Die Länder dürfen dabei Pläne der Gemeinden nur genehmigen oder versagen. Sie können die Planungen der Gemeinden nicht selbstständig ändern. All diese Mechanismen haben offensichtlich bis dato noch nicht dazu geführt, das Thema Bodenverbrauch zufriedenstellend zu lösen. Dem Problem Bodenverbrauch kann daher nur durch eine Kombination verschiedenster Maßnahmen begegnet werden, bei denen die Steigerung der Baulandverfügbarkeit auch im Bestand eine wesentliche Rolle einnimmt. Eigentlich wäre die Umsetzung eines Netto-Null-Bodenverbrauchsziels im Rahmen der bestehenden raumplanerischen Regelungen und des bestehenden Raumplanungssystems durchaus möglich, genauso wie die Umsetzung jedes quantitativen Etappen-Bodenschutzziels auf dem Weg bis zur Netto-Null-Zielerreichung, die gemäß europäischer Bodenschutzstrategie bis 2050 Realität werden soll. Ohne Begleitmaßnahmen können damit aber auch negative Folgen wie z. B. steigende Baulandpreise und damit verbundene weitere Konflikte mit Themen wie leistbarem Wohnen ausgelöst werden.

Begleitmaßnahmen

Was muss sich nun ändern? Im Wesentlichen wäre es ja einfach, auch im bestehenden System. Es bräuchte nur verbindliche, quantitative Bodenschutzziele, die auf Länder und Regionen aufgeteilt werden und innerregional durch interkommunale Kooperation Handlungsspielräume eröffnen, damit die weitere Raumentwicklung auf regionale Gunstlagen fokussiert werden kann, gleichzeitig aber die Versorgungssicherheit, die Lebensqualität und kleinräumige Entwicklungsmöglichkeiten in der gesamten Region aufrechterhalten werden können. In Bezug auf raumordnungsfachliche Entscheidungen sind die bisher unterbreiteten Vorschläge und skizzierten Grundpfeiler einer nachhaltigen Raumentwicklung und deren Umsetzung in den Planungsinstrumenten der Raumplanung prinzipiell ausreichend. Dass diese Änderungen im bestehenden System allerdings tatsächlich erfolgen, ist stark zu bezweifeln. Insbesondere die Länder und Gemeinden wollen hier eine verbindliche Einschränkung ihrer Gestaltungsspielräume in der räumlichen Entwicklung durch quantitative Bodenschutzziele nicht hinnehmen. Allerdings ist dies zum Schaden aller.

Wenn also das derzeitige System Raumplanung über lange Zeiträume trotz der grundsätzlichen Möglichkeiten nicht in der Lage war, hier eine notwendige Umsteuerung herbeizuführen, stellt sich die Frage, inwieweit diese Umsteuerung nicht durch eine substanzielle Systemänderung herbeigeführt werden muss. In diesem Zusammenhang wird oft das Thema Bundesraumordnungsgesetz und Veränderung der verfassungsmäßigen Zuständigkeit für Raumordnung von den Ländern auf die Bundesebene diskutiert.[172] Bereits am 27. April 1970 war die Erstellung eines Bundesraumordnungsgesetzes sowie eines Bundesraumplanes mit beigefügten Regionalplänen Gegenstand einer Nationalratsdebatte.[173] Im Jahre 1975 wurde ein Bundesraumordnungsgesetzesentwurf in die politische Debatte eingebracht, der allerdings die Raumordnungsbefugnisse der Länder und Gemeinden nicht berührte. Er diente, was grundsätzlich auch jetzt noch sinnvoll wäre, der besseren

---

[172] Siehe dazu: ÖROK (2021): 50 Jahre österreichische Raumordnungskonferenz. Kooperation und Koordination in der Raumentwicklung. ÖROK-Schriftenreihe Nr. 211. https://www.oerok.gv.at/fileadmin/user_upload/publikationen/Schriftenreihe/211/50_Jahre_OEROK_Schriftenreihe_Nr._211.pdf (letzte Abfrage: 2.6.2024).

[173] Parlament (o.J.): Stenographisches Protokoll. 2. Sitzung des Nationalrates der Republik Österreich, XII Gesetzgebungsperiode. Montag, 27.4.1970. https://www.parlament.gv.at/dokument/XII/NRSITZ/2/imfname_150413.pdf (letzte Abfrage: 2.6.2024).

Koordination der raumrelevanten Bundesmaterien. Dabei sollten Planungsziele und -grundsätze verfolgt werden, die den jetzigen Zielkatalogen sehr ähnlich waren. Allerdings haben diese Debatten nie zu einem Bundesraumordnungsgesetz geführt.[174] Sie gingen auch nicht weit genug, um im Sinne des Bodenschutzes eine Kompetenzverschiebung herbeizuführen.

Was würde eine Bundesraumordnungskompetenz oder zumindest eine Bundesrahmengesetzgebung für Raumordnung mit Ausführungsgesetzen der Länder nun Positives bewirken können? Zum einen sind die Ursachen des Bodenverbrauchs auf verschiedene Kompetenzfelder, nicht nur die nominelle Raumplanung, sondern auch die funktionelle Raumplanung, wie z. B. im Straßenbahnbau, Eisenbahnbau, in der Energiewirtschaft etc. aufgesplittert. Diese Aufsplitterung bewirkt ein hohes Ausmaß an Koordinationstätigkeit. Dies könnte, wenn z. B. Anliegen des Naturschutzes mitberücksichtigt werden, auf Basis einer einheitlichen gesetzlichen Grundlage in einem umfassenden Bundesraumordnungsgesetz über alle Kompetenzen hinweg geregelt werden. Damit würde tatsächlich ein Mehrwert geschaffen werden, indem Pläne und Programme aus einer Hand und auf Grundlage einer einzigen gesetzlichen Basis und bundesweit einheitlichen Raumordnungszielen und -grundsätzen erlassen werden könnten. Dies schließt quantitative Vorgaben nicht nur für den Bodenschutz, sondern auch für andere Aspekte der räumlichen Entwicklung mit ein. Auch wäre die Zustimmung zu Vorhaben wie dem Nature Restauration Law einfacher zu erwirken.

Trotz dieser erheblichen Vorteile sind die letzten ernsthaften Versuche, ein Bundesraumordnungsgesetz vorzulegen, auf Mitte der 1990er-Jahre zurückzudatieren.[175] Seither hat es keine tiefgreifenden Debatten mehr um ein Bundesraumordnungsgesetz gegeben. Nicht einmal der Klimarat, der in seinen Empfehlungen auch Raumordnung anspricht, hat unter dem

---

[174] Österreichisches Staatsarchiv (ÖSTA), Archiv der Republik (AdR), Gruppe 03. Karton Nr. 122. BM für soziale Verwaltung. Präsidium 1964–1979. Entwurf zu einem Bundes-Raumordnungsgesetz vom Juli 1975.
[175] Siehe dazu: ÖROK (2021): 50 Jahre österreichische Raumordnungskonferenz.

Titel Kompetenzverschiebungen eine Bundesraumordnung gefordert, sondern lediglich die Verschiebung der Widmungskompetenz von der Gemeindeebene auf die Landesebene vorgeschlagen.[176] Dies zeigt also, dass die realpolitische Situation sowie die Einschätzung verschiedenster Gruppen bezüglich der Machbarkeit eines Bundesraumordnungsgesetzes wenig optimistisch ist und diese Forderung zunehmend in den Hintergrund rückt.

Überdies hat der Bund mit dem Standortentwicklungsgesetz im Jahr 2018 ein Gesetz beschlossen, das in die räumliche Entwicklung substanziell eingreift, wenn für den Wirtschaftsstandort Österreich Projekte mit besonders hohem öffentlichen Interesse durch eine Verfahrensbeschleunigung zügiger umgesetzt werden sollen. Ich habe im parlamentarischen Verfahren in mehreren Stellungnahmen heftige Kritik an diesem Gesetz geübt, unter anderem weil ich eine Beschleunigung des Bodenverbrauchs durch dieses Gesetz befürchte.[177] Ein wesentlicher Kritikpunkt daran ist, dass bei solchen Projekten mit besonderem öffentlichen Interesse, das durch einen Standortentwicklungsbeirat festgelegt wird, einmal grundsätzlich von einem positiven Ausgang eines Genehmigungsverfahrens auszugehen ist und nur dann eine Genehmigung zu versagen ist, wenn das Vorhaben solche Mängel aufweist, dass diese durch Auflagenbedingungen, Befristungen und Projektmodifikationen sowie Ausgleichsmaßnahmen nicht behoben werden können. Damit findet de facto eine Beweislastumkehr in Bezug auf Umweltauswirkungen statt. Darüber hinaus werden Beteiligungsrechte und Nachbarschaftsrechte eingeschränkt. Derzeit läuft wegen des Standortentwicklungsgesetzes auch eine Vertragsverletzungsklage vor dem Europäischen Gerichtshof gegen Öster-

---

[176] Klimarat der Bürgerinnen und Bürger (2022): Klimaneutralität bis 2040: Die Empfehlungen. ARGE Klimarat (Hrsg.). https://klimarat.org/wp-content/uploads/Klimarat-Endbericht-WEB.pdf, S. 86 (letzte Abfrage: 2.6.2024).
[177] Die Stellungnahmen sind auf der Homepage des Parlaments abrufbar: Stellungnahme 1: https://www.parlament.gv.at/dokument/XXVI/SNME/2072/imfname_706659.pdf; Stellungnahme 2: https://www.parlament.gv.at/dokument/XXVI/SN/239/imfname_724916.pdf (letzte Abfrage: 2.6.2024).

reich.[178] Bis dato ist dieses Gesetz weitestgehend totes Recht, d. h. bisher gibt es keinen Anwendungsfall.[179]

Die Abläufe und Diskussionen sowie das Zustandekommen des Standortentwicklungsgesetzes zeigen daher eindrücklich auf, dass eine reine Kompetenzverlagerung von den Gemeinden und Ländern zum Bund nicht zwingend zur Lösung der Probleme des Bodenverbrauchs führen muss. Denn mit einer rechtlichen Kompetenzverschiebung würde wohl auch eine fachliche Kompetenzverschiebung einhergehen. Gemeinden und Länder haben mittlerweile mehr als 50 Jahre Erfahrung mit der Raumordnung und entsprechende Fachleute in ihren Diensten stehend. Auf Bundesebene müssten derartige Behördenstrukturen erst neu geschaffen werden. Auch aus diesem Gesichtspunkt ist zu hinterfragen, ob eine Verschiebung der Kompetenzen sofortige Erfolge im Sinne des Bodenschutzes zeitigen würde. Dem kann wiederum entgegengehalten werden, dass durch den aktuellen Beschluss einer Bodenstrategie durch Länder und Gemeinden (siehe oben) dokumentiert ist, dass durch diese Gebietskörperschaften derzeit keine Lösungen des Problems zu erwarten sind. Als Kompromiss könnte ein Bundesraumordnungsrahmengesetz erlassen werden, das durch die Raumordnungsgesetze der Länder ausgeführt werden muss und die Kompetenzverteilung der Gesetzesvollziehung nur moderat ändert. In dieses Gesetz könnte ein quantitatives Bodenschutzziel und dessen Aufteilung auf die Länder verbindlich vorgesehen werden.

Diese teilweise akademische Abwägung von Vor- und Nachteilen einer Bundesraumordnung oder eines Bundesraumordnungsrahmengesetzes darf aber nicht davon ablenken, dass es sehr rasch Ziele für den Bodenschutz braucht und

---

178 Kleine Zeitung (2019): EU-Kommission leitet Verfahren gegen Österreich ein. https://www.kleinezeitung.at/wirtschaft/5709991/Standortentwicklungsgesetz_EUKommission-leitet-Verfahren-gegen (letzte Abfrage: 2.6.2024).

179 Kocher, M. (2022): Beantwortung der parlamentarischen Anfrage betreffend „Standortentwicklung in der Krise: totes Recht, fehlende Strategien und viele Fragen in Richtung Zukunft." https://www.parlament.gv.at/dokument/XXVII/AB/11719/imfname_1476061.pdf (letzte Abfrage: 2.6.2024).

dass diese Ziele aus dem langfristigen Bedarf an land- und forstwirtschaftlich produktivem Grund und Boden abzuleiten sind, wie dies in Kapitel 5 dieses Buches aufgezeigt wurde. Diese Bodenschutzziele sind dringend zu verordnen bzw. in Gesetzesform zu gießen. Und dies hat auf Bundesebene zu erfolgen. Denn alleine, wenn die unterschiedliche Verteilung von Bevölkerung, Dauersiedlungsraum und agrarisch produktiven Flächen, insbesondere Ackerflächen, zwischen den einzelnen Bundesländern erwogen wird, ist augenscheinlich, dass sich die alpinen Bundesländer wohl kaum selbst mit Nahrungsmitteln versorgen können, sondern dass zumindest ein regionaler Ausgleich für nationale Ernährungs-, Energie- und Rohstoffsouveränität hergestellt werden muss. Schon aufgrund der natürlichen Produktionsbedingungen ist dies zwingend erforderlich. Es muss auch einen Ausgleich zwischen urbanen und ländlichen Räumen geben: Alleine bei der Ernährungssicherheit werden ländliche Gemeinden bei lokaler Betrachtung immer ausreichend Grünraum haben, während sich dies in urbanen Gemeinden nie ausgehen kann. Damit wäre zumindest eine Bundesraumordnungsrahmengesetzgebung, die durch Ausführungsgesetze der Länder, d.h. die derzeitigen Raumordnungsgesetze, mit den entsprechenden Adaptierungen bezüglich der Bundesvorgaben zu ergänzen wäre, im Lichte der oben dargestellten Vor- und Nachteile im Sinne des Bodenschutzes und der dafür notwendigen Planungskoordination am besten geeignet.

Alternativ zu einem Bundesraumordnungsgesetz können auch sogenannte Paragraf-15a-Vereinbarungen aufgrund der Bundesverfassung getroffen werden. Das sind verbindliche Verträge zwischen Bund und Ländern zur Regelung von entsprechenden Sachverhalten. Um im bestehenden System zu bleiben und den quantitativen Bodenschutz nicht mit Kompetenzdebatten zu lähmen, könnte grundsätzlich damit zunächst das Auslangen gefunden werden. Es braucht also nicht zwingend ein Bundesraumordnungsgesetz, wenngleich dies wahrscheinlich die höchste Wirksamkeit entfalten würde. Aber eine Bodenstrategie zur Erreichung des Netto-Null-Bodenschutzziels ist zwingend erforderlich, die über eine Paragraf-15a-Vereinbarung rechtsverbindlich festgelegt und umgesetzt wird.

Ein weiterer Hebel neben der Veränderung der rechtlichen Kompetenzverteilung bzw. der Vereinbarungen zu mehr Bodenschutz und zu einem Netto-Null-Bodenverbrauchsziel wären fiskalische Anreize für Länder und Gemeinden, um mehr Bodenschutz zu betreiben. Das bedeutet im Wesentlichen eine Neuorientierung des Finanzausgleichs, sodass Gemeinden, die eine flächenzehrende, ausladende Raumentwicklung aufweisen, einen geringeren Beitrag bekommen als Gemeinden, die sich nachweislich und aufgrund von objektivierbaren Maßzahlen einer flächeneffizienten Raum- und Siedlungsentwicklung widmen. Im Wesentlichen würde dies bedeuten, dass für flächeneffiziente Raum- und Siedlungsentwicklung bzw. gegenteilige Entwicklungen Zuschläge bzw. Abschläge bei der Berechnung des Finanzausgleichs angewendet werden. Hier können kompakte Siedlungsentwicklungen belohnt werden. Ergänzend zum Finanzausgleich könnte auch die Vergabe von Bedarfszuweisungen an bestimmte Ziele der räumlichen Entwicklung gebunden werden. Auch das wäre eine wirksame Möglichkeit, bei den Entscheidungsträger:innen auf lokaler Ebene Bewusstsein dafür zu schaffen, dass eine nachhaltige, flächensparende Raum- und Siedlungsentwicklung zwingend erforderlich ist und herausragenden gesellschaftlichen Weichenstellungen dient.

6.4 Baulandverfügbarkeit stärken

Quantitative Bodenschutzziele sozialverträglich zu implementieren, setzt voraus, dass die Baulandverfügbarkeit deutlich gehoben wird. Hier sind einige Kernmaßnahmen notwendig, die im folgenden Unterkapitel diskutiert werden. Mit Ausnahme der schon angesprochenen Vertragsraumordnung sowie Befristungen bei Neuwidmungen von Grünland in Bauland wird die Regelung der Baulandverfügbarkeit im Wesentlichen dem freien Bodenmarkt überlassen. Dies führt derzeit zu wesentlichen Fehlsteuerungen, wo die besten Lagen derzeit nicht oder nur zu Preisen verfügbar sind, die sich die durchschnittlich verdienenden Österreicher:innen nicht mehr leisten können – und zwar weder, was den Eigentumserwerb anlangt, noch in bestimmten Konstellationen zur Miete. Im sozialen Wohnbau – der Gemeindewohnungen und Wohnbaugenossenschaften umfasst – ist die Wohnbautätigkeit durchaus hoch. Und dies führt dazu, dass immer noch leistbarer Wohnraum angeboten werden kann. Der soziale Wohnbau wirkt auch preisdämpfend bei den Mieten. Derzeit sind in etwa ein Viertel der Wohnungen in Österreich dem sozialen Wohnbau zuzuordnen. Das ändert aber nichts daran, dass Mieten und Wohnungspreise gerade in den letzten Jahren sehr stark angestiegen sind und hier die Leistbarkeit des Wohnraums für viele Haushalte mit Einschränkungen in anderen Lebensbereichen verbunden ist.

Der Historiker Philipp Blom weist in seinem Buch „Aufklärung in Zeiten der Verdunkelung"[180] darauf hin, dass freie Märkte nicht frei seien und zu ihrem Funktionieren die Sicherheit eines Justizsystems, Polizei und auch staatliche Strukturen benötigen, also Regeln, um funktionieren zu können. Einerseits brauchen Märkte eine gewisse Freiheit, um innovativ und dynamisch wirken zu können. Andererseits bringen Märkte nicht grundsätzlich Marktgegenstände ins Gleichgewicht und führen nicht per se zu nachhaltigen gesellschaftlichen Lösungen, sondern können zu Monopolen führen und zerstörerisch für Wirtschaft und Gesellschaft wirken. Daraus leitet Blom das Recht der Gesellschaften, deren Bestandteile die Märkte als auch Wirtschaft in ihrer Gesamtheit sind, darüber zu entscheiden, wie die Märkte zum Wohl der Gesellschaft beizutragen haben, ab. Aus diesem Gedanken ist auch zu begründen, dass Eingriffe in den Bodenmarkt und damit auch Eingriffe in das Grundeigentum gerechtfertigt sein können, wenn sie dem Wohl der Gesellschaft dienen.

In diesem Abschnitt werden nun einige Markteingriffe dargestellt, die über verschiedene Anreiz- und Abgabensysteme zu

---

[180] Blom, P. (2023): Aufklärung in Zeiten der Verdunkelung. Christian Brandstätter Verlag, Wien.

Verhaltensänderungen der Teilnehmer:innen am Bodenmarkt, den Grundeigentümer:innen und Nutzer:innen von Immobilien, beitragen können, die Raumordnungsziele und Prinzipien einer nachhaltigen Raumentwicklung umzusetzen. Je mehr dieser hier eingebrachten Vorschläge umgesetzt werden, desto höher ist die Steuerungswirkung für eine nachhaltige räumliche Entwicklung und für eine Reduktion des Bodenverbrauchs. Gleichzeitig dienen diese Maßnahmen dazu, leistbaren Grund und Boden für Wohnen, öffentliche Einrichtungen sowie für unternehmerische Tätigkeiten bereitzustellen.

Grundsteuer

In einer Reorganisation der Grundsteuer liegt meiner Ansicht nach einer der wesentlichsten Hebel für einen gerechteren, faireren und nachhaltigeren Bodenmarkt. Denn wie der Name schon sagt, können Steuern dazu dienen, gesellschaftliche Prozesse bestimmten Zielen folgend zu lenken. Umso erstaunlicher ist die Feststellung mehrerer namhafter Wirtschaftsforschungseinrichtungen aus dem Jahre 2008, dass die Grundsteuer „primär nicht irgendwelchen ordnungspolitischen, wirtschaftspolitischen, finanzpolitischen oder steuerpolitischen Zwecken" diene.[181] Dennoch könnte das Grundsteuerregime einen wesentlichen Hebel und großes Potenzial darstellen, um in den Dienst der Reduktion des Bodenverbrauchs und der Umsetzung eines Netto-Null-Bodenverbrauchsziels gestellt zu werden. Dafür können verschiedene Ansatzpunkte gefunden werden. Für nach wie vor vielversprechend halte ich einen bereits im Jahre 2011 publizierten Ansatz zur Durchsetzung einer maßvollen Dichte, in dem eine parabelförmige Bemessungskurve der Grundsteuer vorgeschlagen wurde, bei der wenig dichte Siedlungsformen stärker besteuert werden als

---

[181] Schratzenstaller M., Picek O., Bauer H., Ott S., Staringer C., Heidenbauer S, Höllbacher M (2008): Reform der Grundsteuer nach dem „Grazer Modell". Studie von Österreichischem Institut für Wirtschaftsforschung, Zentrum für Verwaltungsforschung und Institut für österreichisches und Internationales Steuerrecht an der Wirtschaftsuniversität Wien im Auftrag des Österreichischen Städtebundes. Wien. S. 36.

die in Kapitel 5 hergeleiteten maßvollen Dichten bzw. Dichteoptima, die den unteren Scheitelpunkt der Parabel darstellen sollten.[182]

Mit höheren Dichten kann die Grundsteuer wiederum steigen, wobei pro Nutzer:in diesem Falle die Grundsteuer konstant bleiben kann, allerdings durch eine höhere Dichte und die damit verbundene größere Zahl an Nutzer:innen insgesamt ein höherer Wert pro Parzelle abzuführen wäre, was den höheren Infrastrukturbedarfen durch mehr Bevölkerung und Unternehmen entspricht. In dieser Kalkulation kann Funktionsmischung insofern berücksichtigt werden, als dass die Geschoßflächenzahl, die grundsätzlich nicht zwischen Wohngebäuden, Betriebsgebäuden oder gemischt genutzten Gebäuden unterscheidet, als Bemessungsgrundlage herangezogen wird. Dies ist nicht abhängig von volatilen Einwohner:innen- oder Arbeitsplatzzahlen und auch leichter administrierbar, da sich die Geschoßflächenzahl nur durch Bauvorhaben ändert, die ohnehin bewilligungs- oder anzeigepflichtig sind und damit die Datenverfügbarkeit gegeben ist. Darüber hinaus können auch noch Zuschläge für bestimmte monofunktionale Strukturen (z. B. Einkaufszentren) bzw. Abschläge für funktionsgemischte Strukturen in so ein parabelförmig gestaltetes Grundsteuerregime untergebracht werden. Interessant ist vor allem eine eigene Grundsteuerkategorie für Leerstand, da Leerstand von einer wie auch immer im Detail gestalteten Grundsteuerkurve, die sich an der Geschoßfläche von Objekten orientiert, grundsätzlich nicht erfasst ist. Denn hier wird nur etwas über die Geschoßfläche, aber nichts über eine konkrete Nutzung ausgesagt.

Wie hoch könnte eine solche Steuer nun sein? Im Jahr 2020 wurden in Österreich ca. 622 Millionen Euro an Grundsteuern eingenommen. Davon tragen land- und forstwirtschaftliche

---

[182] Stöglehner, G., Narodoslawsky, M., Steinmüller, H., Steininger, K., Weiss, M., Mitter, H., Neugebauer G.C., Weber, G., Niemetz, N., Kettl, K.-H., Eder, M., Sandor, N., Pflüglmayer, B., Markl, B., Kollmann, A., Friedl, C., Lindorfer, J., Luger, M., Kulmer, V. (2011): PlanVision – Visionen für eine energieoptimierte Raumplanung. Projektendbericht.

Grundstücke in etwa 5% bei, 95% entfallen auf als Bauland genutzte Grundstücke, die hier relevant sind. Dies entspricht in etwa 590 Millionen Euro für in etwa 3.755 Quadratkilometer als Siedlungs- und Betriebsflächen genutzte Gebiete oder in etwa 15,7 Cent pro Quadratmeter und Jahr. Dieser Wert ist sehr niedrig und kann keine Steuerungswirkung auf den Bodenmarkt entfalten, was – wie oben dargestellt – bis dato auch nicht die Aufgabe dieser Steuer war. Um einen Orientierungswert für die Feststellung der Höhe einer steuerungswirksamen Grundsteuer zu erhalten, sind verschiedene Erwägungen zu treffen. Hier soll nun ein Beispiel gegeben werden, wie eine derartige parabelförmige Grundsteuerverteilung für Wohnbau ermittelt werden könnte.

Um dies plausibel durchzuführen, gehe ich von der maßvollen Dichte aus, die in Kapitel 5 mit einer Geschoßflächenzahl von mindestens 0,4 angegeben wurde. Dies entspräche z. B. einem Reihenhaus mit 150 Quadratmetern Wohnfläche auf 375 Quadratmetern Grundfläche. Wird der Wert eines derartigen Hauses mit aufgerundet 415.000 Euro angenommen (100 Euro Kaufpreis pro Quadratmeter Baugrund und Baukosten von 2.500 Euro pro Quadratmeter Wohnfläche), eine Abschreibedauer von 67 Jahren, d. h. 1,5% pro Jahr unterstellt und als Referenzrahmen für den Steuersatz die Körperschaftssteuer (23% ab 2024) herangezogen, würde dies eine jährliche Grundsteuer von 1.425 Euro bzw. 3,8 Euro pro Quadratmeter Grundstücksfläche und Jahr ergeben.

Um die Gesamtsteuerlast der Wohnbevölkerung nicht zu erhöhen, könnte die Grundsteuer für einen Wohnsitz in maßvoller Dichte mit den Steuern auf Erwerbseinkommen oder Pensionen gegengerechnet werden, d. h. die 1.425 Euro unseres Beispiels wären in diesem Fall von einer Lohnsteuer oder Einkommensteuer aus selbstständiger Arbeit wieder abzuziehen. Wenn mehrere Immobilien im Zuge von Multilokalität genutzt werden, müssen sich die Betroffenen für einen begünstigten Wohnsitz entscheiden. Die Parabel würde diese Geschoßflächenzahl und diesen Wert als Scheitelpunkt erhalten. Nach links würde sie Richtung niedrige Dichten ansteigen, bei denen dann getreu der angestrebten Lenkungswirkung keine vollständige Gegenrechnung mit Lohn- bzw. Einkommenssteuer mehr erfolgen kann. Nach rechts würden auch höhere Dichten stärker besteuert. Dies würde zwar bedeuten, dass die Grundsteuer bezogen auf die Fläche ansteigt, bezogen auf die Anzahl der Nutzer:innen bzw. Geschoßflächen konstant bleiben könnte.

Insbesondere könnte die parabelförmige Grundsteuerkurve je nach Nutzung des jeweiligen Baulandes, also als betriebliche Nutzung, im produzierenden Bereich, im Dienstleistungsbereich, im Einzelhandel oder als Wohnobjekte oder gemischt genutzte Objekte unterschiedlich gestaltet werden bzw. unterschiedliche Grundsteuerparabeln für derartige Landnutzungen entwickelt werden, ebenso auch für bestimmte, mit Bautätigkeit verbundene Grünlandnutzungen. Darüber hinaus könnten Zu- und Abschläge je nach Standortgunst der Gemeinde – z. B. als Faktor im Vergleich zu dem hier angenommenen 100 Euro Grundstückspreis – vorgenommen werden. Die Erhöhung der Komplexität im Grundsteuersystem würde zu mehr sozialer Gerechtigkeit und zu einer besseren Steuerungswirkung bezüglich des Bodenverbrauchs führen.

Baulandreserven und Leerstand sollten in einer eigenen Grundsteuerkategorie auf Basis der nicht realisierten Nutzungschancen mit einem Zuschlag bedacht werden, wie dies durch eine Grundsteuerreform in Deutschland mittlerweile realisiert wurde. In Deutschland können Gemeinden einen eigenen Faktor zur Erhöhung der Steuer für baureife, unbebaute Grundstücke festlegen.[183] In Bezug auf das gerade verwendete Reihenhausbeispiel (bei Baulandreserven mit einem fiktiven Reihenhaus zur Steuerbemessung) würde z. B. ein Faktor 5 im Vergleich zur Grundsteuer genutzter Grundstücke bedeuten, für eine leerstehende Parzelle 19 Euro pro Quadratmeter und Jahr an Steuern leisten zu müssen. Der Grundstückspreis

---

[183] Bundesfinanzministerium (o.J.) Die neue Grundsteuer – Fragen und Antworten. https://www.bundesfinanzministerium.de/Content/DE/FAQ/faq-die-neue-grundsteuer.html (letzte Abfrage: 2.6.2024).

wurde mit 100 Euro angenommen, was bedeutet, dass bei Leerstand ca. alle 5 Jahre der Grundstückspreis als Grundsteuer zu leisten wäre. Dies würde wohl erhebliche baulandmobilisierende Wirkung entfalten und ein wirksames Mittel gegen Spekulation darstellen.

Planwertausgleich
Wie schon mehrmals darauf hingewiesen, ist mit der Umwidmung von Grünland in Bauland ein enormer Wertzuwachs verbunden, der derzeit fast ausschließlich den Grundeigentümer:innen zugutekommt. Lediglich im Verkaufsfalle innerhalb einer bestimmten Zeit und zu bestimmten Bedingungen ist eine Immobilienertragssteuer zu entrichten. In der Schweiz wird, anders als in Österreich dieser Wertgewinn durch einen Widmungsakt der öffentlichen Hand mit einer sogenannten Mehrwertabgabe von mindestens 20 % belegt. Im Kanton Basel-Stadt beträgt die Abgabe sogar 40 % der Differenz des Verkehrswerts, der durch die Änderung der Nutzung erzielt werden kann.[184] Diese Mehrwertabgabe fällt nicht erst beim Verkauf von Grund und Boden an, sondern wird bereits nach dem Widmungsakt vom jeweils begünstigten Grundeigentümer bzw. der begünstigten Grundeigentümerin eingehoben.

Das Prinzip der Mehrwertabgabe geht u. a. auf den US-Ökonomen Henry George zurück, der in seinem Buch „Progress und Poverty", also Fortschritt und Armut, bereits im 19. Jahrhundert vorgeschlagen hat, dass alle Steuern abzuschaffen wären und statt der gängigen Steuern lediglich eine Besteuerung des Bodenwertes stattfinden sollte, da dadurch leistungsloses Einkommen durch Grundbesitz der Steuergegenstand wäre und nicht etwa die Erwerbsarbeit. George sieht darin auch eine Möglichkeit, einen sorgsameren Umgang mit Grund und Boden und dessen Produkten herbeizuführen, da wesent-

---

[184] Kanton Basel-Stadt: Bau- und Planungsgesetz (BPG) 730.100 vom 17.11.1999 (Stand 1. 8. 2022)

liche Teile der Wertzuwächse aus Grundeigentum dem Staat zufallen würden.[185]

Damit sollten Grundeigentümer:innen auch eine gesellschaftlich sinnvolle Nutzung des Bodens vornehmen, und Grund und Boden wäre als Anlageobjekt weitestgehend untauglich. Selbst, wenn man nicht so weit geht, wäre diesem Grundgedanken folgend eine Besteuerung der Grundrente, also der Erträge, die aus dem Besitz von Grund und Boden erwirtschaftet werden können, in weitaus höherem Ausmaß als dies derzeit stattfindet, sinnvoll, solange damit auf der anderen Seite z. B. eine geringere Besteuerung von Erwerbseinkommen einhergehen würde.

Im Gegenzug könnte z. B. auch die Grunderwerbssteuer abgeschafft werden, denn diese wirkt unmittelbar auf die Verkäufe von Liegenschaften und bedeutet auch, dass Personen, die im Eigentum umziehen, etwa, weil sie Familienzuwachs zu verzeichnen haben, beim Wechsel des Wohnsitzes mit zusätzlichen Kosten belastet sind. Durch die Grunderwerbssteuer wäre ein Verkauf einer Liegenschaft und der Kauf einer kleineren Liegenschaft im Alter ebenfalls mit zusätzlichen Steuern belastet, sodass der Anreiz geschaffen wird, in der alten, möglicherweise zu großen Wohnung zu bleiben, bevor man sich nicht nur den Mühen eines Umzugs aussetzt, sondern auch noch den Kosten, die durch eine Grunderwerbssteuer zusätzlich erhöht werden.

Eine Bodenwertabgabe für unbebaute Grundstücke wäre in der österreichischen Rechtsordnung in einem Bundesgesetz aus dem Jahre 1960 bereits vorgesehen.[186] Diese beträge pro Jahr 1% des bei weitem zu niedrig angesetzten Einheitswertes und würde zu 96% bei den Gemeinden verbleiben, würde aber

---

[185] George H. (1881): Progress and Poverty. Neuauflage, independently published 2021.
[186] Bundesgesetz vom 15. Dezember 1960 über eine Abgabe vom Bodenwert bei unbebauten Grundstücken und über eine Änderung des Einkommensteuergesetzes 1953 zur stärkeren Erfassung des Wertzuwachses bei Grundstücksveräußerungen (Bodenwertabgabegesetz – BWAG). StF: BGBl. Nr. 285/1960 idF. BGBl. I Nr. 34/2010

aufgrund zahlreicher Ausnahmen und der niedrigen Bemessungsgrundlage ein ungünstiges Verhältnis von Aufwand und Ertrag aufweisen, sodass die Steuer derzeit nicht eingehoben wird.[187] Die Bemessungsgrundlage für die Grundsteuern und Bodenwertabgabe sollte nicht der Einheitswert, sondern der Verkehrswert bilden. Durch die Neufassung dieses Gesetzes, für das der Bund zuständig ist, könnte der Planwertausgleich für ganz Österreich umgesetzt werden.

Leerstands- und Infrastrukturabgaben

Sollte eine Grundsteuerreform nicht zustande kommen, können als zweitbeste Lösung Leerstands- und Infrastrukturabgaben eingeführt werden. Einige Bundesländer verfügen bereits darüber. Zur Baureifmachung und Erschließung von Grundstücken müssen insbesondere Gemeinden in Vorleistung gehen, indem sie Kanal, Wasser und Straße bereitstellen, damit überhaupt Bauland bebaut werden kann. Sobald eine Bebauung stattfindet, können Teile dieser Vorleistungen über entsprechende Beiträge der Baulandnutzer:innen wieder zurückgeführt werden. Dies findet nicht kostendeckend statt und wenn eine Bauparzelle nicht genutzt wird, kann kein Rückfluss der Vorleistungen der öffentlichen Hand ausgelöst werden. Hier setzen Leerstands- und Infrastrukturabgaben an.

Infrastrukturabgaben, auch Aufschließungsbeiträge genannt, werden für sogenannte Baulandreserven eingehoben.[188] Das bedeutet, dass Errichtungs- und Erhaltungsbeiträge für die Infrastruktur bis zur Bebauung von den Grundeigentümer:innen vorgeschrieben werden. Ein derartiges Modell der Infrastrukturabgabe ist z. B. in Oberösterreich realisiert. Infrastrukturabgaben sind Kostenbeiträge zur Erhaltung der öffentlichen Infrastruktur und Straße, Kanal und Wasser, sind aber nicht geeignet, eine tatsächlich lenkende Wirkung auf den Bodenmarkt, insbesondere in zentralen Lagen, zu erzie-

---

[187] Schindelegger A, Mayr L.S. (2022): Defining the ground for land-use-based direct public-value capture in Austria. Town Planning Review 94(2). https://doi.org/10.3828/tpr.2021.23
[188] Seher W. Bodenpolitik und Bodenordnung.

len. Denn es werden lediglich Aufwendungen der öffentlichen Hand mit einem bestimmten Betrag zumindest teilweise ersetzt. Dieser Betrag richtet sich nach den Aufwendungen der öffentlichen Hand, nicht aber nach dem Grundstückspreis. Damit sind die Aufschließungsbeiträge unabhängig davon, ob in einer zentralen Lage oder in einer peripheren Lage – möglicherweise mit einem Unterschied in den Grundpreisen um einen Faktor 100 und mehr – ungefähr gleich hoch. Die Steuerungswirkung ist damit in erster Linie dort minimal, wo sie am dringendsten gebraucht wird, also in den Innerortslagen speziell in den Zentralräumen.

Mit der Leerstandsabgabe soll eine Infrastrukturbeteiligung dann erzielt werden, wenn es sich nicht um Baulandreserven handelt, sondern um bereits errichtete Objekte, die zu einem bestimmten Zeitpunkt keiner Nutzung unterliegen. In der Steiermark wurde im Jahr 2022 ein Zweitwohnsitz- und Wohnungsleerstandsabgabegesetz erlassen, dem zufolge Abgaben von maximal € 10,- pro Quadratmeter und Jahr eingehoben werden dürfen, wobei auf den Verkehrswert der Liegenschaft abzuzielen ist und auch für unterschiedliche Teile eines Gemeindegebiets vom Gemeinderat per Verordnung ein unterschiedlicher Abgabensatz festgelegt werden kann.[189]

Ähnliches gilt für die Zweitwohnsitzabgabe, wobei nicht nur der Verkehrswert der Liegenschaft, sondern auch die finanziellen Belastungen der Gemeinde durch Zweitwohnsitze in die Festlegung des Abgabensatzes einfließen sollen. Die maximale Höhe von € 10,- pro Quadratmeter ist gleich hoch wie die Wohnungsleerstandsabgabe. Interessant ist im steiermärkischen Modell nicht nur, dass es eine Abgabe für Zweitwohnsitze und Leerstände gibt, sondern dass insbesondere bei Zweitwohnsitzen auch Ausnahmen von der Abgabepflicht bestehen, die sich an den Zwecken des Zweitwohnsitzes orientieren. Damit wird das Thema Multilokalität in diesem Gesetz berücksichtigt, denn für Wohnungen, die beruflichen Zwecken

---

[189] Land Steiermark (2022): Steiermärkisches Zweitwohnsitz- und Wohnungsleerstandsabgabegesetz – StZWAG). LGBl. Nr. 46/2022

dienen und das Tagespendeln vermeiden, unter anderem, weil die Distanzen zu weit wären, Wohnungen, die Ausbildungs- und Studienzwecken, Präsenz- und Zivildienst dienen oder auch von Pfleger:innen oder pflegenden Angehörigen genutzt werden, wird eine Ausnahme von der Abgabenpflicht gewährt.

Bodenbeschaffung
Landauf, landab entwickeln Gemeinden, meist von der breiten Öffentlichkeit unbemerkt, positive Beispiele für aktive Bodenpolitik. All diesen Gemeinden ist nicht nur die Verwendung von Vertragsraumordnung gemeinsam, sondern auch, dass sie sich aktiv am Bodenmarkt beteiligen und Land erwerben, aufschließen, umwidmen und dann als Bauland an Bauwillige weiter verkaufen. Auf diese Art und Weise werden die Baulandverfügbarkeit und die Ausnutzung des Baulandes wesentlich gesteigert. Die Gemeinden sind auch besser in der Lage, in der Innenentwicklung zu wirken und planerische Zielvorstellungen auf Eigengrund entsprechend umzusetzen. Um solche Programme zu beginnen, ist eine bestimmte finanzielle Grundausstattung der Gemeinden erforderlich. Dies kann maßgeblich unterstützt werden, wenn wie in der Schweiz eine Mehrwertabgabe eingehoben wird und diese zweckgebunden einerseits für bodenpolitische Maßnahmen und Landerwerb sowie Entschädigungen bei Rückwidmungen von Bauland in Grünland und andererseits für die Schaffung von grüner Infrastruktur, also für Begrünung und Entsiegelung, aufgewendet wird.

Langenlois in Niederösterreich verfügt schon seit ca. 30 Jahren über eine Liegenschaftsverwaltung, die Grünland zu einem Mischpreis zwischen Bauland und Grünland aufkauft, sodass die Grundeigentümer:innen einen höheren als einen klassischen Grünlandpreis erzielen können. Erst nach dem Kauf wird das Grundstück in Bauland umgewidmet, von der Gemeinde mit Straße, Kanal etc. aufgeschlossen und an Bauwillige zu einem sozial verträglichen Preis weiterverkauft. Das hat zwei positive Effekte: Zum einen hat die Stadt Langenlois hier unmittelbaren Einfluss auf die Raumentwicklung. Sie kann

Baulandverfügbarkeit sicherstellen, das Bauland auch effizient in Etappen erschließen und ist nicht darauf angewiesen, was private Grundeigentümer:innen mit ihren Grundstücken vorhaben. Sie kann den Leerstand von Baulücken minimieren und der Bevölkerung leistbare Baugrundstücke zur Verfügung stellen. Die Gemeinde verkauft zu einem sozial verträglichen Preis. So wie Langenlois machen dies auch andere Gemeinden. Viele Gemeinden, die sich erfolgreich in der räumlichen Entwicklung betätigen, sind am Bodenmarkt selbst aktiv, indem sie Grundstücke kaufen oder verkaufen oder zumindest Grundstücke zwischen Grundeigentümer:innen und Bauwilligen bzw. Bauträgern oder gemeinnützigen Wohnungsgenossenschaften vermitteln.

In einigen Bundesländern wie Tirol, Salzburg, Wien und kürzlich auch Vorarlberg sind zur Unterstützung der Gemeinden Bodenfonds eingerichtet, um die Gemeinden bei der aktiven Bodenpolitik zu unterstützten. In Tirol übernimmt der Bodenfonds die Aufgabe, für Wohnbauten in bodensparender Bauweise oder für Betriebsansiedlungen sowie interkommunale Betriebsgebiete Grund zu erwerben, zu entwickeln und an Bauwillige weiterzugeben. Die baureifen Grundstücke werden von der jeweiligen Gemeinde vergeben. Grundstücke durch den Bodenfonds zum Zwecke der Kapitalanlage zu erwerben, ist verboten.[190]

Handelbare Flächenausweiszertifikate

Der Handel mit Flächenausweiszertifikaten entspringt marktbasierten Steuerungsinstrumenten von Eigentumsrechten, wie sie in den USA in den 1960er-Jahren entwickelt wurden.[191] In Deutschland wurde ihnen – allerdings bis dato nur auf Basis von Planspielen und Modellversuchen – eine hohe Wirk-

---

[190] Land Tirol (o.J.): Tiroler Bodenfonds. https://www.tirol.gv.at/bauen-wohnen/bodenfonds/ (letzte Abfrage: 2.6.2024).
[191] Süess A., Gmünder M. (2005): Weniger Zersiedlung durch handelbare Flächennutzungszertifikate. In: disP – The Planning Review. 160: 58–66.

samkeit für Flächensparen bescheinigt.[192] Diese Idee ist der Umweltökonomie und dem Emissionszertifikatehandel entlehnt. Bei Emissionszertifikaten, wie z. B. CO_2-Zertifikaten, kann jemand, der keine CO_2-Emissionen einsparen kann, anstelle dieser Einsparungen Zertifikate kaufen. Wer hingegen Emissionen schon eingespart hat, kann von diesem Verkauf der Zertifikate profitieren und auf diese Art und Weise seine eigenen Investitionen in die Einsparung von Emissionen zumindest teilweise zurückgewinnen.

Auf Fläche umgemünzt bedeutet dies, dass jede Gemeinde ein bestimmtes Kontingent an Widmungen erhält und jene Gemeinden, die weniger als dieses Kontingent benötigen, ihre Kontingente anderen Gemeinden, die wachsen und mit ihren Flächenkontingenten nicht auskommen, zur Verfügung stellen können. Das kann theoretisch als Einmalzahlung oder in einer Art und Weise erfolgen, dass die verkaufende, das Zertifikat bereitstellende Gemeinde eine kommunale Grundrente von der kaufenden Gemeinde erhält. Damit teilen die beiden Gemeinden de facto die Einnahmen aus Ertragsanteilen, Kommunalsteuer sowie Grundsteuer miteinander. Dieser Ansatz wäre grundsätzlich auch geeignet, um den Ausgleich von räumlichen Disparitäten herbeizuführen. Das heißt, dass wachsende Gemeinden einen Ausgleich an schrumpfende Gemeinden oder stagnierende Gemeinden, die keinen Baulandbedarf haben, leisten.

Kritiker:innen wenden gegen dieses Modell ein, dass sich die wachsenden Gemeinden durch den Kauf dieser Flächenausweiszertifikate allzu leicht von der Verpflichtung, flächensparende Maßnahmen zu setzen, freikaufen können. Wenn dies in großem Stile stattfindet, kann die Entwicklung von

---

[192] Henger R., Daniel S., Schier M., et al. (2019): Modellversuch Flächenzertifikathandel: Realitätsnahes Planspiel zur Erprobung eines überregionalen Handelssystems mit Flächenausweisungszertifikaten für eine begrenzte Anzahl ausgewählter Kommunen. Umweltbundesamt Deutschland (Hrsg). Texte 116/2019 https://www.umweltbundesamt.de/sites/default/files/medien/1410/publikationen/2019-10-02_texte_116-2019_modellversuch-flaechenzertifikatehandel_anhang-v.pdf (letzte Abfrage 2. 6. 2024).

stagnierenden oder schrumpfenden Gemeinden weiter beeinträchtigt werden. Die Kritik, die mit handelbaren Flächenausweiszertifikaten verbunden ist, ähnelt der Kritik am Emissionszertifikatehandel, nämlich, dass sich stark emittierende, zahlungskräftige Verursachende allzu leicht von Reduktionsmaßnahmen freikaufen können. Ob dem tatsächlich so ist, liegt insbesondere an einer Begrenzung der baulichen Entwicklung in dynamischen Regionen durch Regionalplanung und an der Menge der verfügbaren Zertifikate.

Schlussendlich wären Flächenausweiszertifikate, die zwischen den Gemeinden gehandelt werden, eine marktwirtschaftlich organisierte Antwort auf Verteilungsfragen von Flächenkontingenten. Diese Verteilungsfragen werden dann besonders schlagend, wenn tatsächlich das Netto-Null-Bodenverbrauchsprinzip umgesetzt ist. Das heißt, eine Neuwidmung von Grünland in Bauland kann nur erfolgen, wenn an anderer Stelle eine Rückwidmung von Bauland in Grünland erfolgt.

Weiter oben wurde vorgeschlagen, dass Flächenkontingente auf Länder und Regionen aufgeteilt werden und dann unter Berücksichtigung interkommunaler Kooperation und eines interkommunalen Ausgleichs die Kontingente in den Gemeinden der Region in den standortgünstigen Lagen eingesetzt werden. Dieses Modell wäre alternativ zu den handelbaren Flächenausweiszertifikaten zu sehen, beziehungsweise könnte auf diese Art und Weise ein möglicherweise besserer Steuerungseffekt erhalten werden, als dies mit Flächenausweiszertifikaten möglich wäre. Die Modelle könnten aber auch kombiniert werden.

Grundverkehrsgesetz für Bauland

Für land- und forstwirtschaftliche Flächen ist der Grundverkehr seit Langem geregelt.[193] Im Wesentlichen besagen die Grundverkehrsgesetze, dass nur Personen einen land- und forstwirtschaftlichen Grund erwerben können, die auch ein unmittelbares

---

[193] Siehe z.B. NÖ Grunderwerbsgesetz 2008. StF. LGBl. 6800-5 idF. LGBl. Nr. 38/2019

Interesse an der Bewirtschaftung und auch die entsprechenden fachlichen Qualifikationen als Bewirtschafter:innen aufweisen. Es gibt auch eine Veräußerungspriorität von landwirtschaftlicher Fläche an die aktiven Landwirt:innen einer Region bzw. Gemeinde, um die Landwirtschaft in ihrer Gesamtheit bestmöglich erhalten zu können.

Dieser Gedanke wäre wohl auch auf Bauland übertragbar. Damit soll sichergestellt werden, dass natürliche und juristische Personen Grundstücke erwerben können, die tatsächlich Interesse an der Nutzung von Grund und Boden und den darauf stehenden Gebäuden und kein vorrangiges Interesse am Spekulationswert der Objekte haben. Diese Maßnahme würde insbesondere auch mit einer anderen Form der Grundsteuer korrespondieren. So könnten z. B. nur solche natürlichen und juristischen Personen Wohnbauland erwerben, die glaubhaft machen können, dass sie diese Grundstücke entweder selbst nutzen oder für leistbaren Wohnraum z. B. über Vermietung zur Verfügung stellen. Analog gilt dies für Betriebsbaugebiete, dass nur solche Unternehmen Firmenareale erwerben können, die auch selbst ein Interesse an der Nutzung oder an der Entwicklung dieser Areale haben. Diese Betriebskonzepte wären von einer unabhängigen Kommission, einer Grundverkehrskommission analog der landwirtschaftlichen Grundverkehrskommission, zu prüfen und zu genehmigen.

Förderungen für Innenentwicklung

Nur zögerlich werden raumplanerische Kriterien bei der Vergabe von Förderungen berücksichtigt. Am ehesten sind diese noch in der Wohnbauförderung anzutreffen. Es wären auch in den Förderkriterien für betriebliche Nutzungen die Standorte, die Erschließbarkeit und die Erreichbarkeit der Betriebe entsprechend zu berücksichtigen. Hier sollte ein Überarbeiten der Förderregime stattfinden, damit diese den zuvor in Kapitel 4 definierten Grundpfeilern einer nachhaltigen räumlichen Entwicklung dienen. Das hat gesamthaft über alle Förderungen und Fördersysteme zu geschehen. Es ist daher zunächst zu evaluieren, in welchem Ausmaß Förderungen raumrelevant sind.

Dann sind die entsprechenden Förderprogramme mit räumlichen Kriterien auszustatten, wobei sicherzustellen ist, dass diese einen erheblichen Einfluss auf eine Förderentscheidung und/oder auf die Förderhöhe ausüben.

Vertragsraumordnung
Die Möglichkeiten der Vertragsraumordnung wurden in diesem Buch bereits ausführlich diskutiert. Sie treten, je näher wir uns einem Netto-Null-Bodenverbrauchsziel annähern, in den bestehenden Formen in den Hintergrund, weil Vertragsraumordnung eine Umwidmung von Grünland in Bauland voraussetzt, und genau davon soll hinkünftig Abstand genommen werden. Derzeit sind Umwidmungen ein sinnvolles und notwendiges Instrument, um Baulandverfügbarkeit herzustellen. In Zukunft werden sie dann zum Einsatz kommen, wenn im Sinne von Netto-Null Neuwidmungen stattfinden und an anderer Stelle Rückwidmungen vorgenommen werden müssen. Eine wesentliche Weiterentwicklung der Vertragsraumordnung bestünde im Sinne des Bodenschutzes, wenn Möglichkeiten gefunden würden, grundrechts- und verfassungskonform Raumordnungsverträge auch für Bestandsobjekte abschließen zu können. Hier stellt sich die Frage, aus welchen Anlassfällen dann Vertragsraumordnung eingesetzt werden könnte, da die rechtlichen Voraussetzungen für eine Bebauung schon bestehen und Grundeigentümer:innen somit keinen Anlass hätten, nachträglich noch einen Raumordnungsvertrag zu unterschreiben. Hier wären zum Beispiel Anreizsysteme zu erwägen, dass ein Eintritt in einen Raumordnungsvertrag im Bestand z. B. mit Steuererleichterungen oder Erleichterungen bei Infrastrukturabgaben verbunden wäre. Ohne einen tatsächlich attraktiven Anreiz wird die Ausdehnung der Vertragsraumordnung in den Bestand nicht funktionieren.

Befristung von Baulandwidmungen
Durch die Befristung von Baulandwidmungen soll eine automatische Rückwidmung in Grünland erfolgen, wenn das Bauland innerhalb einer bestimmten Frist nicht tatsächlich

widmungsgemäß bebaut wird.[194] Die Befristung von Baulandwidmungen ist mittlerweile in einigen Bundesländern umgesetzt. Allerdings sehe ich Befristungen von Baulandwidmungen zweischneidig. Wenn im Sinne von Innenentwicklung Innerortslagen identifiziert und einer Bebauung zugeführt werden sollen, ist eine Baulandbefristung kontraproduktiv, denn es liegt im öffentlichen Interesse, dass Flächen mit hoher Standortgunst und bestehender Infrastruktur auch tatsächlich bebaut werden.

Folglich würde eine Befristung nur dazu führen, dass eine nicht fristgerechte Bebauung gegen das öffentliche Interesse verstößt und auch die Rückwidmung in Grünland eigentlich nicht mit dem öffentlichen Interesse im Einklang stehen kann. Gleichzeitig wissen die Grundeigentümer:innen, dass, wenn sie die Befristung verstreichen lassen, die Gemeinde trotzdem darauf warten und gerne wieder Bauland widmen wird, weil die Lagegunst so hoch ist. Befristungen würden insbesondere in den zweit- oder drittbesten Lagen der Baulandentwicklung funktionieren, wenn trotz eines begründeten Bedarfs Entwicklungspotenziale in den Kernlagen nicht verfügbar sind und wenn es de facto für die Gemeindeentwicklung nicht erheblich ist, ob die Nutzungsmöglichkeit für Bauland an einer bestimmten Stelle wieder verschwindet und dafür eine Nutzungsmöglichkeit an anderer Stelle aufgemacht werden kann. Das sind eigentlich die Flächen, die in Zukunft im Sinne des Grünlandbedarfs Grünland bleiben sollten. Daher sehe ich die Befristung von Bauland, insbesondere wenn es darum geht, ein Netto-Null-Bodenverbrauchsziel zu erreichen, als nicht prioritär und zweckmäßig an.

---

[194] Seher W. Bodenpolitik und Bodenordnung.

Baulandumlegung, Grundzusammenlegung und Flurbereinigung

Mit diesen Instrumenten der Bodenordnung, die als Grundzusammenlegung und Flurbereinigung im Grünland[195] wirken und als Baulandumlegung das Bauland ansprechen, soll die verbesserte Nutzbarkeit im Sinne einer bestimmten Widmung und eines bestimmten Nutzungszweckes erreicht werden.

Vielfach ist gewidmetes Bauland aufgrund der Parzellenstruktur und der Eigentümer:innenstrukturen nicht bebaubar. Das betrifft vor allem Bundesländer, wo durch Erbteilung die landwirtschaftlichen Betriebe über die Generationen hinweg immer weiter zerstückelt wurden. So entstanden langgezogene und schmale Riemenparzellen, die im Laufe der Zeit immer schmäler wurden, und auf denen kein Haus mehr Platz findet. Für diese Gebiete und für diese Entwicklungen wurden in insgesamt fünf Bundesländern – Niederösterreich, Steiermark, Tirol, Vorarlberg und Wien – in den Raumordnungsgesetzen bzw. in der Bauordnung Baulandumlegungen[196] vorgesehen. Diese streng reglementierten Verfahren sorgen dafür, dass Grundstücke neu parzelliert werden können und dass auf diese Art und Weise eine Bebaubarkeit und eine Erschließbarkeit der Grundstücke mit Straßen und anderen öffentlichen Einrichtungen hergestellt werden kann.

Grundsätzlich kann dieses Instrumentarium sowohl auf der grünen Wiese eingesetzt werden, aber auch zur Aktivierung von Leerstand. In Tirol ist die Erbteilung in Einzelfällen so weit gegangen, dass Häuser geteilt wurden, sodass für eine Sanierung auch eine Baulandumlegung als Voraussetzung der Bebaubarkeit im Gebäudebestand durchgeführt werden musste. Im Zuge einer Exkursion mit Studierenden wurde uns ein Fall gezeigt, wo Servitutsrechte über die Küche einer Familie zur Erreichung der Zimmer einer anderen Familie bestanden. Damit das Haus saniert werden konnte, mussten diese Rechte

---

[195] Land Oberösterreich (o.J.): Grundzusammenlegung und Flurbereinigung. https://www.land-oberoesterreich.gv.at/173511.htm (letzte Abfrage: 2.6.2024).
[196] Seher, W.: Bodenpolitik und Bodenordnung.

bereinigt werden. Baulandumlegungen sind überall dort sinnvoll einzusetzen, wo eine Parzellenkonfiguration ungünstig ist, eine zweckmäßige Bebauung nicht ermöglicht und durch eine Neuordnung der Parzellen eine Bebaubarkeit sichergestellt werden kann. Üblicherweise werden auch gleich die Aufschließungsflächen berücksichtigt. Die Eigentümer:innen gewinnen durch die Neuaufteilung entsprechend den eingebrachten Flächenanteilen unter Abzug der Infrastrukturbereitstellung bebaubare Parzellen.

So können Beiträge zur Baulandmobilisierung geleistet werden, wenn z. B. in agrarisch geprägten Räumen mit schmalen Riemenparzellen auf diese Art und Weise in den „Hintausbereichen" der Bauernhöfe eine Baulandentwicklung ermöglicht wird. Wichtig ist, dass die Eintrittshürde, um ein entsprechendes Verfahren einzuleiten, möglichst gering gehalten wird. Wenn z. B. hier Einstimmigkeit gefordert wird, kann schon ein:e Grundeigentümer:in eine entsprechend sinnvolle Entwicklung verhindern. Hier gilt es, die Zustimmungsquote insofern realistisch anzusetzen, sodass im Einvernehmen mit einer qualifizierten Mehrheit der Grundeigentümer:innen tatsächlich mit dem Verfahren begonnen werden kann. In dessen Verlauf wird der Nutzen dieser Verfahren für alle sichtbarer und die Widerstände im Rahmen eines solchen Verfahrens können abgebaut werden.

Wenn das Quorum hoch ist, in Niederösterreich ist z.B. die Zustimmung der Eigentümer:innen von mehr als 75 % der betroffenen Grundstücke gefordert, können einige wenige Personen bereits eine grundsätzlich sinnvolle Entwicklung verhindern, indem sie der Einleitung des Verfahrens nicht zustimmen. Auch das kann dazu führen, dass Baulandentwicklungen in die zweit- oder drittbeste Lage, auch möglicherweise in einige Entfernung vom Ortskern von den gut erschlossenen und mit Infrastruktur gut ausgestatteten Bereichen, abgedrängt werden.

Enteignung und Bodenbeschaffung

Nur in bestimmten Fällen kann zur Durchsetzung von Planungsvorstellungen eine Enteignung[197] stattfinden, sowohl für große Infrastrukturvorhaben als auch in der nominellen Raumplanung. In der Raumplanung ist aber ein relativ langes und aufwendiges Verfahren zu Vorbehaltsflächen im Rahmen der Flächenwidmungsplanung notwendig, dessen Anwendungsfälle auf raumordnungsgesetzlich definierte Landnutzungen im öffentlichen Interesse beschränkt und mit dem Nachweis verbunden sind, dass für die bestimmte Nutzung keine andere zweckmäßige, verfügbare Fläche vorhanden ist. Es wird eine Frist (im Allgemeinen fünf Jahre) vorgesehen, um einen Kauf der Liegenschaft zwischen Gemeinde und Grundeigentümer:innen zu vereinbaren. Gelingt dies nicht, kann enteignet werden.[198] In der Wiener Bauordnung wird eine Enteignungsmöglichkeit eingeräumt, um die „bauordnungsgemäße Bebauung" von Liegenschaften (§43 Abs. 1 Bauordnung für Wien) zu gewährleisten, wobei als nicht bauordnungsgemäß mitunter jene Bauten gelten, die von der im Bebauungsplan festgesetzten Widmung, Bauweise oder zulässigen Gebäudehöhe deutlich abweichen.

Was bedeutet nun Enteignung konkret? Zwar geht ein:e Grundeigentümer:in eines bestimmten Grundstücks verlustig, Enteignung darf aber nicht entschädigungslos stattfinden und bedeutet keinen materiellen Eigentumsverlust. Die Preisbildung findet nicht durch den Markt, sondern durch eine Behörde oder ein Gericht statt. Es ist die letzte Maßnahme des Staates, einen Landerwerb für ein dringendes öffentliches Interesse durchzusetzen, damit nicht ein:e Einzelne:r oder eine Gruppe von Wenigen wichtige öffentliche Anliegen, aus welchen Gründen auch immer, vereiteln können. Ohne diese Maßnahme wären viele öffentliche Infrastrukturprojekte wie z. B. die Etablierung der Eisenbahnen, der sozialen Infrastruktur, Straßen- als auch Energieinfrastruktur, die wesentlich zu wirtschaftlicher Entwicklung, Bildung, medizinischer Versor-

---

[197] Seher W. Bodenpolitik und Bodenordnung.
[198] Grossauer F. Örtliche Raumplanung.

gung und Lebensqualität beigetragen haben, schlichtweg nicht zustande gekommen.

Die Enteignung ist dabei das letzte Mittel und kommt dann zur Anwendung, wenn alle anderen Möglichkeiten bzw. Versuche zur Herstellung der Baulandverfügbarkeit, insbesondere der Kauf, bereits ausgeschöpft wurden und gescheitert sind. Sie signalisiert, dass die öffentliche Hand in der Lage und bereit ist, ihre öffentlichen Interessen notfalls auch mit Zwang durchzusetzen. Bevor diese Möglichkeit zur Anwendung kommt, wird in jahrelangen Prozessen versucht, eine einvernehmliche Einigung zu erzielen.

Im Zusammenhang mit der Enteignung ist der Verweis auf ein Gesetz aus dem Jahre 1974 besonders interessant, nämlich auf das Bodenbeschaffungsgesetz des Bundes.[199] Im Bodenbeschaffungsgesetz wird die Möglichkeit eingeräumt, dass zum Zweck der Errichtung von Klein- und Mittelwohnungen oder von Heimen für verschiedene Zielgruppen wie Schüler:innen, Student:innen, Lehrlinge, Jugendliche, Arbeitnehmer:innen oder für betagte Menschen unbebaute Grundstücke enteignet werden können. Interessanterweise handelt es sich beim Bodenbeschaffungsgesetz um ein Bundesgesetz.

Allerdings ist es leider totes Recht, denn die handelnden Akteur:innen in diesem Gesetz sind die Gemeinden und die Länder. Voraussetzung für eine Enteignung ist, dass ein Wohnbedarf auf Antrag der Gemeinden von den Landesregierungen per Verordnung festgestellt wird. Als Konsequenz der Verordnung erhalten die Gemeinden einerseits ein Eintrittsrecht in Grundverkäufe zum Zwecke der Wohnraumschaffung, andererseits wird die Möglichkeit der Enteignung eingeräumt.

Auch das Stadterneuerungsgesetz des Bundes, das ebenfalls aus dem Jahre 1974 stammt, ermöglicht Enteignungen.[200] Dabei handelt es sich um ein weiteres, raumrelevantes Bundesgesetz,

---

[199] Bundesgesetz vom 3. Mai 1974, betreffend die Beschaffung von Grundflächen für die Errichtung von Häusern mit Klein- oder Mittelwohnungen oder von Heimen (Bodenbeschaffungsgesetz) StF: BGBl. Nr. 288/1974
[200] Bundesgesetz vom 3. Mai 1974 betreffend die Assanierung von Wohngebieten (Stadterneuerungsgesetz). StF: BGBl. Nr. 287/1974

in dem die Landesregierungen ein Gemeindegebiet oder Teile eines Gemeindegebietes per Verordnung als Assanierungsgebiet erklären können, in dem in Folge städtebauliche Missstände beseitigt werden müssen. Eine Assanierungsverordnung kommt wiederum auf Antrag der Gemeinde zustande. Es sind darin die Maßnahmen und Ziele der städtebaulichen Erneuerung festzulegen. Im Stadterneuerungsgesetz werden auch Verfahren und Voraussetzungen für Enteignungen festgelegt.

Da die Bodenbeschaffung Bundesangelegenheit ist, wäre es dringend angeraten, die Gesetze so zu reformieren, dass sie aus dem toten, nicht angewendeten Recht in lebendiges Recht transformiert werden. Ohne die Herstellung von Baulandverfügbarkeit auch im Bestand wird Raumplanung langfristig weiterhin dabei behindert und daran scheitern, die fachlichen Zielvorstellungen, die zu mehr Lebensqualität, Umwelt- und Budgetentlastungen führen, auch umzusetzen.

Resümee

Die vorangegangenen Ausführungen zeigen, dass unterschiedlichste Vorschläge und Maßnahmen zur Erhöhung der Baulandverfügbarkeit bereits in den letzten Jahren und Jahrzehnten diskutiert wurden und teilweise auch in den Rechtsnormen angelegt sind. Interessanterweise werden derzeit in erster Linie bodenpolitische Instrumente verfolgt, die eine Neuwidmung von Grünland in Bauland voraussetzen und daher dem Bodenverbrauch Vorschub leisten. Um hier eine Umkehr zu schaffen, zeigen die diskutierten Ansätze Lösungswege auf, die einzeln oder in verschiedenen Kombinationen verfolgt werden können.

Es ist zweifelsohne richtig, mehr bodenpolitische Instrumente für den Bestand zu fordern. Die im Bodenbeschaffungsgesetz und Stadterneuerungsgesetz bereits vorhandenen, an den Bestand gerichteten bodenpolitischen Instrumente werden aber derzeit kaum bis gar nicht eingesetzt und stellen weitestgehend totes Recht dar. Hier wäre mehr Bewusstsein für die Anwendungsmöglichkeiten dieser Gesetze zu schaffen, wobei auch noch eine zeitgemäßere Interpretation von notwendigen Stadterneuerungsmaßnahmen und Bodenbeschaffungsmaßnahmen angedacht werden könnte. Auch die Bodenwertabgabe wäre zu aktivieren.

Ein dickes Brett zu bohren, stellt eine Neuorganisation der Grundsteuer im Sinne von Netto-Null-Bodenverbrauch dar, die für sich alleine stehen kann, weil eine derartige Reform die Grundsteuer unmittelbar in den Dienst der Erfüllung raumordnerischer Ziele stellen würde. Durch die aufgezeigten Steuerungsmöglichkeiten können verschiedene zusätzliche gesellschaftliche Nutzen gestiftet werden, z.B. indem zusätzliche Einnahmen aus einer Grundsteuer der Entlastung des Faktors Arbeit, insbesondere der Steuern auf Erwerbsarbeit, dienen könnte. Diese Beispiele zeigen, dass die Auseinandersetzung mit dem Thema Bodenverbrauch in einen gesamtgesellschaftlichen Kontext eingebettet ist. Dies wird im folgenden Kapitel noch vertieft.

7 Bodenstrategie im gesellschaftlichen und individuellen Kontext

Jede Bodenstrategie steht in einem gesamtgesellschaftlichen und gesamtwirtschaftlichen Kontext, stellt doch Grund und Boden eine der wesentlichsten Ressourcen für unser Gesellschafts- und Wirtschaftssystem dar. In herausragender Art und Weise zeigt das Thema Bodenverbrauch auf, dass uneingeschränktes Wirtschaftswachstum nicht mit den Grenzen unseres Planeten vereinbar ist. Schon seit ca. 50 Jahren weisen Wissenschaftler:innen darauf hin, dass aufgrund der Knappheit der natürlichen Ressourcen und der Knappheit an Grund und Boden ein unbeschränktes Wachstum nicht möglich wäre, unter anderem weil die natürlichen Ressourcen und die Grundlagen unserer Ernährungssicherheit nicht unbegrenzt auf Menschen und wirtschaftliche Einheiten teilbar sind.

Seit mehr als 50 Jahren werden mit unterschiedlichen wissenschaftlichen Methoden Grenzen des Wachstums von Wirtschaft und Gesellschaft postuliert bzw. auch ermittelt. Bereits im Jahr 1972 formulierten Donella und Dennis Meadows solche Grenzen des Wachstums. Anfang der 1990er-Jahre wurden diese gemeinsam mit Jørgen Randers neu gerechnet, bekräftigt und in ihrem Befund bestärkt.[201] Neuere Modelle arbeiten mit dem Konzept der planetarischen Grenzen nach Rockström et al.[202] Von den Naturwissenschaften wird immer wieder ganz klar festgestellt, dass die Grenzen des Planeten zumindest in Teilbereichen bereits erreicht bzw. überschritten wurden, was mittel- bis langfristig nicht tragfähig ist. Auch mit dem ökologischen Fußabdruck wird dargestellt, in welcher Intensität eine Übernutzung der Ressourcen auf globaler Ebene stattfindet, wie dies weiter vorne im Buch schon diskutiert wurde. Das betrifft nicht nur die Bodenverbrauchskrise, die Biodiversitätskrise und die Klimakrise, sondern auch weitere Emissio-

---

[201] Meadows et al. (1972): Grenzen des Wachstums sowie Aktualisierungen.
[202] Rockström J., Steffen W., Noone K. et al. (2009): Planetary Boundaries: Exploring the Safe Operating Space for Humanity. Ecology and Society 14(2), 32. https://www.ecologyandsociety.org/vol14/iss2/art32/ (letzte Abfrage: 9.3.2024).

nen, Verunreinigungen der Umwelt, die teilweise immer noch zunehmen oder – als Hoffnungsschimmer – aufgrund von engagierter Umweltpolitik wie z.B. bei der Bekämpfung des Ozonlochs oder des Waldsterbens auch wieder rückläufig sind.

Manchmal werden umweltpolitische Erfolge aber auch denjenigen negativ angelastet, die für die Durchsetzung einer engagierten Umweltpolitik gekämpft haben, wie dies am Beispiel des Waldsterbens demonstriert werden kann. Oft wird diskutiert, dass das Waldsterben nicht eingetreten sei und dass die wissenschaftlichen Prognosen nicht gestimmt hätten. Mitnichten – denn aufgrund der Prognosen und des zivilgesellschaftlichen Engagements, für die Erhaltung des Waldes zu kämpfen, wurden wesentliche umweltpolitische Weichenstellungen getroffen, und so konnte das Waldsterben abgewendet werden. Ähnliche Erfolgsgeschichten benötigen wir bei der Bewältigung des Bodenverbrauchs, bei der Bekämpfung und Anpassung an die Klimakrise und bei der Bekämpfung der Biodiversitätskrise.

Mit der Organisation und Nutzung des Raumes werden wichtige Voraussetzungen für die Bewältigung dieser Krisen und für mehr Nachhaltigkeit gestaltet – oder für das Gegenteil. Daher stellt Raumplanung eine Schlüsselkompetenz des Staates dar, um steuernd zu wirken, die drohenden Gefahren noch möglichst abwenden und positive Entwicklungen anstoßen zu können. Gleichzeitig bedeutet dies, dass mit Grund und Boden nicht nur raumordnungsfachlich anders umzugehen ist, sondern dass auch andere Steuersysteme, Anreizsysteme, aber auch Eingriffsmöglichkeiten in das Eigentum an Grund und Boden implementiert werden müssen, sollen wir uns als Gesellschaft zukunftsfähig und krisensicher, also resilient weiterentwickeln.

In Anbetracht der Grenzen des Wachstums kann eine produktive Auseinandersetzung mit der Knappheit der Ressource Boden einer zukunftsfähigen, resilienten und nachhaltigen räumlichen Entwicklung dienen. Was keinesfalls funktionieren kann, ist, so wie bisher weiterzumachen, vielleicht ein paar kleinere Verhaltensänderungen bei den raumplanerischen Entscheidungsträger:innen herbeizuführen, an kleinen Schräubchen zu drehen und zeitgleich im großen Stile die Flächeninanspruchnahme für Bauland und Infrastruktur weiter voranzutreiben.

Was die Thematik so schwer macht, ist nicht nur, dass mit bodenpolitischen und raumordnungsfachlichen Maßnahmen Eingriffe in das Eigentum getroffen werden müssen, sondern dass viele Fragen einer Verteilungsgerechtigkeit angesprochen werden. Derzeit ist der Immobilienmarkt wie ein ganz spezielles Roulette-Spiel gestaltet: Spielberechtigt sind nur Personen, die über Eigentum an Bauland verfügen. Egal, auf welches Feld gesetzt wird: Man gewinnt immer. Man braucht nur zu entscheiden, wie lange man den Einsatz stehen lässt – je länger, desto höher der Gewinn. Diese Möglichkeiten für wenige gehen zulasten der gesamten Gesellschaft, zulasten von leistbarem Wohnen, der Verdrängung von Kleinunternehmen durch große Filialbetriebe im Handel oder der Ansiedlung von Betrieben in dafür wenig geeigneten Lagen, was die Wettbewerbsfähigkeit einschränkt. Es stellt sich schon die Frage, warum diese negativen Folgen der Eigentumsfreiheit an Grund und Boden ohne Widerspruch hingenommen werden, obwohl das derzeitige System relativ wenige Gewinner:innen und viele Verliere:innen zeitigt!

In den letzten Jahren etabliert sich zunehmend eine wissenschaftliche Debatte darüber, was Gerechtigkeit in räumlichen Fragen bedeuten kann, welcher Zugang verschiedensten Bevölkerungsgruppen zu Grund und Boden, aber auch zu den Ressourcen, die aus Grund und Boden gezogen werden können, gewährt werden soll. Darüber hinaus wird auch diskutiert, wie die Umweltbelastung sich räumlich verteilt und wie diese räumliche Verteilung der Umweltbelastung z. B. auch mit der Verteilung verschiedenster sozialer Gruppen und Einkommensgruppen im Raum vonstattengeht.[203]

---

[203] Weiterführend siehe z. B.: Soja E.W. (2010): Seeking Spatial Justice. University of Minnesota Press.

Durch ein bestimmtes Vermögen bzw. durch bestimmte Investitionsmöglichkeiten kann man sich von Umweltbelastungen fernhalten. So sind Gründe entlang von Autobahnen und Schnellstraßen, die von Lärm und Emissionen belastet sind, billiger als jene in Gebieten, in denen man weitestgehend emissionsfrei und dennoch in halbwegs zentraler Lage leben kann. Diese Verteilungsfragen sind auch dann noch zu diskutieren, wenn den Vorschlägen zur Grundsteuerreform gefolgt wird und eine Balance zwischen einem sozial verträglichen Ausmaß der Grundsteuer auf der einen Seite und bei der Festlegung von Entlastungen der Steuern auf Erwerbseinkommen auf der anderen Seite, die durch Mehreinnahmen aus der Grundsteuer gegenfinanziert werden können, zu finden ist.

Hier wäre die Möglichkeit gegeben, leistungslose Einkommen aus Grundstücksverkäufen verstärkt zu besteuern und im Gegenzug dazu z.B. Einkommen aus Erwerbstätigkeit zu entlasten. Dies könnte mehr Gerechtigkeit der Besteuerung von leistungslosem Einkommen in Relation zu Erwerbseinkommen und in Summe Steuerentlastungen bringen. Die Eingriffe in den Bodenmarkt könnten dazu führen, dass die Infrastrukturaufwendungen der öffentlichen Hand sinken und die bestehende Infrastruktur durch steigende Auslastung im Zuge von Innenentwicklung effizienter und kostengünstiger betrieben werden kann. Damit sind Steuersenkungen bei einer nachhaltigen räumlichen Entwicklung auch realistisch, weil der Infrastrukturaufwand für die öffentliche Hand sinkt – hier seien nur die Neubaukosten von Straßen in Erinnerung gerufen. Da gerade Grund und Boden vermehrt als Anlage und Spekulationsobjekt genutzt wird, kann mit einer derartigen bodenbezogenen Steuerreform jener individuelle Reichtum von wenigen eingeschränkt werden, der zulasten vieler erwirtschaftet wird.

Eine ganz andere Ebene von Verteilungsfragen in der räumlichen Entwicklung wird im Austausch und im Vergleich von strukturschwachen, schrumpfenden oder stagnierenden ländlichen Regionen und strukturstarken Zentralräumen sichtbar, nämlich im Zugang zu verschiedenen Raumfunktionen (z.B. Arbeit, Wohnen, Erholung, private Dienstleistungen) und Infrastrukturen (z. B. Bildung, medizinische Versorgung) sowie um Finanzmittel der öffentlichen Hand. Strukturschwache Regionen verlieren oft Einwohner:innen und Arbeitsplätze, dienen als landwirtschaftlicher Produktionsraum und Erholungsraum und haben Schwierigkeiten, ihre Infrastruktur zu erhalten. Wohnen ist relativ günstig, dafür sind vielfach die Mobilitätskosten hoch und dem Leben in „schöner Landschaft" steht eine geringere Infrastrukturausstattung gegenüber. Das Arbeitsplatz- und Infrastrukturangebot in zentralen Lagen ist demgegenüber mit höheren Wohnkosten verbunden. Sowohl wachsende als auch schrumpfende Gemeinden versuchen landauf, landab, durch weiteres Wachstum an Bewohner:innen und Arbeitsplätzen Einkommen zu generieren, in Konkurrenz um Raumfunktionen wie Wohnen und Arbeiten zu treten und die Infrastrukturausstattung zu erhalten und/oder zu verbessern.

Vielfach ist der Bodenverbrauch mit Wachstum verbunden, das in erster Linie rund um zentrale Orte, um Zentralräume bzw. in Zentralregionen stattfindet und oft mit einem entsprechenden flächenzehrenden Infrastrukturausbau begleitet ist. Um hier mithalten zu können, versuchen vielfach strukturschwache Gemeinden mit Baulandwidmungen für Einfamilienhäuser mit großen Parzellen und geringen Baulandpreisen zu punkten und so die geringere Infrastrukturausstattung auszugleichen. Das treibt den Bodenverbrauch auch in strukturschwachen, ländlichen Regionen an, in denen sowohl der Pro-Kopf-Bodenverbrauch als auch die Pro-Kopf-Infrastrukturkosten ohnehin deutlich höher als in den Zentralräumen sind und Flächensparen relativ einfach umgesetzt werden könnte. Es sind daher andere Strategien als die skizzierte Strategie der „großen Grundstücke" anzuwenden, um Gleichwertigkeit der Lebensbedingungen zwischen Stadt und Land zu erreichen.

Um aus dieser Spirale herauszukommen, ist ein Ausgleich der räumlichen Disparitäten, auch was die Gemeindefinanzen anlangt, entsprechend notwendig. Hier wurden z. B. Wege der interkommunalen Kooperation, einer Reorganisation des Finanzausgleichs oder von handelbaren Flächenausweiszertifikaten dargestellt, um einen entsprechenden Ausgleich zwischen wachsenden und schrumpfenden oder stagnierenden Regionen zu ermöglichen.

Auch einer weiteren gesellschaftlichen Herausforderung muss man sich stellen, die im systemischen Charakter des Themas Bodenverbrauch gelegen ist: Die Maßnahmen und Elemente einer Bodenstrategie, die hier vorgestellt wurden – darunter die Fokussierung auf Innenentwicklung, auf belebte Ortskerne, auf eine maßvolle Dichte, auf eine entsprechende Funktionsmischung und deren Umsetzung mit Siedlungsgrenzen und das Postulat eines Netto-Null-Bodenverbrauchs – haben ohne Begleitmaßnahmen grundsätzlich einmal das Potenzial, die Bodenpreise weiter anzutreiben, wenn nicht gleichzeitig entsprechende Eingriffe in den Bodenmarkt getroffen werden.

Denn wie Blom festgestellt hat: Märkte sind nicht frei und sie funktionieren nur dann im Sinne gesellschaftlicher Ziele, wenn ihnen entsprechende Rahmenbedingungen gesetzt werden. Über diese Rahmenbedingungen verfügt der derzeitige Immobilienmarkt jedoch nicht und er funktioniert auch jetzt schon für große Teile der Bevölkerung nicht, die leistbares Wohnen suchen und für viele Betriebe, die leistbare Betriebsstandorte in guter Lage benötigen würden.

Diese Effekte werden durch die dargestellten Maßnahmen verstärkt, wenn nicht engagierte Regelungen für den Boden- und Immobilienmarkt getroffen werden. Diese Regelungen verorte ich in erster Linie in den Vorschlägen zur Grundsteuer und zum Planwertausgleich, mit denen dann auch Bodenfonds finanziert werden können und sowohl Maßnahmen der Bodenbeschaffung durch die öffentliche Hand als auch Maßnahmen zur grünen Infrastruktur und zur Entsiegelung finanziert werden können, die dann wiederum breiten Bevölkerungsteilen zugutekommen. Durch eine faire Aufteilung von Nutzen und Lasten der räumlichen Entwicklung ist es nicht nur möglich, den Bodenverbrauch zu bremsen bzw. im Sinne eines Netto-Null-Bodenverbrauchsziels zu stoppen und damit Klimaschutz, Energie- und Ressourcenwende zu unterstützen, sondern auch weitere Zusatznutzen wie leistbares Wohnen, leistbare Betriebsstandorte, leistbare, gesündere und umweltfreundlichere Mobilitätsformen sowie Städte und Orte mit höherer Lebensqualität und effizienter infrastruktureller Versorgung zu schaffen.

Einer Utopie dürfen wir uns allerdings nicht hingeben: dass wir die Probleme unserer Zeit ohne Eingriffe in den Bodenmarkt lösen können. Das Privateigentum und die Verfügungsmacht darüber sind in unserer Gesellschaftsordnung dermaßen hoch bewertet, dass eine Umsetzung öffentlicher Interessen am Bodenschutz und weiteren gesellschaftlichen Zielen massiv erschwert ist. Daher sind gesellschaftliche Werte zu hinterfragen, um insbesondere die Sozialpflichtigkeit des Grundeigentums hervorzustreichen und so wesentliche Hürden für die Eindämmung des Bodenverbrauchs zu beseitigen.

Schlussendlich bedeuten die hier vorgeschlagenen Ziele und Maßnahmen einen wesentlichen Eingriff in sehr komplexe gesellschaftliche Systeme und Systeme der Raumnutzung und der Gestaltung des Raumes samt den damit verbundenen Auswirkungen auf Umwelt, Wirtschaft und Gesellschaft. Das Denken in einfachen Ursache-Wirkungsbeziehungen, in die mit klaren, einfachen Maßnahmen eingegriffen und mit denen so ein Umsteuern erzielt werden kann, ist in diesen hochkomplexen Systemen nicht möglich. Die hier vorgeschlagenen Maßnahmen sind aus verschiedenen Interessenslagen betrachtet unterschiedlich einzuschätzen.

Der Umstand, dass einige dieser Maßnahmen bereits seit Jahrzehnten diskutiert werden oder in Ansätzen sogar auf Denker:innen des 19. Jahrhunderts zurückgehen, zeigt die erheblichen Widerstände auf, mit denen bei einem Antasten der alteingefahrenen Wege zu rechnen ist. Daher ist es umso wichtiger, zu erkennen, wie dringend der Handlungsbedarf in Bezug auf den Bodenverbrauch ist und wie sehr eine Reduktion des Bodenverbrauchs zur Zukunftsfähigkeit unserer Gesellschaft und Wirtschaft beiträgt und notwendig ist. Denn die jetzt auftretenden Probleme können nicht mit alten Strategien gelöst werden, denn diese Strategien sind die Ursachen der Probleme.

Hier wurde der Ansatz gewählt, den üblicherweise dargestellten Bedarfen an Bauland und Infrastruktur den gesellschaftlichen und wirtschaftlichen Bedarf an freiem, biologisch produktivem, landwirtschaftlich bewirtschaftbarem Grünland sowie den Bedarf an biodiversitätsfördernden Flächen gegenüberzustellen.

Nichtsdestotrotz ist das gesamte Thema Bodenverbrauch mit einem hohen Maß an Vieldeutigkeit auf der Wertebene behaftet. Diese Vieldeutigkeit kann nur dann aufgelöst werden, wenn wir uns als Gesellschaft nicht nur auf entsprechende Werte und Ziele einigen, sondern wir in der Umsetzung mit No-regret-Strategien beginnen. Das sind Strategien, die unterschiedliche Ziele mit den gleichen Maßnahmen verfolgen können. Wenn ein Ziel nicht erreicht wird, können trotzdem noch andere Ziele erreicht werden und die Maßnahmen legitimieren. Diese Maßnahmen sind die Grundpfeiler einer nachhaltigen Raumentwicklung laut Kapitel 4 bzw. deren Umsetzung, welche entsprechende bodenpolitische Begleitmaßnahmen brauchen. Gleichzeitig sind diese Grundpfeiler einer nachhaltigen Raumentwicklung als No-regret-Strategien anzusehen, da sie nicht nur zu mehr Bodenschutz, sondern auch mehr Klimaschutz, Biodiversitätsschutz, Lebensqualität sowie Wirtschaftlichkeit von Infrastrukturen führen.

Um die negativen Auswirkungen auf verschiedene Bevölkerungs- und Wirtschaftssektoren zu reduzieren, ist ein breiter gesellschaftlicher Diskurs zu einer umfassenden Bodenstrategie notwendig, um hier möglichst viele Interessen zu berücksichtigen und auch Nutzen für möglichst viele zu schaffen, die nicht nur in einer langfristigen zukunftsfähigen und resilienten Gesellschaft bestehen, sondern auch bis zur persönlichen Ebene hinab spürbar positive Effekte erzielen.

Was bedeutet nun so eine Bodenstrategie im persönlichen Leben? Wie kann ein Einzelner oder eine Einzelne zum Gelingen einer solchen Strategie beitragen? Im Wesentlichen sind Themen wie Wohnsitzwahl, Wohnortwahl oder die Wahl des Betriebsstandortes für Unternehmer:innen Schlüsselfragen für die Entwicklung des künftigen Bodenverbrauchs auf individueller und gesamtgesellschaftlicher Ebene. Da es sich um ein kumulatives Umweltproblem handelt, heißt das, dass jeder und jede hier zur Lösung des Problems beitragen kann und beitragen muss, dass aber eine Einzelentscheidung selbst das Problem nicht löst.

In Österreich ziehen ca. 10 % der Bevölkerung jedes Jahr um. 2023 waren dies 835.000 Personen, die ihren Hauptwohnsitz innerhalb Österreichs gewechselt haben.[204] Dazu kamen 128.000 Wegzüge in das Ausland sowie 195.000 Zuzüge aus dem Ausland, bilanziell also 67.000 mehr Einwohner:innen.[205] In Summe gab es 2023 damit ca. 902.000 Gelegenheiten, entweder im Sinne des Bodenverbrauchs bodenschonend zu handeln oder eben auch eine flächenzehrende räumliche Entwicklung zu unterstützen. Die Kernfragen sind: Wo wohne ich und welchen Wohnbedarf habe ich? Reicht eine Wohnung oder soll es ein Haus sein? Wenn die Wahl auf ein Haus fällt, dann wäre zunächst die Sanierung eines Bestandes oder der Ankauf eines bestehenden Objektes und dessen Sanierung im Sinne des Bodenverbrauchs die erste Wahl und hier wiederum ginge es um maßvoll verdichtete Wohnformen, z. B. um Doppel- und Reihenhäuser oder auch um die Sanierung von alten Objekten in historischen Ortskernen, bei großen Objekten auch in Gemeinschaft, wie dies in Baugruppen mittlerweile organisiert werden kann. Dass diese Erwägungen auch von den persönlichen finanziellen Handlungsspielräumen abhängen, ist evident.

In Anbetracht des ohnehin schon sehr großen Einfamilienhaus-Bestandes, siehe Kapitel 5, wäre im statistischen Schnitt für fast alle Menschen, die sich das Wohnen im Einfamilienhaus wünschen, ein Wohnhaus bereits gebaut. Sollte dies nicht

---

204 Statistik Austria (o.J.): Binnenwanderungen 2023 (d.h. Hauptwohnsitzverlagerungen innerhalb Österreichs). https://www.statistik.at/statistiken/bevoelkerung-und-soziales/bevoelkerung/migration-und-einbuergerung/binnenwanderungen (letzte Abfrage: 30.5.2024).
205 Statistik Austria (o.J.): Wanderungen 2023. https://www.statistik.at/statistiken/bevoelkerung-und-soziales/bevoelkerung/migration-und-einbuergerung/wanderungen-insgesamt (letzte Abfrage: 30.5.2024).

ausreichen, wäre z. B. das Umbauen eines Einfamilienhauses in ein Zweifamilienhaus innerhalb der Familie, also das Wiederauferstehen einer zeitgemäßen Form des Mehrgenerationenwohnens mit getrennten Wohnungseingängen, ein taugliches Modell. Dabei können entsprechende Qualitäten geschaffen werden, z. B. durch getrennte Eingänge und getrennte Gartenteile kann so ein ausreichendes Maß an Privatheit auch innerhalb der Generationen sichergestellt werden.

Die aktuell ca. 10-prozentige Umzugsrate pro Jahr zeigt, dass große Bevölkerungsteile regelmäßig vor der Entscheidung stehen, welche Wohnform und welchen Wohnstandort sie wählen. Gerade, wenn man sich für ein Haus als Wohnform im Eigentum entscheidet, nimmt die Standortfestigkeit erheblich zu und ein weiterer Umzug wird weniger wahrscheinlich. Umso wichtiger ist es, die Standortwahl sorgfältig vorzunehmen und sich vor allem dort niederzulassen, wo die Ausstattung mit Nahversorgungseinrichtungen, öffentlichen Einrichtungen, Kinderbetreuungseinrichtungen, medizinischer Versorgung öffentlichem Verkehr etc. gewährleistet ist.

Dies ist in den jeweiligen Raumtypen in der Stadt und auf dem Land unterschiedlich zu bewerten, aber grundsätzlich sollte eine Bewältigung des Alltags weitgehend ohne Auto möglich sein, auch im ländlichen Raum. Werden bei der persönlichen Wohnstandortwahl belebte Ortskerne bevorzugt, trägt dies zur Innenentwicklung bei. Dann besteht die Möglichkeit, vermehrt zu Fuß zu gehen, mit dem Rad zu fahren oder den öffentlichen Verkehr zu nutzen. Die Autoabhängigkeit sinkt und damit steigt die Wahlfreiheit bei der Bewältigung des Alltags zwischen Erwerbsleben, Familienleben, Versorgung, z. B. Einkauf, aber auch der Freizeitgestaltung.

Gleichzeitig können praktisch als Nebeneffekt Verkehrsformen gewählt werden, die einen erheblich niedrigeren Bodenverbrauch haben als das Autofahren. Dabei gilt es, die einmal durch eine geeignete und durchdachte Wohnortwahl eröffneten Möglichkeiten im Alltag dann auch tatsächlich zu nutzen, also tatsächlich zu Fuß zu gehen, tatsächlich mit dem Rad zu fahren, den öffentlichen Verkehr zu nutzen und das Auto auch öfter stehenzulassen. Insbesondere, wenn man über ein „KlimaTicket" verfügt und/oder sich an Carsharing beteiligt, können die Mobilitätskosten erheblich gesenkt werden. Nebenbei ist Bewegung gesund.

Schlussendlich könnte eine wirksame Bodenschutzstrategie nur dann beschlossen und erfolgreich umgesetzt werden, wenn den politischen Entscheidungsträger:innen von der Bevölkerung, von uns allen, nicht nur ein entsprechendes Verständnis entgegengebracht wird, sondern wenn Bodenschutz von einer breiten Mehrheit der Bevölkerung aktiv eingefordert wird. Damit haben wir alle eine entsprechende demokratische, zivilgesellschaftliche Verantwortung, damit dieses Thema weiterhin verfolgt wird und entsprechender Druck auf die Entscheidungsträger:innen aufgebaut werden kann, endlich wirksame Ziele und Maßnahmen zu beschließen. Dazu gehört auch, ein Netto-Null-Bodenverbrauchsziel engagiert zu verfolgen. Dies betrifft zunächst einmal die Raumordnung, mit der bereits jetzt vieles an flächensparender Raum- und Siedlungsentwicklung möglich ist und wertvolle Grünräume vor Bebauung und Infrastrukturentwicklung geschützt werden können. Darüber hinaus sind auch entsprechende Begleitmaßnahmen einzuführen, insbesondere in Bezug auf Grundsteuern und Bodenbeschaffung sowie Finanzausgleich. Die verschiedenen Nutzen, die eine ambitionierte Bodenschutzstrategie mit einem Netto-Null-Bodenverbrauchsziel als Ausgangsbasis zeitigen würde, würden den Gesamtaufwand jedenfalls rechtfertigen.

8 Schlussbetrachtungen

Die Böden als eine der wesentlichen Lebensgrundlagen für Gesellschaft und Wirtschaft sind durch vielerlei Entwicklungen bedroht. Eine der wesentlichsten Gefahren ist neben der Klimakrise die zunehmende Bebauung und Umwandlung von biologisch produktiver Landfläche in Bauland und Infrastruktur. Die Abwehr dieser Gefahr ist Grundvoraussetzung für weitere Maßnahmen des (qualitativen) Bodenschutzes. Um dies zu bewerkstelligen, ist eine nachhaltige Raumentwicklung zwingend erforderlich.

Dazu gehört, dass nicht nur der Baulandbedarf als von der Raumplanung zu deckende Bezugsgröße angesehen wird, sondern, dass diesem Baulandbedarf auch ein entsprechender Bedarf an biologisch produktivem Grünland gegenübergestellt wird. Ein Mengengerüst für diese Bedarfsberechnung wurde in diesem Buch bereitgestellt. Es zeigt aber auch, dass es keine einfachen Lösungen für die Reduktion des Bodenverbrauchs gibt. Der Bodenverbrauch liegt in der Funktionslogik von Wirtschaft und Gesellschaft begründet. Insbesondere das Wachstumsdogma unserer Gesellschaft ist in einem fundamentalen Zielkonflikt und Gegensatz mit dem Schutz der begrenzten Ressource Boden in den derzeitigen Systemen behaftet.

Eine Umsteuerung bedeutet eine Entkopplung von Wirtschaftswachstum und Bodenverbrauch. Dies ist nur möglich, wenn nicht nur das Netto-Null-Bodenverbrauchsziel in der Raumordnung konsequent verfolgt wird und somit Baulandentwicklungen auf der grünen Wiese massiv eingeschnürt bzw. ohne Rückwidmung an anderer Stelle de facto verboten werden, sondern auch wenn begleitende Eingriffe in den Bodenmarkt erfolgen. Dies kann insbesondere durch eine Besteuerung von jenen Teilen des Bodenwertes vorgenommen werden, die nicht einer widmungsgemäßen Nutzung, sondern der Spekulation dienen.

Bewusstseinsbildungsprogramme für Entscheidungsträger:innen in der Raumplanung sind auch deswegen so wichtig, weil die gesetzlichen Rahmenbedingungen zwar so gestaltet sind, dass die Willigen in der Umsetzung einer nachhaltigen Raumplanung nicht behindert werden, diese nachhaltigeren Entscheidungen aber nicht zwingend eingefordert werden. Das gilt auch für die Reduktion des Bodenverbrauchs. Regelungen wie Siedlungsgrenzen oder Vorrangflächen des Grünlandes können bereits jetzt zum Bodenschutz, zum Schutz der Biodiversität und zur Sicherung der landwirtschaftlichen Produktion eingesetzt werden, werden aber vielfach nicht mit ausreichendem Nachdruck versehen und lassen derzeit meist noch zu viel Spielraum für Baulandentwicklung offen.

Anders lässt sich der überbordende Bodenverbrauch in Österreich nicht erklären. Dabei würde die Raumplanung in ihrer Ordnungsfunktion gut funktionieren, denn es ist meist einfacher, bestimmte Entwicklungen zu verbieten als anzuordnen: Wenn z. B. ein bestimmter Bereich von Bauland freigehalten werden soll, brauchen im Flächenwidmungsplan lediglich dafür geeignete Grünlandwidmungen gewählt werden. Damit ist gesichert, dass kein Bauland entsteht. Anders verhält es sich in der Entwicklungsfunktion: So sind die enormen Baulandreserven u. a. damit zu erklären, dass durch Baulandwidmungen Nutzungsmöglichkeiten geschaffen werden. Ob diese Möglichkeiten dann tatsächlich genutzt werden, hängt von den Entscheidungen der potenziellen Nutzer:innen ab: So kann z. B. kein Betrieb gezwungen werden, sich auf einer leerstehenden Parzelle anzusiedeln. Es können zwar begleitend zur Baulandwidmung noch zusätzliche Anreize wie Förderungen angeboten werden. Ob eine Betriebsansiedlung letztendlich über längere Zeiträume erfolgreich ist, kann trotzdem von der öffentlichen Hand nur marginal beeinflusst werden.

Und daher sind partizipative Elemente, wo versucht wird, unter Einbindung der Bevölkerung Raumordnungsziele zum einen zu formulieren, zum anderen aber auch umzusetzen, besonders Erfolg versprechend. Insbesondere die Innenentwicklungsstrategien, die zu belebten Ortskernen, maßvoller Dichte, Innenentwicklung, Bestandstransformation, Entsiegelung und Begrünung führen sollen, brauchen die zielkonforme Umsetzung von entsprechenden Maßnahmen durch die Bevölkerung. Das heißt, dass Bevölkerung und Unternehmen von der Wirkungskraft der Maßnahmen überzeugt sein müssen, um ihre Investitionen im Sinne der Innenentwicklungsstrategien zu tätigen.

Wenn nur einzelne Maßnahmen von wenigen gesetzt werden, ist getreu dem Prinzip der kumulativen Umweltprobleme die Auswirkung zur Lösung des Gesamtproblems überschaubar und teilweise auch zum Nachteil derjenigen, die entsprechend handeln, wenn alle anderen das nicht tun. Eine hohe Beteiligung ist daher nicht nur bei Partizipationsprozessen notwendig, sondern vor allem bei der Umsetzung der in den jeweiligen partizipativen Prozessen entwickelten Ziele und Maßnahmen der Raumplanung, sofern sie nicht durch gesetzliche Vorgaben ohnehin bestimmt werden. Durch die Beteiligung soll das Bewusstsein geweckt werden, im Sinne der Strategie zu entscheiden und zu handeln, z. B. indem ein Leerstand aktiviert oder ein Innenhof entsiegelt wird.

Insbesondere für die Innenentwicklung, zu deren Unterstützung die öffentliche Hand derzeit kaum Eingriffsmöglichkeiten in Grundeigentum vorfindet, sind Bewusstseinsbildung und Überzeugungsarbeit bei den Grundeigentümer:innen unbedingt erforderlich, damit Maßnahmen gesetzt werden. Diese in der Fachliteratur genannte Eigentümer:innenansprache erfordert Personen, die sich um Innenentwicklung kümmern, mit den Grundeigentümer:innen auch Einzelgespräche führen und Ideen geben, was in z.B. leerstehenden oder unternutzten Objekten in einem Ortskern, in einer Lage innerhalb der bestehenden Siedlungsgrenzen sinnvollerweise entwickelt werden kann. Damit sollen diese Liegenschaften nicht nur im Sinne der Allgemeinheit, sondern auch zum Nutzen der Grundeigentümer:innen entwickelt, genutzt und verwertet werden können.

Dies ist auch der wesentliche Grund dafür, warum ich trotz der bestehenden Probleme und Herausforderungen im Hinblick auf eine nachhaltige Raumentwicklung und eine Reduktion des Bodenverbrauchs für die Aufrechterhaltung der Gemeinde-Kompetenzen der örtlichen Raumplanung eintrete.

Gleichzeitig bin ich davon überzeugt, dass zur Umsetzung der Ordnungsfunktion die Gemeinden klarere Vorgaben durch die Raumordnungsgesetze und durch die überörtliche Raumplanung, insbesondere die Regionalplanung, brauchen.

In der Entwicklungsfunktion sind die Gemeinden schlicht unverzichtbar. Denn die Entwicklung konkreter Ortsideen für einzelne Objekte, die leer stehen, unternutzt sind, Baulandreserven darstellen, können nur vor Ort getroffen und nicht von übergeordneten Planungsbehörden vorgegeben werden. Insbesondere die partizipativen Prozesse der Innenentwicklung und die Ansprüche der Eigentümer:innen von Liegenschaften können meiner Ansicht nach nur effizient und wirkungsvoll auf der örtlichen Ebene organisiert und koordiniert werden.

Soll mit Raumplanung das Thema Bodenverbrauch gelöst werden, braucht es aber klare rechtliche Vorgaben. Es braucht quantitative Bodenschutzziele, heruntergebrochen auf die Regionen und Gemeinden auf Flächenkontingente, die einer Baulandentwicklung noch zur Verfügung stehen, und es braucht Mechanismen, wenn das Netto-Verbrauchsziel dann tatsächlich in Kraft getreten ist, wie ein Ausgleich zwischen Gemeinden, die Bauland abgeben, und solchen, die Bauland zusätzlich nutzen können, geschaffen werden kann. Denn Netto-Null-Bodenverbrauch bedeutet ja nicht, dass kein Bauland mehr gewidmet werden darf. Es muss nur an anderer Stelle ein Bauland derselben Flächengröße wieder in Grünland zurückgewidmet werden.

Das wird umso schwieriger, je kleiner das Gebiet ist, in dem dieser Ausgleich gefunden werden muss. Auf regionaler Ebene wird dies leichter sein, wenn sowohl wachsende als auch schrumpfende oder stagnierende Gemeinden mitberücksichtigt werden und der Leerstand in den einzelnen Ortschaften entsprechend als Entwicklungspotenzial gehoben werden kann. Dafür stehen im bestehenden Rechtssystem keine ausreichenden Mittel zur Verfügung.

Ein umfassender quantitativer Bodenschutz braucht daher Maßnahmen auf vielen Ebenen, in der Raumordnung der Länder und Gemeinden ebenso wie in der Infrastrukturbereitstellung, im Steuersystem, im Finanzausgleich, in der interkommunalen Kooperation, in der Bodenbeschaffung bzw. in einer aktiven Bodenpolitik mit Baulandmobilisierung. Werden diese Maßnahmenbündel konsequent umgesetzt, gewinnen wir alle: zunächst Lebensqualität im Alltag, Standortvorteile für wirtschaftliche Aktivitäten, aber in erster Linie auch mehr Resilienz sowie Zukunftsfähigkeit und Nachhaltigkeit als Gesellschaft und als Staatswesen. Wird bedacht, dass derzeit 21 % des Baulandes bzw. ca. 670 Quadratkilometer als Baulandreserve brach liegen, zu denen der Leerstand und weitere Innenentwicklungspotenziale noch hinzukommen, wird deutlich, dass wir uns bei einem konsequenten Bodenschutz auch künftig baulich weiterentwickeln können. Würden die in diesem Buch vorgeschlagenen Begleitmaßnahmen umgesetzt, wären die vielfach öffentlich geäußerten Ängste von politischen Entscheidungsträger:innen der Landes- und Gemeindeebene, ein Bodenschutzziel würde Wirtschaft und Gesellschaft schaden, unbegründet. In den Ausführungen dieses Buches wird nicht zuletzt deutlich, dass sich die Schadensfrage genau umgekehrt darstellt: Wir können es uns als Gesellschaft schlichtweg nicht leisten, kein quantitatives Bodenschutzziel zu haben! Der Netto-Null-Bodenverbrauch muss zu einem wesentlichen und handlungsleitenden Grundsatz der Raumordnung werden!

Gleichzeitig kann mit quantitativem Bodenschutz als No-regret-Strategie der Biodiversitätskrise, der Klimakrise und dem Bodenverbrauch als persistenten Umweltproblemen begegnet werden. In Anbetracht der Größe der Herausforderungen, aber auch der Langfristigkeit, mit der einmal getroffene Maßnahmen wirken, ist es höchste Zeit, unsere Böden zu retten und eine nachhaltige Raumentwicklung einzuläuten!

FALTER VERLAG

KLIMA
AKTIV
RETTEN

faltershop.at | 01/536 60-928 | In Ihrer Buchhandlung

INSIDE FRIDAYS FOR FUTURE
Benedikt Narodoslawsky

Infos zur politischen Dynamik der Bewegung und der Klimakatastrophe im Allgemeinen.

240 Seiten, € 24,90